LA CONDITION ANARCHIQUE

FRÉDÉRIC LORDON

LA CONDITION ANARCHIQUE

Affects et institutions de la valeur

ÉDITIONS DU SEUIL
25, bd Romain-Rolland, Paris XIVe

L'ORDRE PHILOSOPHIQUE

COLLECTION DIRIGÉE PAR MICHAËL FŒSSEL

ET JEAN-CLAUDE MONOD

ISBN 978-2-02-140680-1

www.seuil.com

Les institutions dépendent entièrement des sentiments que les hommes y attachent et des grandeurs dont elles sont revêtues par la pensée. Aussi quand il n'y a plus, non pas de religion, mais de croyance chez un peuple, quand l'éducation première y a relâché tous les liens conservateurs en habituant l'enfant à une impitoyable analyse, une nation est-elle dissoute ; car elle ne fait plus corps que par les ignobles soudures de l'intérêt matériel.

Balzac, *César Birotteau*

Voué à la mort, cette fin qui ne peut être prise pour fin, l'homme est un être sans raison d'être. C'est la société, et elle seule, qui dispense, à des degrés différents, les justifications et les raisons d'exister ; c'est elle qui, en produisant les affaires qu'on dit « importantes », produit les actes et les agents que l'on juge « importants », pour eux-mêmes et pour les autres, personnages objectivement et subjectivement assurés de leur valeur et ainsi arrachés à l'indifférence et à l'insignifiance.

Pierre Bourdieu, *Leçon sur la leçon*

Ana Stasia

Ce qui tient nos vies ne tient à rien.

Jeanne Letterman

Nous ne sommes pas très en forme, en ce moment.

Jeanne Letterman est en train d'écrire…

Sandra Lucbert, *La Toile*

Introduction
Vivre sans *arkhé*

Mai 1890, Van Gogh quitte l'asile de Saint-Paul-de-Mausole où il a séjourné plus d'un an. Frédéric Pajak raconte : « Il a laissé de nombreuses toiles au Dr Peyron [...] qui laissera son fils en faire des cibles pour s'exercer à la carabine. Un photographe de la région, peintre à ses heures, en récupérera quelques-unes ; à l'aide d'un grattoir, il effacera la peinture et utilisera la toile pour lui[1]. » De l'estime des choses...

En juillet 2015, le « Comité pour la vérité sur la dette publique grecque » présente son pré-rapport[2]. Il y évalue notamment la part « illégitime » et la part « odieuse » de cette dette, parts qui se disqualifient d'elles-mêmes de toute prétention à être remboursées. La dette « illégitime » parce qu'elle a été contractée dans des conditions attentatoires à certains droits humains fondamentaux, la dette « odieuse » parce qu'elle a été décidée par des gouvernements sans le consentement explicite des populations et à leur détriment manifeste. Voilà des principes, le défaut est *justifié*. Mais, des principes, les créanciers ont les leurs également : ceux du droit des obligations. À l'appui duquel ils pourront faire valoir tout un environnement moral : le lien des contrats

1. Frédéric Pajak, *Manifeste incertain*, t. 5, *Van Gogh, l'étincellement*, Paris, Noir sur Blanc, 2016.

2. Comité pour l'abolition des dettes du tiers-monde, dont l'activité s'est ensuite étendue à tous les cas de surendettement public.

(*pacta sunt servanda*), la valeur de la promesse, le sens de l'engagement, le sérieux des choses dites. Conflit des principes – mais résolu selon quel méta-principe ?

Pascal, lui, demande : « En un pays on honore les nobles, en l'autre les roturiers ; en celui-ci les aînés, en cet autre les cadets. Pourquoi cela[1] ? » Et en effet, pourquoi ? Comment est-il possible d'estimer ici ce qui est manifestement mis au-dessous ailleurs ? Que se passe-t-il quand on traverse les Pyrénées ? Mais également, donc, comment certains considèrent-ils une toile de Van Gogh comme une toile de Van Gogh, et d'autres comme une cible pour faire des cartons, ou une surface offerte à réemploi ? Ou qu'est-ce qui fait qu'une dette est odieuse ou bien due ? Et à quoi se raccrocher pour trancher toutes ces questions ?

Arkhé, cratos

À rien. En tout cas si l'on cherche au jugement un ancrage objectif, un fondement de vérité absolu. Ce rien, c'est cela qu'il faut nommer la condition anarchique. Jacques Rancière rappelle très opportunément la différence profonde de l'*arkhé* et du *cratos*, là où le vocabulaire politique est d'une parfaite négligence terminologique[2]. Nous disons oligarchie et aristocratie, mais sans savoir exactement pourquoi, et nous dirions tout aussi bien, si on nous l'avait proposé, oligocratie et aristarchie, ou bien démarchie et monocratie. Or l'*arkhé*, c'est le principe premier, l'origine, le fondement, d'où suivront, mais suivront seulement, l'autorité, puis le commandement. *Cratos*, c'est la force et la domination, donc

1. Pascal, *Trois discours sur la condition des grands*, *Œuvres complètes*, Paris, Seuil, « L'Intégrale », 2002, p. 367.

2. Jacques Rancière, *La Mésentente. Politique et philosophie*, Paris, Galilée, 1995.

le pouvoir, mais seulement comme pure puissance exercée. Au sens strict des mots donc, parler d'an-archie n'est pas autre chose que parler du défaut d'*arkhé*, d'un monde sans *arkhé*, c'est-à-dire d'un monde privé du fondement absolu auquel raccrocher ses valeurs sociales. « Anarchie », lue de cette manière, n'a plus rien d'un concept de science politique, qui aurait pour objet ce mouvement qu'on appelle communément l'anarchisme – et qui devrait en fait s'appeler acratie, conformément à sa visée d'un monde sans pouvoir ni domination. Le monde politique ordinaire est le règne des craties – et même des craties dépourvues d'archie, à savoir des entreprises de domination sans fondement possible. Anarchie devient alors le concept, non pas d'une science politique, mais d'une *axiologie critique*.

Qu'il n'y ait rien dans la condition anarchique à quoi se raccrocher avec une certitude dernière pour trancher n'empêche nullement qu'on tranche. Simplement, on ne tranche pas dans les conditions de sécurité axiologique qu'on croit. Mais alors, tout ceci ne devient-il pas dangereusement vertigineux si on se met *à y penser* ? C'est-à-dire à y regarder de trop près. S'il est vrai que nous vivons selon des valeurs, comment vivre si nous sommes dans l'inquiétude quant à la valeur des valeurs ? La grande question d'une axiologie critique, c'est-à-dire d'une théorie de la condition anarchique, est bien celle-là : la question de savoir comment tient une société qui ne tient à rien.

An-arkhé

Mais il faut commencer par le commencement. C'est-à-dire par une théorie de la valeur qui donne à la thèse de la condition anarchique plus de consistance que celle d'une simple postulation. Du reste, une théorie de *la* valeur ou *des* valeurs ? Signe d'une époque économique, l'idée de

« théorie de la valeur » a été presque entièrement captée par les économistes et la valeur économique. Il est temps de la déboulonner de son monopole, en commençant par s'interroger sur cette étrange homonymie qui fait passer le même mot, « valeur », au travers d'ordres de jugement aussi différents. N'y a-t-il donc qu'une coïncidence sans autre signification à parler aussi bien de valeur économique, de valeur esthétique ou de valeur morale ? – d'ailleurs assez souvent trouvées antinomiques. Ou, au contraire, n'y a-t-il pas lieu de se laisser induire par l'identité du mot au travers de la variété de ses emplois, de la prendre au sérieux même ? C'est la voie que choisit d'emprunter Durkheim : « Les principaux phénomènes sociaux, religion, morale, droit, économie esthétique, ne sont autres que des systèmes de valeurs[1]. » Double mouvement en fait, qui esquisse quelque chose de l'ordre d'une science sociale unifiée, unidisciplinaire, dirait André Orléan[2], tout en envisageant que cette unification s'opère autour du problème princeps de la valeur, des « systèmes de valeurs ». Suivant la déclaration d'intention de Durkheim, si la science sociale doit se constituer, c'est donc comme théorie générale de la valeur – générale, c'est-à-dire transversale, soit : capable de passer par tous les ordres de valeur, si hétérogènes semblent-ils. Qu'ils soient hétérogènes, c'est difficilement contestable, mais précisément : ici, il leur est néanmoins présupposé quelque strate commune – sans doute à aller chercher assez loin.

Durkheim pose le problème, définit même quelque chose comme un programme de recherche. Mais ne va pas au-delà. C'est ce mouvement qu'on se propose de reprendre ici, pour lui faire dépasser le stade de l'esquisse. Avec les moyens conceptuels du spinozisme, et conformément à une intention

1. Émile Durkheim, *Sociologie et philosophie*, Paris, PUF, « Quadrige », 1996, p. 140-141.

2. André Orléan, Entretien avec Rainer Diaz-Bone, *Revue de la régulation*, n° 14, 2013.

longue qui voudrait en montrer la productivité dans tous les domaines intéressant les sciences sociales. C'est qu'il y a une théorie de la valeur chez Spinoza. Une théorie très générale même, répondant donc par excellence à l'exigence de transversalité posée par l'homonymie de la valeur. Mais surtout, affirmant – démontrant – comme aucune autre le règne de la condition anarchique. Au nombre des scandales du spinozisme, il y a en effet celui-là : « En ce qui concerne le bien et le mal, ils ne désignent [...] rien de positif dans les choses, j'entends considérées en soi » (*Éth.*, IV, Préface)[1]. Ôtées les catégories fondamentales du bien et du mal, auxquelles toute positivité est déniée, et c'est le sol même du jugement, quel que soit son ordre, qui se dérobe. En tout cas son sol de vérité – auquel il va donc falloir trouver un sol de substitution. Manière de parler fonctionnaliste car ce n'est pas ainsi que les choses se passent : personne n'est en charge de ce « il faut ». Le sol de substitution *se* recrée – « tout seul ». Ou pour faire encore plus impersonnel : il émerge un sol de substitution. Qu'il en émerge un, la chose est attestée par le simple fait que malgré tout, c'est-à-dire en dépit d'un sol de vérité manquant, *nous jugeons*. Nous ne cessons de juger – Spinoza montrera que c'est un automatisme du corps (simultanément accompagné d'idées), qui n'a donc rien à voir avec quelque activité d'un esprit qui déciderait souverainement de s'engager dans une opération de jugement (ou de s'en abstenir). Or, tautologiquement, s'il y a du jugement, c'est que des conditions de possibilité du jugement ont été satisfaites. Mais lesquelles ? Des conditions passionnelles. Voilà la nature du sol de substitution : c'est un sol d'affects. Ce qui tient les jugements et les valeurs quand ils ne peuvent plus se tenir à un fondement absolu, ce sont des affects. La condition anarchique consacre le pouvoir

1. Spinoza, *Éthique*, désormais, et sauf mention contraire, dans la traduction de Bernard Pautrat, Paris, Seuil, 1988.

axiogénique des affects : il n'y a de valeur reconnue que par le jeu des affects. Que valent nos valeurs ? Rien d'autre que les intensités passionnelles que nous y mettons nous-mêmes. Les valeurs ne nous happent pas par leur force intrinsèque : nous produisons nous-mêmes l'adhésion qui nous y fait tenir. Et la valeur de nos valeurs n'est que la force de croyance que nous y investissons par voie d'affects.

Il s'ensuit plusieurs importantes conséquences. D'abord, si les valeurs sont sociales, c'est qu'elles sont soutenues par des formations passionnelles collectives, donc par des affects *communs*. Or, dans l'affect commun valorisant, c'est la puissance même du groupe valorisateur qui s'exprime. Mais rarement (en fait jamais) sans médiation. Car cette puissance est toujours pour partie déjà déposée sous ces formes cristallisées que sont les institutions. En quelque sorte, la puissance du groupe transite en ses institutions, et s'effectue concrètement par elles – de même que, réciproquement, le pouvoir véridictionnel, axiologique, des institutions n'a en dernière analyse pas d'autre principe que la puissance du groupe. La valeur est donc une affaire d'affects *et* d'institutions, ou plutôt d'institutions produisant des affects, de pouvoirs d'affecter inscrits dans des institutions. Également d'autres formations affectives, plus labiles, qui se proposent de destituer les grandeurs établies – mais finiront par en réinstituer d'autres.

Axiologie, axiomachie

Qu'on n'aille pas cependant en conclure que sous le poids de « l'affect commun », le monde de la valeur serait uniforme et invariant. Il n'est ni l'un ni l'autre. Il n'est pas uniforme car même en s'en tenant aux valeurs de plus large consensus, on n'en trouverait aucune qui fasse rigoureusement l'unanimité. Partout il y a du dissensus axiologique.

Dans quelles proportions a-t-il lieu de s'exprimer, c'est une question de morphologie sociale (et secondairement d'institutions politiques). Il n'y a pas plus d'invariance qu'il n'y a d'uniformité, deux propriétés étroitement corrélées en fait, et spécialement dans ces formations sociales particulières, par exemple la Grèce du ve siècle ou l'Europe des Lumières, dont Castoriadis souligne la singularité : elles sont entrées dans l'auto-questionnement[1]. Les valeurs et les significations y sont devenues matière à débat, à contestation, par conséquent à transformation. Il fallait cette irruption dans le régime de la réflexivité collective, seule à même de perturber la croyance heureuse, pour révéler vraiment la condition anarchique. D'abord comme condition agonistique : si les valeurs sont questionnables, si elles peuvent différer, alors on se battra pour les faire différer dans certaines directions plutôt que dans d'autres. Dans la société de la réflexivité, l'axiologie donne nécessairement accès à une axiomachie – étymologiquement une lutte (*makhia*) pour les valeurs. Alors les guerres véridictionnelles font rage. On s'y bat à coups d'assertions pour des choses futiles ou pour des enjeux terminaux (sachant qu'il arrive aussi que les enjeux terminaux dans une certaine région de l'espace social apparaissent futiles ou incompréhensibles vus depuis les autres). On s'y bat avec des moyens inégaux, mais qui tous se ramènent à une seule et même stratégie : capter les courants d'affects, les mettre derrière sa propre assertion, en remobiliser le pouvoir axiogénique, le plus souvent en s'adossant aux institutions puisqu'elles sont comme des formations d'affects déjà là, et sinon en construisant le rassemblement des passions autrement.

Cependant, l'axiomachie, qui émerge nécessairement, ne vient pas sans perturber l'ordre axiologique plus profondément qu'à faire se succéder les valeurs. Tout apparaît désancré

1. Cornelius Castoriadis, *L'Institution imaginaire de la société*, Paris, Seuil, « Points Essais », 1999.

puisque tout peut être déplacé, plus seulement de part et d'autre des Pyrénées, mais d'un seul côté – et dans le temps. Et c'est bien la possibilité de ce mouvement qui fait apparaître le vide de la condition anarchique, l'incertitude axiologique de tout : des valeurs, des œuvres, de soi et des personnes également. Si tout est interrogeable, c'est que plus rien n'est sûr. La mobilité de la croyance est un puissant révélateur. On a cru ça – et dur comme fer –, maintenant on croit autre chose. On a célébré ça, et voilà que nous trouvons « ça » ridicule – les pompiers, les pattes d'éléphant, la messe en latin. Jusqu'à ce que quelqu'un, d'ailleurs, se fasse connaître qui entreprenne de convaincre tous que « ça » avait un charme profond, inaperçu.

La condition anarchique n'en finit pas de revisiter. Elle est un monde de fluctuation indéfinie qui n'est que temporairement stabilisable. Et sous la condition fondamentale de tenir en lisière l'aperception du vide – donc au prix d'une dose minimale de méconnaissance. Qu'en dernière analyse rien ne tienne à rien, voilà ce qui ne doit être aperçu à aucun prix. L'*idée* de la condition anarchique doit être interdite de résurgence. Mais là encore : personne en charge de ce « devoir ». Comment alors « s'organise » la méconnaissance ? Par le même moyen qui soutient la valeur : les affects. Dont Spinoza nous dit qu'ils l'emporteront sur « la connaissance vraie » (en tant que vraie), impuissance de la raison généralement déplorable… mais ici fonctionnelle. Ce qui a plié nos corps à adhérer à telle valeur est trop profond pour que l'idée résurgente de la condition anarchique, l'aperception lucide de l'absence de valeur des valeurs, y ait un effet durable. S'il se présente un événement qui sollicite nos adhésions les plus profondes, comme on dit : les plus « viscérales », alors, précisément, nous revérifierons que c'est le corps qui parle – et le philosophe qui se présenterait à ce moment-là pour faire le malin à propos de l'*an-arkhé* n'aurait aucune chance de nous retenir.

La méta-valeur

Nous avons donc nos points d'affects inexpugnables. Il ne s'ensuit pas pour autant, si impérieux soient-ils, qu'à froid nous pourrions leur donner la forme de la raison, leur trouver le fondement justificateur. On connaît l'accueil réservé à ce genre de dessillement : celui qui dit l'absence de valeur des valeurs est voué à n'être pas très bien reçu des croyants. Comme quoi, l'accusation d'impiété aura été plus résistante qu'on n'imaginait. « Le poison du relativisme », voilà comment elle aura muté – simple métamorphose qui, en elle-même, en dit assez long sur la validité des prétentions modernes à s'être affranchies du religieux. Rien ne vaut-il vraiment ? Et, dans ce cas, comment éviter de conclure que tout se vaut ? Et les « grandes œuvres » ? Et nos valeurs les plus sacrées ? – tiens, « sacrées »...

On comprend sans peine que « ça résiste » : quel enfer, si l'on y pense, d'être abandonné à l'apesanteur de la valeur – c'est bien l'avis de Dostoïevski. Ça n'est pas tout à fait celui de Spinoza. Par une lecture superficielle, on lui prête souvent de nous condamner à un relativisme axiologique sans rivage. Il n'en est rien. Même s'il est exact que sa rive à lui est à bien des égards paradoxale. Car il y a assurément pour lui quelque chose qui vaut, et qui vaut absolument : la raison comme ligne de vie. Mais cette valeur absolue est en fait davantage de l'ordre d'une méta-valeur : plus qu'elle ne réordonne le paysage général de la valeur, elle l'abolit carrément. Sans doute, dans un premier temps, produit-elle les effets d'orientation qu'on attend classiquement d'une valeur. Par un pivotement inattendu, celui en fait d'une sorte de pédagogie réaliste, Spinoza restaure les catégories de bien et de mal, mais sous une redéfinition en quelque sorte topologique : comme ce qui, respectivement, nous rapproche ou nous éloigne du modèle (*exemplar*) de l'homme sous la conduite de la raison. Avec cependant, comme il arrive parfois en mathématique, un effet de discontinuité par passage à la limite – et c'est là qu'est le paradoxe : l'homme qui entre dans le régime des affects actifs abandonne définitivement les catégories du bien et du mal. Un dernier usage, convenablement remanié, lui avait permis de faire son chemin. L'autre rive atteinte, le radeau n'a plus d'utilité.

Mais c'est bien une autre rive et quelque chose y est restauré. Sans doute le paysage des normes s'en trouve-t-il entièrement remanié, débarrassé notamment de toutes les fabrications d'un imaginaire de la transcendance : normes surplombantes – quoique créées par nous ! –, vis-à-vis desquelles tout écart nous voue au sentiment de l'insuffisance, du déficit, ou du péché. Celles-là ne nous manqueront pas. Il en reste une cependant, mais d'une tout autre nature : la norme immanente de la puissance, à même les affirmations du conatus. C'est par elle que nous devons réinterroger le monde. Qui peut quoi ? Et les choses, que nous aident-elles à pouvoir ? Voilà les nouvelles questions. Par exemple les œuvres : on cessera de se demander si elles sont belles, si elles valent esthétiquement – cette valeur-là, nous aurons découvert qu'elle est irrémédiable. Mais les œuvres peuvent valoir autrement qu'en beauté : en puissance – et il faudra tenter de clarifier à leur propos en quoi peut consister ce valoir-là. De même : les institutions politiques. On ne veut pas renoncer à l'idée qu'il en est de meilleures que d'autres, que certaines valent mieux que les autres. Et l'on a raison. Mais il faut placer ce « mieux que les autres » au bon endroit, lui trouver ses critères, qui ne soient pas ceux de la valorisation par l'imaginaire et les passions.

Une autre rive donc. Mais qui peut se targuer de la traversée ? En réalité personne, et cela aussi Spinoza nous en donne la raison : modes finis, la causalité intermodale est, en quelque degré, notre indépassable horizon, et nous n'accéderons jamais *complètement* à la causalité adéquate : celle qui nous fait agir hors de toute détermination extérieure, sous la seule nécessité de notre essence singulière. Nous demeurerons donc dans la valeur et ses affects – dans le monde social de la servitude passionnelle. Et nous y accommoderons l'idée de la condition anarchique comme nous pourrons. Tantôt en nous abandonnant à l'affect commun qui renvoie les aperceptions rationnelles en arrière-plan, et continue de nous faire *adhérer*. Tantôt, aussi, en cherchant à identifier le bien et le mal redéfinis par la pédagogie rationnelle du spinozisme, pour autant d'ailleurs qu'on puisse la faire parler assez précisément en situation concrète, en tout cas en s'en remettant aux normes immanentes du conatus, les normes de la puissance et de l'empuissantisation : ce qui vaut vraiment, c'est ce qui nous rend plus raisonnable.

1

Affects et institutions de la valeur

La catastrophe Spinoza. Sur son passage, tout est renversé. D'une seule phrase la valeur est renversée : « Quand nous nous efforçons à une chose, quand nous la voulons ou aspirons à elle, ou la désirons, ce n'est jamais parce que nous jugeons qu'elle est bonne ; mais au contraire, si nous jugeons qu'elle est bonne, c'est précisément parce que nous nous y efforçons, nous la voulons, ou aspirons à elle, ou la désirons » (*Éth.*, III, 9, scolie). Loin, donc, que le désir se règle sur des valeurs données, préexistantes, qu'il n'aurait plus pour ainsi dire qu'à re-connaître, c'est lui-même, *par ses investissements*, qui est l'instituteur de la valeur. Mais alors, demandera-t-on, comment le désir vient-il aux hommes si ce n'est par identification de choses qu'ils ont préalablement établies comme bonnes ?

C'est l'affect qui fait la valeur

Spinoza ne manque pas de répondre à la question, et même plutôt deux fois qu'une. Car il y a deux théories de la relation d'objet dans l'*Éthique*. La première est mimétique : le désir ne vient pas aux hommes par les objets, mais par d'autres hommes (*Éth.*, III, 27) – qui leur « désignent » les objets, par leur propre désir déjà formé. La deuxième est associative : « Du seul fait d'avoir contemplé une chose avec un affect de joie ou bien de tristesse dont elle n'est pas la cause efficiente, nous pouvons l'aimer ou l'avoir en haine » (*Éth.*, III, 15, corollaire). Par simple présence dans une atmosphère affective joyeuse, un objet *ex ante* indifférent s'en trouve en quelque sorte teinté, et imaginairement inclus (par association) dans l'ensemble des causes de la joie, devenant par là, conformément à la définition de l'amour[1], un objet de désir. Bien sûr, ce sont là des mécanismes élémentaires, dont les instanciations empiriques, concrètes, passent par des combinatoires (sociales) d'affects autrement plus complexes, mais sans que leur principe soit altéré, en l'occurrence en construisant la relation d'objet hors d'une relation directe de l'individu désirant aux choses (ensuite) dites désirables. Le désir s'acquiert par médiations – mimétiques-sociales ou associatives –, non dans le face-à-face des individus désirants et des objets en attente d'être reconnus comme désirables. Le sens de la liaison désir-objet, ou désir-valeur, s'en trouve complètement renversé. Déterminé par ailleurs, le désir *investit* les objets – en eux-mêmes insignifiants –, et *par là* leur confère la valeur. C'est le désir qui fait advenir la valeur aux choses – et non la valeur qui désigne les choses au désir. Plus généralement même, c'est l'affect – mais le désir est un affect (il est l'un des trois affects « primaires », avec la joie et la tristesse). « En tant que nous percevons qu'une certaine chose nous affecte de joie ou bien de tristesse, nous l'appelons bonne ou mauvaise » (*Éth.*, IV, 8, démonstration). Et aussi : « Chacun *selon son affect* juge ou estime ce qui est bien, ce qui est mal, ce qui est meilleur, ce qui est pire, et enfin ce qui est le meilleur et ce qui est le pire » (*Éth.*, 39, scolie)[2]. Est-il possible de dire plus clairement le pouvoir axiogénique de l'affect ?

1. « L'amour n'est rien d'autre qu'une joie qu'accompagne l'idée d'une cause extérieure » (*Éth.*, III, 13, scolie).

2. C'est moi qui souligne.

En un seul énoncé « catastrophique » (*Éth.*, III, 9, scolie), Spinoza nous livre donc et le problème et la solution. Le problème : le monde est insignifiant, les objets sont mutiques. La solution : c'est nous qui faisons parler le monde, et voilà pourquoi il nous est sensé. Nous le faisons parler par nos investissements passionnels. Nos joies, nos tristesses, colorent les objets d'amour ou de haine, d'attraction ou de répulsion. Donc du désir de les poursuivre ou de les éloigner. Les voilà dotés de valeur. Et ceci quoique, de valeur, ils soient en fait fondamentalement, essentiellement, dépourvus. La valeur des objets ne doit rien à leurs propriétés intrinsèques. Elle leur advient entièrement du dehors. La valeur ne peut se prévaloir d'aucune substance, elle est un effet entièrement relationnel. Rigoureusement parlant, il n'y a pas de valeur : il n'y a que des processus de valorisation.

Cependant, si chacun établit la valeur « selon son affect », ne devrions-nous pas être plongés dans un chaos axiologique, qui pulvérise la valeur des choses en autant de fragments qu'il y a de complexions affectives ? Or nous le savons : nous n'avons pas que des valeurs idiosyncratiques. Nous avons aussi, en fait surtout, des valeurs *communes*. Et même des valeurs qu'on dit justement *sociales*. Mais alors comment produit-on des valeurs communes avec des individus qui jugent chacun selon son affect ? La réponse suit presque naturellement : il y aura des valeurs communes pour autant qu'il y ait des affects… communs. Mais des affects communs, il y en partout dans la société. Mieux : la société est un affect commun ; ce sont des affects communs qui font être la société comme société. C'est là le cœur de la pensée politique de Spinoza.

Fictions conceptuelles de l'affect commun

Les communautés politiques ne se forment pas par quelque solennel contrat entre individus atomistiques désireux d'une solution rationnelle à leurs problèmes de survie, mais dans le jeu des passions : « Puisque les hommes sont conduits par l'affect plus que par la raison, il s'ensuit que la multitude s'accorde naturellement et veut être conduite comme par une seule âme sous la conduite non de la raison mais de quelque affect commun » (*TP*, VI, 1)[1]. Il n'y aura pas à chercher bien longtemps pour trouver des affects communs : la communauté politique en est un réservoir – et pour cause, c'est par eux qu'elle s'est établie.

Cependant, on ne peut pas se contenter de le dire. Des affects communs, il faut reconstituer le processus de formation. Conformément au point de vue génétique que Spinoza veut nous faire prendre sur toute chose, l'engendrement est cela qui livre l'essence, et par suite donne accès aux propriétés. Spinoza nous livre-t-il une genèse de l'affect commun ? Non. Enfin si, mais à peine : quelques minuscules aspérités. C'est à Alexandre Matheron qu'on doit, d'abord de les avoir aperçues, ensuite d'en avoir tiré tout ce qu'il était possible, c'est-à-dire d'avoir reconstitué (à ce stade on pourrait presque dire constitué, tout court...) un modèle génétique entièrement déployé de l'affect commun[2]. Encore faut-il ne pas se méprendre quant au statut intellectuel de cette genèse : elle n'a *rien d'historique*. Il s'agit d'une genèse *conceptuelle*. Éternel moment de perplexité : de quelle utilité peut donc être une genèse qui ne soit pas historique (pour autant d'ailleurs qu'on arrive à s'en faire une idée) quand il s'agit de penser des choses historiques ? – comme l'État, par exemple, puisqu'en l'occurrence, relisant le *Traité politique*, c'est de l'affect commun politique que Matheron veut reconstituer la genèse. Contre l'évidence, la genèse historique des institutions

1. *Traité politique*, chap. VI, § 1, ici dans la traduction de Charles Ramond, *Œuvres*, t. V, Paris, PUF, « Épiméthée », 2005.

2. Alexandre Matheron, *Individu et communauté chez Spinoza*, Paris, Minuit, « Le sens commun », 1988, chap. 8.

historiques est la certitude du fourvoiement. Bien sûr, on peut toujours reconstituer l'histoire de telle forme institutionnelle *particulière*. Mais c'est une histoire toujours locale et adossée : adossée au cadre institutionnel déjà en place, *à partir duquel* la nouvelle forme va émerger – cadre qu'on prend comme une *donnée*, dont on ne reconstituera donc pas la propre genèse, sauf à tomber dans une régression à l'infini. Or, ici, c'est bien, non pas de quelque forme particulière, mais d'institutions pour ainsi dire génériques qu'il s'agit de reproduire l'engendrement : l'État, la religion, la monnaie, etc. C'est cette généricité qui, nous avertit Durkheim, marque la limite des pouvoirs de l'histoire, et l'absurdité de la quête des origines : « [...] si, par origine, on entend un premier commencement absolu, la question n'a rien de scientifique et doit être résolument écartée. Il n'y a pas un instant radical où la religion ait commencé à exister [...] Comme toute institution humaine, la religion ne commence nulle part[1] ». Mais alors que tirer d'une genèse qui ne soit pas historique ? Durkheim encore (et toujours à propos de l'institution de la religion) : « Ce que nous voudrions, c'est trouver un moyen de discerner *les causes toujours présentes* dont dépendent les formes les plus essentielles de la pensée et de la pratique religieuses[2]. » Et Rousseau complète : il s'agit d'entrer dans ces matières pour en dégager moins « des vérités historiques [que] des raisonnements hypothétiques et conditionnels, *plus propres à éclaircir la nature des choses qu'à en montrer la véritable origine*[3] ». La « nature des choses », voilà qui rejoint Spinoza. Car la nature des choses, c'est leur essence, et les essences, nous dit Spinoza, s'engendrent « géométriquement ».

1. Émile Durkheim, *Les Formes élémentaires de la vie religieuse*, Paris, PUF, « Quadrige », 1990, p. 10-11.

2. *Id.*, c'est moi qui souligne.

3. Jean-Jacques Rousseau, *Discours sur l'origine et les fondements de l'inégalité entre les hommes*, Paris, Gallimard, « Folio », 1985, p. 117, c'est moi qui souligne.

L'essence du cercle, c'est la rotation d'un segment de longueur constante autour d'une de ses extrémités fixes – quant aux cercles « réels », empiriques, c'est une autre affaire ; à leur propos on se demandera par qui et comment ils ont été concrètement tracés, en d'autres termes on se penchera sur le travail de la causalité intermodale. À propos de l'État, nul ne pourra jamais dire : voilà, c'est ici pour la première fois que ça s'est passé, il y avait eux, et eux, ils ont fait ceci et cela, et l'État a été là. En revanche, on peut dire quelque chose de l'essence de l'État, qu'elle consiste en un certain rapport entre des parties, tenues ensemble par une certaine force générique dont on peut reconstituer, *mais conceptuellement*, la formation[1].

Cette genèse conceptuelle de l'État, c'est donc Alexandre Matheron qui nous la livre, entièrement déployée, à partir du rapprochement contre-intuitif de deux passages du *Traité politique* que tout semble opposer : (*TP*, VI, 1) parle de la constitution de l'État, (*TP*, III, 9) de sa destruction… Au premier, l'affect commun sous lequel la multitude vient à s'assembler, au second… le même affect commun, mais d'indignation, dans lequel « se liguent un grand nombre de sujets », venant par là « amoindrir la puissance et le droit de la Cité ». C'est donc bien *la même force* qui travaille à la construction comme à la destruction des pouvoirs politiques, et cette force, c'est génériquement celle de l'affect commun : celui « d'une crainte commune, d'un espoir commun ou de l'impatience de venger quelque dommage subi en commun[2] » dans le premier cas, celui de « l'indignation » dans le second. Un affect commun, mimétiquement engendré – cela, c'est Alexandre Matheron qui l'ajoute. Car pour « faire parler » les

1. Pour le plein développement de cette analyse, voir Frédéric Lordon, *Imperium. Structures et affects des corps politiques*, Paris, La Fabrique, 2015, notamment chap. II à IV.

2. *TP*, VI, 1.

deux fragments du *Traité politique*, Matheron leur adjoint toute la puissance des mécanismes élémentaires de la vie passionnelle exposés dans la partie III de l'*Éthique*. Et notamment, en effet, le mécanisme de l'imitation des affects (*Éth.*, III, 27).

Loin de toute genèse historique, donc, une scène primitive, entièrement fictive : un homme en rencontre un autre qui est affligé, et dont, par conséquent, il imite l'affect triste (*Éth.*, III, 27). Triste à son tour, il est désireux d'éloigner la cause de sa propre tristesse. Mais cette cause n'est autre que la tristesse de l'affligé. Il faut donc le soulager – lui venir en aide (*Éth.*, III, 27, corollaire 3). L'affligé en devient joyeux et identifie son bienfaiteur comme la cause de cette joie : il l'aime (*Éth.*, III, 13, scolie). Le bienfaiteur, toujours par imitation, en devient joyeux à son tour. Double bénéfice : il se contemple lui-même joyeusement du fait de se voir la cause de la joie d'un autre (*Éth.*, III, 30), et il se voit aimé par cet autre. On comprend maintenant qu'il veuille se maintenir dans cet état. Mais ce nouveau désir pose une redoutable équation : il doit pouvoir continuer de s'adonner à ses manières antérieures sans en offusquer cet autre qu'il veut voué à lui. Une seule solution : que cet autre adopte ses propres manières, qu'il vive selon le même désir (*Éth.*, III, 31, corollaire et scolie), qu'il ait les mêmes objets de croyance, les mêmes cultes notamment. Mais cette solution de l'emprise et finalement de la domination naissante est aussitôt problématique : quid si l'émule se met, conformément au projet du maître, à désirer les mêmes objets que le maître quand certains de ces objets ne peuvent être possédés que par un seul ? L'Ambition – Spinoza nomme ainsi le désir de chacun de voir les autres vivre selon sa propre complexion (*Éth.*, III, 30, scolie) – tourne aussitôt en rivalité (*Éth.*, III, 32). Et l'entraide du début se renverse en conflit. Un conflit que des tiers viennent observer. Et auquel ils vont inévitablement prendre part, toujours par l'effet de l'imitation des affects, modulée par des rapports de similitude imaginaire : j'imite davantage la tristesse de celui des protagonistes dont je me sens le plus proche (quelles que soient les « raisons » imaginaires de ce sentiment de proximité). Selon le même mécanisme que précédemment, je viens à son aide – en fait pour me soulager de ma propre tristesse. Et je fais avec lui « cause commune », contre son rival. La dynamique des prises de parti commence, des regroupements affinitaires se forment, le conflit s'étend. Non sans que les coalitions ne soient traversées des mêmes instabilités passionnelles et retournements que le doublet d'origine. Des blocs se forment, puis se fracturent, puis se recomposent, etc. Cependant le cours du processus commence à se modifier : venus de plus loin, les nouveaux ralliés ne répondent plus seulement à des déterminations affinitaires mais voient aussi leurs partis gouvernés par la puissance émulatrice des blocs déjà constitués : les rendements croissants d'imitation sont à l'œuvre, plus un bloc est important plus il est mimétiquement « attractif ». La concurrence des blocs se joue au nombre, et, par éliminations-absorptions successives des groupes les plus numériquement faibles, le processus converge pour laisser la multitude originelle unifiée comme un seul ensemble, soudé dans un même régime de désir – un même affect commun. Tous désormais désirent identiquement, et jugent identiquement du bien et du mal – qu'une étape supplémentaire d'institutionnalisation viendra convertir en légal et illégal. Et c'est la force du groupe unifié qui viendra rappeler à son ordre les contrevenants.

On le voit, entrer dans l'exercice de la genèse conceptuelle demande de se défaire de toutes les attentes implicites de réalisme dont on charge le mot « genèse ». Mais l'irréalisme patent de cette scène primitive ne devrait-il pas, par soi, rendre aussitôt dénuée de sens toute objection d'irréalisme ? Et convaincre de la lire autrement. Le seul fait de considérer une sorte d'atomistique originelle est en soi un appel à cette lecture autre. Car il est bien évident qu'« atomistique sociale » est une contradiction dans les termes. C'est d'ailleurs ce qui fait la cohérence performative, si elle est paradoxale, de cette genèse conceptuelle : elle nous livre un argument *a fortiori*, puisqu'elle montre que l'état le plus défavorable *a priori* à une pensée du social, l'état atomistique, a pour propriété d'être fondamentalement instable et de s'auto-dépasser spontanément, par le jeu endogène des dynamiques passionnelles, pour engendrer un groupe totalisé sous un certain affect commun – qui est en quelque sorte un affect socialisateur élémentaire. *Il n'y a pas d'atomistique sociale*, c'est ce que montre une genèse conceptuelle partant d'une situation initiale d'atomistique sociale – et cette démonstration-là, par construction, seule une genèse *conceptuelle* peut la faire.

Ce qui fait autorité (et comment)

Ici pourtant le bénéfice principal de l'opération est ailleurs. Il est de nous montrer que la genèse de l'État, puisque c'est bien ce que Matheron a en tête, commence par la genèse d'une communauté morale. Car l'affect commun par lequel elle se trouve formée est immédiatement l'indication du bien et du mal, de ce que la communauté approuve et de ce qu'elle désapprouve, de ce qu'elle loue et de ce qu'elle réprime, se trouvant exister comme communauté dans ces mouvements mêmes d'approuver ou de désapprouver, de louer ou de réprimer. L'ordre politique est donc *ipso facto* un ordre axiologique : il est une institution de la valeur. Rien d'étonnant à cela : de même que chacun, au stade élémentaire, juge du bien et du mal selon son affect, tous jugent identiquement du bien et du mal selon l'affect commun. La puissance désirante individuelle projetée dans les choses les faisait advenir à la valeur, la puissance de la multitude les fait advenir à la valeur sociale. Que nous livre donc, en définitive, le modèle de la genèse conceptuelle de Matheron ? Il nous livre un *concept* : le concept de la *potentia multitudinis*. Un concept en effet, conformément à la définition de la définition selon Spinoza : une chose est définie, et son concept possédé, lorsqu'on a génétiquement ré-engendré son essence (le cercle par la rotation du segment) ; la puissance de la multitude, constitutive de l'État, par la dynamique de convergence passionnelle qui conduit à la formation de l'affect commun. On comprend alors qu'il va falloir ici entendre « État » en un sens particulier, ou plutôt non ! tout au contraire : en un sens général, très général même. Jusqu'à le nommer ainsi d'ailleurs : l'État général[1]. L'État général, c'est le principe fondamental de constitution de la communauté politique générique, tel qu'il se donne préalablement à toutes ses déclinaisons morphologiques successives, à toutes ses actualisations particulières déterminées par l'histoire. Autant dire que le concept d'État général est homogène à l'exercice de la genèse conceptuelle : il est radicalement insusceptible de contrepartie empirique. On n'observe pas « tel quel » l'État général. Mais, par le modèle même de la genèse conceptuelle, et rejoignant par là la phrase très pénétrante de Rousseau, *on le sait à l'œuvre* dans toute formation étatique particulière.

On l'a compris, l'État général n'est pas l'État tout court, qu'un fâcheux réflexe chronocentrique nous fait d'ailleurs spontanément concevoir d'après « notre État », l'État moderne bourgeois si l'on veut. Pas plus qu'il n'est quelque autre État historique. L'État général est la *force générique*, dont Spinoza nous dit qu'elle est de nature passionnelle : un affect commun, qui fait faire cohérence à tous les groupes nombreux, la force par laquelle vient à s'assembler toute multitude qui n'est pas sous la conduite de la raison (*TP*, VI, 1). Et cette force, il la nomme *imperium* : « ce droit que définit la puissance de la multitude, on l'appelle généralement *imperium*[2] » (*TP*, II, 17).

1. Voir Frédéric Lordon, *Imperium, op. cit.*, chap. IV.
2. Ici dans la traduction de Bernard Pautrat, qui fait le choix remarquable de… ne pas traduire le mot « *imperium* ». *Traité politique*, Paris, Allia, 2013.

Tout est ramassé en une seule phrase : la force générique qui fait l'État général, l'*imperium*, *c'est* la puissance de la multitude. Et, nous dit Matheron, nous en avons maintenant le concept. On ne pourrait surestimer son extension. Car, pour peu qu'on ne se laisse pas obnubiler par « État » dans « État général », on y verra le principe par lequel une communauté, de nature quelconque, tient ses parties à une norme commune. C'est qu'il faut bien une force pour produire l'observance de tous – que Spinoza nomme l'*obsequium* –, ou pour sanctionner les contrevenants et enrayer la divergence désintégratrice. Mais quelle peut être cette force sinon la puissance de tous : *potentia multitudinis* ? *Imperium* et puissance de la multitude, donc, c'est tout un. La seconde produit l'affect commun par lequel s'opère la tenue des parties, dont le premier est le nom. Tenue à quoi ? À la norme autour de laquelle, et même par laquelle, l'ensemble se forme. Mais à ce stade, les contenus de la norme sont indifférents. Il peut s'agir des contenus légaux d'une norme juridique, comme des contenus axiologiques d'une norme morale. Le point important ici, c'est que la norme *fait autorité*. Et que la *potentia multitudinis* est le principe concret de cette autorité. Faire autorité c'est déterminer avec succès des comportements communs, depuis les mouvements de corps requis (s'arrêter à un feu rouge, tendre la main droite pour dire bonjour) jusqu'à la reconnaissance de certaines valeurs. C'était bien le problème de départ : comment produire du groupe à partir de pôles conatifs individuels qui jugent « chacun selon son affect », et dont la simple juxtaposition ne livre qu'une collection chaotique ? La « solution » – mais bien sûr nul n'a « posé » le problème, et il n'y a que des *effets de solution* – réside dans les propriétés homogénéisatrices de l'affect commun – produit, nous le savons maintenant, par la puissance de la multitude. À concurrence du domaine d'efficacité de l'affect commun, la *potentia multitudinis* réduit l'hétérogénéité, fabrique de l'homogène à partir de l'hétérogène. Bien sûr, elle n'homogénéise jamais le tout des comportements – elle ne produit jamais des armées de robots (quoique Spinoza ne soit pas loin de penser cela à propos de l'État des Hébreux[1]). Mais, dans le domaine où elle opère, elle affecte tous[2], et par là fait socialement autorité.

De ce « faire autorité », elle offre donc le principe fondamental, quels que soient les points d'application particuliers de cette autorité : lois auxquelles obéir, gestes à accomplir selon les conventions sociales, valeurs morales à respecter, etc. Elle est par excellence cette « force morale de la société » que Durkheim a de si nombreuses fois évoquée[3], et qui trouve ici son concept. Souveraineté politique, institutions sociales, normes, valeurs, toutes ces constructions sociales ne tiennent et ne produisent leurs effets que d'être soutenues, irriguées, par la puissance de la multitude. Si, donc, il y a des valeurs sociales, et pas seulement un chaos d'évaluations idiosyncratiques, c'est parce que la puissance de la multitude nécessairement se forme et produit ses effets homogénéisateurs, c'est parce qu'il y a toujours déjà du social, mais envisagé au sens de Durkheim (et revisité selon Spinoza) : comme force – la force passionnelle de l'*imperium*.

La puissance de la multitude « en dernière analyse » (captures institutionnelles)

À un moment cependant, il faut bien sortir des scènes fictives et des genèses conceptuelles, pour retourner dans le monde social-historique. La préparation de ce retour s'effectue sous l'égide d'une clause centrale : « en dernière

1. *Traité théologico-politique*, trad. par Jacqueline Lagrée et Pierre-François Moreau, *Œuvres*, t. III, Paris, PUF, « Épiméthée », 1999, chap. XVII.

2. Aux *contumaces* (insoumis) près, car jamais aucune institution ne fait l'unanimité.

3. Notamment dans *Les Formes élémentaires de la vie religieuse*, *op. cit.*

analyse ». On dira alors que ce qui fait l'autorité des valeurs, c'est la puissance de la multitude *en dernière analyse*. Pourquoi en dernière analyse ? Parce que ça n'est (presque) jamais par effet direct. Et pour cause : « la multitude » est un concept *spéculatif*, qui ne prend son sens que dans les scènes fictives de la genèse conceptuelle. Elle n'a pas, telle quelle, de contrepartie empirique observable, et ne saurait donc par elle-même produire *directement* quelque effet. Ce qui se laisse observer dans le monde social n'est pas « la multitude », ou plutôt c'est la multitude toujours déjà structurée, institutionnalisée, différenciée, conflictuelle – tout sauf le bloc homogène, mimétiquement soudé, du modèle conceptuel. De même que l'État général n'a aucune existence empirique mais ne se laisse entrevoir, comme principe fondamental, on peut même dire comme structure élémentaire[1], qu'au sein des formes historiques particulières des communautés politiques, de même la multitude n'existe qu'en ses rapports sociaux formés et ses configurations institutionnelles – à l'état d'homogénéité hétérogène, pourrait-on dire. Et pourtant, en chacune des formes historiques au travers desquelles il se réalise, le principe fondamental est là et bien là, et il travaille. Retourner au monde social-historique, c'est donc en revenir à l'injonction de Durkheim de « discerner [dans les objets empiriques] les causes toujours présentes[2] »... telles qu'elles ont été dégagées par les fictions spéculatives. Et parler de « dernière analyse », c'est indiquer ce mode de présence paradoxal du principe fondamental : à l'œuvre mais sans qu'on puisse l'observer *directement* comme tel.

Il faut bien pourtant, pour ne pas en rester au paradoxe, qu'il y ait quelque solution de connexion entre les entités spéculatives et leurs opérations concrètes dans le monde

1. Frédéric Lordon, *Imperium*, *op. cit.*, chap. IV et V.
2. C'est moi qui fais l'insert.

empirique. Dans le cas présent, c'est par l'idée de capture que s'effectue le raccordement. La puissance de la multitude ne circule pas librement, ou plutôt : ne circule pas *sans intermédiaire*. Il y a bien lieu de parler à son propos de circulation puisque c'est somme toute d'une puissance *réflexive* qu'il s'agit. La *potentia multitudinis* est ce par quoi la multitude se fait de l'effet à elle-même, ou plus précisément ce par quoi la multitude considérée comme un tout affecte la multitude considérée en ses parties, ou encore : comment la force sociale du groupe affecte les individus qui constituent le groupe. Et, le constituant, produisent la force collective qui les affecte individuellement. La *potentia multitudinis* est donc ce par quoi la multitude *s'auto-affecte*. Pour autant, dans les conditions concrètes, social-historiques, de leur exercice, il n'y a pas d'auto-affections *immédiates* de la multitude. Car la multitude s'affecte toujours elle-même au travers du massif de ses institutions – médiatement, donc. Les individus-parties ne sont jamais au contact direct de la multitude-tout. Ils ne sont jamais concrètement affectés que par des institutions existantes, au travers desquelles la société se présente à eux. Et si l'on peut dire que la société se présente aux individus *par* les institutions, c'est parce qu'elle est présente *dans* les institutions. Les institutions sont la forme sous laquelle le tout social existe concrètement. Sauf sur le mode d'un cas-limite, celui de la foule coalescente, la société n'existe qu'institutionnalisée. Et, de même, on peut dire (répéter) que « institutionnalisée » est le mode d'être *concret* de la multitude – dès lors qu'on ne l'envisage plus dans le statut de concept spéculatif qui avait été le sien jusqu'à présent, et qu'on tente d'en saisir les manifestations empiriques. Il s'ensuit que la puissance avec laquelle une institution affecte les individus n'est autre que la puissance de la multitude elle-même, mais transitant – par l'institution, précisément. Une institution est une cristallisation de la puissance de la multitude formée par capture. Devient institution toute entité investie par la puissance de la multitude ou l'ayant captée. C'en est même une définition possible : une institution est une capture de la puissance de la multitude.

Démédiatisations exceptionnelles

Il s'ensuit que la multitude empirique – si le terme n'est pas pur oxymore… – ne s'affecte jamais qu'au travers du massif des institutions qu'elle s'est données à elle-même, ou, pour écarter ce que cette manière de dire charrie encore de volonté collective, au travers des institutions en lesquelles s'est sédimentée sa propre puissance – et notamment cette archi-institution qu'est l'État. Les auto-affections immédiates sont réservées au domaine des genèses conceptuelles, au moment de ce *big bang* social entièrement fictif, qui voit la collection atomistique des individus premiers former une puissance collective les affectant tous directement. Bref, les auto-affections immédiates ne concernent que la multitude « spéculative ». Quant aux « multitudes empiriques », disons plutôt les corps sociaux réels, ça n'est que dans des circonstances exceptionnelles qu'ils expérimentent des auto-affections sinon rigoureusement immédiates, du moins fortement démédiatisées, et ceci par la grâce de quelque événement extraordinaire, affection commune produisant un affect commun suffisamment puissant pour écraser momentanément tous les autres affects sociaux partiels (*Éth.*, IV, 7) – ceux qui soutiennent les différenciations internes du groupe en sous-groupes. Ainsi le décès brutal de quelque princesse ou une coupe du monde de football voient-ils leur affect commun submerger la population, emportant toutes ses frontières sociales intérieures. Des catégories sociales qui ne se rencontrent jamais, ou bien se méprisent quand elles se croisent, viennent ici se coudoyer dans l'affliction ou la célébration, peut-être même tomber dans les bras les unes des autres. Toutes les distinctions sociales ordinaires se trouvent abolies, et c'est comme si le corps collectif retournait à son indifférenciation originaire. Bien sûr, cette « origine » n'a jamais existé, et ce retour est très incomplet – ce ne sont pas *toutes* les médiations institutionnelles qui tombent d'un coup. Mais l'événement collectif voit tout de même une remontée fulgurante de l'homogène : c'est son affect qui domine, écrase, tous les paysages passionnels individuels, n'y laissant exister aucun affect particulier à ses côtés, ou les minorant comme jamais. Le corps social différencié connaît alors une sorte de transition de phase : par l'effondrement de ses différenciations, précisément, il passe à l'état « foule ». Les intensités mimétiques – celles-là mêmes que mettait en scène la genèse conceptuelle – y sont plus fortes que dans n'importe quel autre état social. Elles y sont plus démédiatisées aussi. C'est très directement que la foule s'auto-affecte, dans la co-présence physique des grands rassemblements.

Mais ces moments, vécus par la partie du corps social qui s'y abandonne comme des grâces, la grâce de la *communion* précisément, ces moments sont de courte durée. L'affection de l'événement s'évapore, son affect avec, et tous les autres affects, écrasés pendant l'intervalle, reprennent leurs droits : les différenciations sociales momentanément oblitérées resurgissent. L'erreur ordinaire, c'était de croire que l'état de grâce, celui de la fusion communielle dans l'affect exceptionnel, pouvait durer. Évidemment, il ne peut pas – s'ensuivent de cruels dégrisements. Il fallait ne rien comprendre au phénomène pour imaginer que la France « black-blanc-beur » du 12 juillet 1998 pouvait avoir plus d'une semaine d'espérance de vie. Un sinistre individu s'est chargé de proférer le rappel à l'ordre social-racial, mais la chose se serait faite sans lui. Et l'ensemble des différenciations sociales, c'est-à-dire la structure complexe des sous-affects communs, se reconstitue aussitôt.

Hors ces moments d'exception, la multitude ne connaît donc que le régime des auto-affections *médiates*. Par médiations, il faut entendre bien d'autres choses que les différenciations sociales : toutes les constructions institutionnelles qui s'interposent entre les individus et le collectif qu'ils constituent. Si ces médiations peuvent changer de forme, elles ne peuvent jamais disparaître – même dans les états « exceptionnels » qui ne sont que de démédiatisation toute relative : ceux-ci ne sont-ils pas largement produits par les bien-nommés... médias ? Le groupe ne retourne jamais durablement à l'état de foule indifférenciée et polarisée. Il ne renoue jamais avec l'état de « multitude » qui ne correspond qu'à sa genèse fictive et est comme son état spectral. La multitude, c'est le spectre spéculatif du groupe empirique – et pourtant actif. Actif quoique inobservable – sauf à la faveur d'une résurgence exceptionnelle d'une foule empirique, qui, momentanément, nous le fait entrevoir d'un peu moins loin. Et le reste du temps, n'opérant qu'au travers de ses médiations institutionnelles. La puissance de la multitude ne produit ses effets qu'au travers des entités qu'elle a investies. Voilà ce qui fait le sens de la clause de « dernière analyse ». Tout effet institutionnel est rapportable à la puissance de la multitude, *mais en dernière analyse*. C'est-à-dire en allant voir au-delà (en deçà ?) de l'institution qui a œuvré en première instance. L'expérience commune – et c'est bien de là que nous viennent concrètement nos affections – nous met au contact des entités investies, mais jamais de la puissance investissante elle-même. Laquelle puissance ne se fait connaître qu'indirectement de ceux qu'elle affecte.

Véridiction de la valeur et capital symbolique

Et parmi ces effets institutionnels, il y a ceux qui disent la valeur. Toute véridiction de la valeur est un fait d'institution, puisqu'il n'est pas une valeur sociale qui ne soit telle sans un affect commun valorisateur, donc sans l'opération médiate de la *potentia multitudinis*. Une instance, quelle qu'elle soit, n'est véridictrice que pour avoir capté une part de la puissance de la multitude, d'où précisément elle tire son pouvoir véridictionnel. Cette capture, qui est une médiation, peut elle-même être déjà médiatisée : une instance véridictrice peut se former en s'appuyant sur une autre instance déjà formée, dont elle va en quelque sorte emprunter, par sous-capture et délégation, le pouvoir véridictionnel. Un département universitaire par exemple peut faire reconnaître la valeur de son diplôme en adossant cette véridiction au pouvoir de certification de l'université, qui elle-même l'adosse (dans le cas d'une université publique) à l'État. Car, en de nombreux domaines, l'État se pose comme l'instance de certification ultime. Il n'y a rien d'étonnant à cela : l'État est la capture majuscule de *potentia multitudinis*. Il est par là le pôle d'où procède toute une série de sous-captures et de délégations à des degrés variés, c'est-à-dire le sommet d'une vaste architectonique institutionnelle dont il irrigue tous les niveaux depuis sa capture princeps. On comprend que Bourdieu ait vu en lui le « prêteur en dernier ressort de capital symbolique[1] ». Dans le monde institutionnel, l'État apparaît souvent comme la source de dernière instance du pouvoir véridictionnel. Car pouvoir symbolique et pouvoir véridictionnel, c'est tout un. Le pouvoir symbolique est un pouvoir de faire valoir ce qu'on dit. C'est un pouvoir d'assertion efficace, et notamment d'assertion de la valeur. Tout le monde ne peut pas dire, en tout cas à la face du monde social, avec les mêmes chances de succès. Le pouvoir symbolique est la qualité que doit s'adjoindre ce dire pour trouver ses conditions de réussite. Bourdieu en dit abondamment les effets. Moins clairement, en définitive,

1. Pierre Bourdieu, *Raisons pratiques*, Paris, Seuil, 1994.

la puissance propre dont il procède. Or nous connaissons maintenant celle-ci, du moins sous la clause de dernière analyse : c'est la puissance de la multitude. Dont le pouvoir symbolique est, précisément, l'une des formes possibles de capture.

Être doté de pouvoir symbolique, c'est l'une des manières de s'être établi en délégataire de la *potentia multitudini*s – il y en a d'autres, le pouvoir de coercition légal par exemple. C'est qu'en effet, par définition, le pouvoir symbolique est un pouvoir d'impressionner – au sens le plus littéral du terme : un pouvoir de faire impression (dans un certain registre). Mais faire impression, ou encore produire un effet, ça n'est pas autre chose qu'*affecter* – mais à grande échelle. Or, d'où peut venir le pouvoir d'affecter à grande échelle sinon d'une puissance de grande échelle ? – la puissance de la multitude. Dire, d'un dire efficace à l'échelle du collectif, ne peut être l'effet que d'une puissance issue du collectif. Mais captée par une entité particulière. On comprend mieux l'idée d'auto-affection médiate : la multitude-tout n'affecte jamais la multitude-parties qu'au travers d'un (ou plusieurs, ou un ensemble structuré de plusieurs) médiateur(s)-délégataire(s) de sa propre puissance. Cette puissance est bien, en dernière analyse, le principe de tout ce qui s'engendre de social dans le monde social, mais elle n'opère concrètement que par intercalaires. C'est d'être investis par la *potentia multitudinis* qui dote les délégataires du pouvoir de véridire avec succès. Il n'y a de faire-autorité dans le monde social que par captation de la puissance de la multitude – et généralement par sous-captation à partir d'une captation préalablement établie. En tout cas, quand il s'agit de dire la valeur ou la signification, « capital symbolique » est un autre nom pour désigner la captation, quel qu'en soit le degré. Le capital symbolique n'est donc pas une qualité magique ou une onction mystérieuse, il n'a – encore moins – aucun caractère de substance. Ramené à son principe, il est de la puissance collective investie dans un certain porteur.

Si, comme on l'a dit, on peut appeler très généralement « institution » toute captation de la puissance de la multitude, rien n'en contraint la forme *a priori*. On pense bien sûr aux grandes organisations véridictionnelles : administrations qui disent par exemple la citoyenneté, universités qui disent les titres, académies qui disent le bon usage de la langue, musées ou galeries qui disent la valeur esthétique, églises ou comités d'éthique qui disent le comportement juste, etc. Mais rien n'exclut non plus des formes de captation individuelles. La plus évidente, illustration parfaite de ce qu'il faut entendre par sous-captation, est celle du porte-parole. Homme d'institution, fait par l'institution au plus exact de ses besoins, le porte-parole est l'institution faite homme. Comme son nom l'indique très justement, c'est l'institution qui parle par sa bouche. Aussi le véridire du porte-parole ne fait autorité que par adossement à l'autorité de l'institution – par sous-capture à partir de la capture qu'est l'institution. Ôtée la qualité institutionnelle, le porte-parole n'est plus rien : plus personne ne tiendra compte d'un dire ramené à tous les dires ordinaires : un dire sans force, du moins sans autre force que celle, directe, de son locuteur.

Le pouvoir symbolique comme capture personnelle

Il est cependant des captations individuelles moins directement adossées, des captations en nom propre en quelque sorte : experts, gourous, prophètes, pythonisses. Comment la puissance de la multitude les a-t-elle investis ? Ce peut être à l'origine par un effet d'adossement, mais dépassé : l'analyste financier vedette est devenu tel parce qu'il a d'abord été analyste financier *de Goldman Sachs* – mais il a maintenant une existence symbolique propre au-delà de cette appartenance primitive ; l'économiste-qui-fait-autorité peut se prévaloir d'un diplôme, donc d'une certification universitaire sans laquelle il n'aurait pu se présenter, mais, « lancé », il existe indépendamment. Il se peut également que l'investi ait progressivement attiré à lui des flux croissants de *potentia multitudinis* par des processus plus lents, au fil d'épreuves de certification réussies qui ont constitué petit à petit sa capacité certificatrice. Ainsi du galeriste qui, en longue période, aura anticipé à plusieurs reprises des valeurs esthétiques (des artistes) dont la consécration ultérieure viendra rétrospectivement attester qu'il avait véridit – et, par là, former prospectivement sa capacité performative à véridire de nouveau. C'est peut-être dans ce genre de configuration qu'il faut le plus se méfier, parce qu'elle y est spécialement tentante, de la pente substantialiste de « l'accumulation de capital (symbolique) ». Progressivité ici ne veut certainement pas dire lente accumulation. Il n'y a aucune substance accumulable, il n'y a que les circulations de la puissance de la multitude, ses ramifications en flux plus ou moins importants, les points de transit qu'elle se donne, les délégataires qu'elle investit. Le cas de la captation progressive, par épreuves réussies, indique en soi qu'il n'y a rien à part l'architectonique, ou le réseau hiérarchisé comme on voudra, de toutes les captations, c'est-à-dire le tableau général des circulations de la *potentia multitudinis* : car l'idée même d'« épreuves réussies » suggère qu'il y a bien eu adossement, et adossement à quoi sinon à une instance véridictionnelle déjà constituée, auprès de laquelle d'ailleurs l'épreuve a eu lieu, et été déclarée réussie ? – en l'occurrence le champ de l'art contemporain dans son ensemble, lieu global de la véridiction esthétique, qui fait reconnaître comme autorités véridictionnelles ceux de ses agents dont les pré-dictions auront été *ex post* confirmées par lui. En s'étant montré plusieurs fois en avance sur le champ-faisant-autorité dans le dire de la valeur, l'agent pré-dicteur se trouve progressivement certifié comme véridicteur. Et si le champ dans son ensemble est déjà en soi une captation de puissance de la multitude (certes, une captation complexe et à différenciation interne), alors, de fait, l'agent nouvellement certifié n'est tel, et ne se trouve doté d'autorité, que par l'effet d'une sous-captation dans le champ, quitte d'ailleurs à ce que son pouvoir symbolique finisse par s'autonomiser, et à faire oublier ses conditions de formation pour apparaître, mais à tort bien sûr, comme une propriété intrinsèque de l'agent.

Mais c'est bien la même chose qui se joue dans toutes ces configurations : la puissance de la multitude étant par construction seule à pouvoir produire des affects communs, il faut qu'une entité, institutionnelle ou individuelle, ait été investie par elle pour devenir capable d'affecter en commun. En d'autres termes, il faut avoir été préalablement reconnu pour se trouver doté d'une capacité de faire reconnaître. Il faut avoir été reconnu comme savant, ou comme expert, auprès des instances de certification compétentes (c'est-à-dire elles-mêmes reconnues) pour faire reconnaître son dire comme dire de savant ou d'expert. Il faut avoir été reconnu comme galeriste visionnaire pour pouvoir faire reconnaître de nouvelles valeurs esthétiques, c'est-à-dire pour avoir le pouvoir de convertir ses valeurs personnelles – celles qu'on a formées « selon son affect » – comme valeurs communes, etc. Et dans chacun de ces cas, ça n'est jamais que l'économie circulaire de l'affect commun qui est à l'œuvre. Circulaire en effet puisque rien n'advient dans le social que par *auto-affection* de la multitude, rien n'advient à la multitude que de la multitude à la multitude – mais au travers de toutes ses médiations déjà constituées (et quitte, bien sûr, à ce que le travail de l'auto-affection vienne créer/ajouter de nouvelles médiations). Il n'y a qu'un principe d'animation du monde social et c'est la *potentia multitudinis*. Hors des scènes fictives de la genèse conceptuelle où la multitude est capable d'auto-affections immédiates, il faut bien que sa puissance passe par quelque entité intermédiaire, qu'elle fasse passer par elle sa puissance, pour se faire quelque chose à elle-même. Pour se faire adhérer à telle valeur proférée par telle entité, il faut qu'elle ait prêtée sa puissance – son pouvoir d'affecter – à l'entité proféfratrice. « En dernière analyse » donc, il n'y a de puissance axiogénique que la *potentia multitudinis*.

2

La valeur des « grands »

Nous pouvons maintenant indiquer la réponse que Pascal fait à sa propre question : « En un pays on honore les nobles, en l'autre les roturiers ; en celui-ci les aînés, en cet autre les cadets. Pourquoi cela ? *Parce qu'il a plu aux hommes*[1]. » Pascal se moque-t-il de nous ? Pas le moins du monde. La réponse qui semble la plus courte, la plus superficielle, la plus tautologique même, est en fait la plus profonde. Car il n'y a rien au-delà : parce qu'il a *plu* aux hommes, c'est-à-dire parce que tel a été leur affect. Leur affect commun bien sûr. Qu'il n'y ait rien au-delà, Pascal l'ajoute lui-même : « La chose était indifférente avant l'établissement [...][2] ». Peut-on dire plus lapidairement la condition anarchique ? Et non seulement la condition anarchique, mais la manière dont elle est levée : par des actes d'*établissement* de la valeur. Nobles ou roturiers, aînés ou cadets : la chose est en soi indifférente, et il n'en sera décidé que selon le plaire, ou disons plutôt : de fait, c'est le plaire qui tranchera. Par son décret, la valeur aura été établie.

La condition anarchique, c'est bien la grande question de Pascal. Tant qu'on n'a pas trouvé le Christ, rien ne tient à rien. Le monde social n'est qu'un théâtre d'ombres, abandonné

1. Pascal, *Trois discours sur la condition des grands*, *op. cit.*, p. 367, c'est moi qui souligne.

2. *Id.*

aux puissances errantes et pourtant constructives de l'imagination : « L'imagination dispose de tout ; elle fait la beauté, la justice et le bonheur qui est le tout du monde[1]. » La beauté, la justice, soit la valeur esthétique et la valeur juridico-morale. La valeur en général : « Qui dispense la réputation, qui donne le respect et la vénération aux personnes, aux ouvrages, aux lois, aux grands, sinon cette faculté imaginante[2]. »

Mais alors : l'affect de Spinoza, l'imagination de Pascal, ou encore l'opinion de Durkheim ? Il n'y a pas à choisir tant ces trois termes sont solidaires, en tout cas dans la reconstruction conceptuelle qu'en donne la philosophie spinoziste. C'est qu'un affect – sa définition le dit – ne va jamais sans une idée : « Par affect, j'entends les affections du corps, qui augmentent ou diminuent, aident ou contrarient, la puissance d'agir de ce corps, *et en même temps les idées de ces affections*[3]. » L'idée de l'affection, donc – j'ai l'idée d'être joyeux ou bien d'être triste –, mais pas seulement elle : à sa suite toutes celles qui viennent se lier à elle, selon l'habitude concaténatrice propre à ma complexion (mon *ingenium*) (*Éth.*, II, 18, scolie). À l'affection du corps, et aux affects qui s'ensuivent, correspond nécessairement une formation d'idées dans l'esprit, ordinairement sous l'espèce de la connaissance du premier genre, une connaissance vague, qui suit l'ordre de l'imagination, et non celui de l'entendement. En réalité, c'est tout d'un bloc que se donnent affects et idées imaginatives. Être affecté, c'est inséparablement enregistrer un effet dans son corps (une variation de sa puissance d'agir) et en former les idées associées dans l'esprit. De sorte qu'imagination et affect sont des termes profondément solidaires. On n'imagine pas sans affects, de même qu'on n'est pas affecté sans idées

1. Pascal, *Pensées*, fr. 44 (éd. Lafuma), *Œuvres complètes*, Paris, Seuil, « L'Intégrale », 2002, p. 505.
2. *Ibid.*, p. 504.
3. *Éth.*, III, définition 3, c'est moi qui souligne.

imaginatives. Et l'on peut appeler à bon droit « opinion », ou « croyance », cette synthèse immédiate qu'est à l'état pratique une idée-affect, c'est-à-dire un certain contenu idéel que le conatus investit d'une certaine intensité affective – ce qui n'est pas le cas de toutes les idées (de toutes les idées idéelles) : certaines nous sont littéralement *indifférentes* (comme la musique au sourd d'*Éth.*, IV, préface[1]), nous les croisons éventuellement mais sans qu'elles suscitent aucune adhésion, ou répulsion. L'adhésion, c'est l'intensité affective qui, attachée à un contenu idéel, en fait une opinion, ou encore une croyance. Quand Pascal parle d'imagination, ou Durkheim d'opinion, il est donc possible, par un ajout raisonné, de leur faire dire « affect ». Non sans bénéfices réciproques d'ailleurs puisque, si « affect » apporte ce qu'ils ne disent pas, ce qu'ils disent aide (si c'était nécessaire) à faire voir la part signifiante des affects – souvent réduits par la compréhension commune à de purs émois, étrangers à toute idéation.

Les grands hommes « au hasard »

Ce sont donc des imaginations (Pascal), des croyances ou des opinions (Durkheim), des affects, ou plutôt des idées-affects (Spinoza) qui viennent trancher dans l'indifférencié de la condition anarchique. Et, par construction, tout ce qu'élira l'affect du « plaire aux hommes » fera l'affaire. L'imagination dispose de tout, disait Pascal, et, pourrait-on ajouter, elle en dispose « à sa guise ». Mais c'est toujours une certaine guise, une guise particulière, qui tranche, celle de *ce* corps collectif, en son *ingenium*, sa complexion affective. C'est donc *une* imagination commune qui est à l'œuvre, dont les décrets axiologiques peuvent d'ailleurs inspirer un sentiment (affect)

1. « […] la musique est bonne pour le mélancolique, mauvaise pour l'affligé ; et pour le sourd, ni bonne ni mauvaise ».

d'horreur considérés depuis le point de vue d'une guise autre : « Le larcin, l'inceste, le meurtre des enfants et des pères, tout a eu sa place entre les actions vertueuses[1]. » Voilà la rude vérité de la condition anarchique : tous les contenus axiologiques y sont *a priori* éligibles. Tout peut faire valeur. N'importe quoi peut être élu par la puissance de la multitude – l'opérateur concret de l'imagination pascalienne. Et même, quand il s'agit de grandeurs personnelles, des individus qui n'ont rien souhaité, rien demandé à personne, candidaté à aucun honneur, et sur qui la *potentia multitudinis* n'en jettera pas moins son dévolu. « Un homme est jeté par la tempête dans une île inconnue, dont les habitants étaient en peine de trouver leur roi, qui s'était perdu ; et, ayant beaucoup de ressemblance de corps et de visage avec ce roi, il est pris pour lui, et reconnu en cette qualité par tout ce peuple. D'abord il ne savait quel parti prendre ; mais il se résolut enfin de se prêter à sa bonne fortune. Il reçut tous les respects qu'on lui voulut rendre, et il se laissa traiter comme roi[2]. » L'apologue du naufragé-roi ouvre les *Trois discours sur la condition des grands*, écrits, on le suppose mais sans en être parfaitement sûr, à l'attention du fils du duc de Luynes. En tout cas pour le dessillement de tous les grands, à qui il s'agit de faire connaître, à l'image du fortuné infortuné, le hasard fondamental auquel ils doivent leur grandeur. Et pour les rappeler à l'hygiène intellectuelle que ce roi par accident, lui, n'omet pas de cultiver : « [...] comme il ne pouvait oublier sa condition naturelle, il songeait en même temps qu'il recevait ces respects, qu'il n'était pas ce roi que ce peuple cherchait, et que ce royaume ne lui appartenait pas. Ainsi il avait une double pensée : l'une par laquelle il agissait en roi, l'autre par laquelle il reconnaissait son état véritable, et que ce n'était que le hasard qui l'avait mis en place où il était[3] ».

1. Pascal, *Pensées*, *op. cit.*, fr. 60, p. 507.
2. Pascal, *Trois discours sur la condition des grands*, *op. cit.*, p. 366.
3. *Id.*

Cependant, ici il faut entendre « hasard » en un sens étendu. Car au sens strict du terme il n'indique qu'une circonstance – fortuite. L'opérateur véritable du couronnement, c'est bien l'affect commun, massivement investi dans la personne du pauvre type qui passe par là et n'en peut mais. Si bien que pour n'être pas « ce roi que ce peuple cherchait », il n'en est pas moins roi. Tout à fait roi. Puisque la royauté, c'est bien cela qui nous est révélé ici, n'est qu'un rapport social de croyance, une imagination, qui n'a rigoureusement besoin de rien d'autre qu'elle-même pour faire fond. Tautologie fondamentale de la valeur dans la condition anarchique : la valeur vaut par cela seul qu'elle est reconnue valoir. La responsabilité des grands, auxquels échoit cette faveur sans raison, c'est de s'en souvenir. Et l'antidote à l'oubli, c'est la double pensée. Au contraire de celle d'Orwell, la double pensée pascalienne est la seule condition de la vertu possible des grands. Le dédoublement de la double pensée, c'est celui de la lucidité réflexive – il n'est pas sûr que les grands en aient spontanément le pli. Aussi Pascal les rappelle-t-il sans ménagement à la réalité de leur grandeur : « Ne vous imaginez pas que ce soit par un moindre hasard que vous possédez les richesses dont vous vous trouvez maître, que celui par lequel cet homme se trouvait roi[1]. » Seule la contingence des investissements de la *potentia multitudinis* est ici souveraine.

Théorie du miracle (et de la malédiction)

Contingence, vraiment ? Pas tout à fait. Pascal nous le suggère d'ailleurs : le naufragé a « beaucoup de ressemblance de corps et de visage » avec le roi perdu. Dans cette circonstance particulière, voilà qui dispose à attirer sur soi l'affect commun. On retrouve semblable micro-mécanisme

1. *Id.*

de l'élection dans la désignation du magicien chez Mauss ou du sorcier chez Lévi-Strauss. Il y a souvent quelque singularité offerte à la polarisation de la croyance collective : « Sont aussi désignés à être magiciens certains personnages que signalent à l'attention, à la crainte et à la malveillance publique des particularités physiques [...] : une infirmité suffit, comme pour les bossus, les borgnes, les aveugles, etc.[1]. » Dans l'indifférencié *a priori* de la condition anarchique, la moindre saillance fait attracteur pour la *potentia multitudinis*. La valeur de l'homme fait magicien précipite alors à partir de cette amorce de sens que constitue une singularité même faiblement différenciatrice, mais offerte à la sur-amplification par l'investissement de l'affect commun. Car en définitive, c'est bien l'affect commun qui fait le sorcier, et non sa bosse ou sa dent de travers. C'est ce qu'expérimente, presque à son corps défendant, Quesalid, sorcier paradoxal dont Franz Boas recueille l'histoire en langue kwakiutl[2]. Paradoxal en effet, car voilà toute l'affaire : Quesalid ne croit pas au pouvoir des sorciers. C'est même conduit par une belle intention positive-critique qu'il se propose de pénétrer leur milieu pour en apprendre les ficelles et dévoiler leurs supercheries. Ce que Quesalid cependant n'a pas anticipé, c'est que son propre défaut de croyance individuelle n'est nullement un obstacle à se trouver investi par la croyance collective. De même que la valeur en général n'a rien à voir avec les propriétés substantielles des choses dites valoir, la condition de sorcier, en son fond, n'a rien à voir avec les compétences pratiques des individus-sorciers. En d'autres termes, il y a bien un pouvoir des sorciers, mais il est d'origine entièrement extrinsèque. C'est ce que Quesalid découvre à l'usage : quoiqu'il n'ait

1. Marcel Mauss, « Les éléments de la magie », *Sociologie et anthropologie*, Paris, PUF, « Quadrige », 1985, p. 19-20.

2. Histoire rapportée par Claude Lévi-Strauss, *Anthropologie structurale* (1958), Paris, Pocket, « Agora », 1974, chap. IX, « Le sorcier et sa magie ».

pas la moindre illusion quant aux propriétés immédiates de ses tours, il est bien obligé d'en constater l'efficacité sociale. Bref, comme le dit Lévi-Strauss, Quesalid s'aperçoit qu'« il n'est pas devenu un grand sorcier parce qu'il guér[it] ses malades [mais qu']il guér[it] ses malades parce qu'il est devenu un grand sorcier[1] ». Et grand sorcier, il l'est devenu par l'élection de la *potentia multitudinis*. Hubert et Mauss confirment : « Le magicien est un fonctionnaire de la société, souvent institué par elle, et qui ne trouve jamais en lui-même la source de son propre pouvoir[2]. »

En tout cas, il ne faut pas se tromper ici sur le sens de l'« efficacité sociale », ni en sous-estimer la portée : elle est bel et bien une efficacité *sur les corps*. Et pour cause : « efficacité sociale » est l'autre nom de l'affect commun. Or, la définition l'a dit, un affect consiste en une variation *de la puissance d'agir du corps* : être affecté joyeusement ou tristement, c'est voir sa puissance d'agir respectivement augmentée ou diminuée. Nul doute que l'affect commun, quand il est polarisé sur un seul individu, lui est d'une intensité peu commune avec, partant, des effets d'aussi grande ampleur dans le corps. Si le patient du sorcier peut effectivement guérir, en dépit de toutes les falsifications du sorcier, c'est parce que le groupe entier l'affecte au travers de la personne du sorcier – d'où suit une augmentation proportionnelle de la puissance d'agir de son corps, le cas échéant jusqu'au rétablissement complet. Telle est la force *physique* de la croyance collective, intelligible dès lors qu'elle est ressaisie dans son principe : l'affect commun. Nous avons donc là les éléments d'une théorie de la magie, et même du miracle. On peut guérir dans les mains du sorcier, et l'on peut aussi

1. *Ibid.*, p. 207.
2. Henri Hubert et Marcel Mauss, « Introduction à l'analyse de quelques phénomènes religieux », in Marcel Mauss, *Œuvres*, t. 1, *Les Fonctions sociales du sacré*, Paris, Minuit, 1997, p. 19.

guérir à Lourdes – réellement dans les deux cas. Et chaque fois, ces guérisons magiques ou miraculeuses sont l'effet de l'affect commun, magique ou religieux, polarisé sur un corps individuel, alors exhaussé dans sa puissance d'agir. On objectera qu'il y a plus de cas d'inefficacité que de miracles. Sans doute. Mais c'est qu'un vrai beau miracle demande davantage que de venir à bout d'un rhume, et suppose des intensités affectives extrêmes pour relever le corps au point de surmonter des pathologies réputées incurables. Comme pour tout affect surtout, ces intensités ne sont pas le fait que de la puissance affectante mais également de la sensibilité propre du corps affecté, de ses susceptibilités affectives telles que son *ingenium* – sa complexion – les récapitule. « Des hommes différents peuvent être affecté par un seul et même objet de manière différente », ne manque pas de rappeler *Éth.*, III, 51. Ainsi quand ce « seul et même objet » consiste en la multitude en sa puissance. Formidable cas où « la foi qui sauve » va se donner raison à elle-même. Car l'intensité de la foi dit l'intensité de la susceptibilité affective au religieux, c'est-à-dire l'ampleur de la réponse corporelle possible à l'affect commun religieux réactivé dans le protocole spectaculaire de la grotte ou de la passe magique.

On demandera aussi par quelle injustifiable asymétrie l'affect commun en général n'œuvrerait qu'au salut (des corps) – et pas à leur ruine. Et c'est tout à fait exact : la symétrie *a priori* est parfaite. L'affect commun peut sauver (quand il est joyeux), il peut tuer (quand il est triste). Dans l'un des textes les plus stupéfiants des sciences sociales, Mauss dit « l'effet physique chez l'individu de l'idée de mort suggérée par la collectivité[1] ». Or – c'est là le stupéfiant –, à son point d'intensité maximale, l'effet physique sur l'individu de l'idée de mort suggérée par la collectivité, c'est… la mort. Une mort,

1. Marcel Mauss, « Effet physique chez l'individu de l'idée de mort suggérée par la collectivité », in *Sociologie et anthropologie*, *op. cit.*

on l'aura compris, indépendante de tout châtiment physique, une mort de magie noire, une sorte de miracle négatif, opérant entièrement, nous dit Mauss, par les voies de la « suggestion ». Un homme transgresse un tabou majeur, il en meurt – sans que quiconque ait eu à toucher à un seul de ses cheveux. Qu'est-ce qu'un « tabou majeur » dans les sociétés maories où Mauss situe ces faits de mort subite ? C'est un interdit à la violation duquel est attachée la croyance collective de la mort inéluctable, immanente, du transgresseur : « Un homme qui se croit enchanté meurt, voilà le fait brutal, et innombrable[1]. » Mais en quoi consiste l'« enchantement » ? En une « peur panique qui désorganise tout dans la conscience, jusqu'à ce qu'on appelle l'instinct de conservation, désorganise surtout la vie elle-même[2] ». Une peur : un affect. Qu'aux intensités de la « panique », il perturbe le corps, nous n'avons plus aucun mal à le comprendre : désorganisé dans la terreur, comme il était réorganisé dans la ferveur. Pour autant, ajoute Mauss, « la considération du psychique, ou du psycho-organique ne suffit pas ici [...]. Il y faut la considération du social[3] ». C'est qu'en effet pour abattre un homme, n'importe quel affect ne fait pas le compte. Ce compte n'est à la portée que de la multitude et de sa puissance. Or précisément, dans les sociétés maories que Mauss étudie, elle est là, armée, investie dans la croyance en la mort immanente réservée au transgresseur. Ce contenu de pensée, « transgresser tue », n'est donc pas une idée en l'air. Derrière lui se tient la force affective du groupe entier : la *potentia multitudinis* à l'état de laser, dirigée sur la personne du transgresseur – dont le corps n'y résistera pas, décomposé par l'affect de panique qui ici n'a pas les usuelles intensités individuelles mais celle de l'affect commun polarisé sur un corps isolé. La puissance attristante

1. *Ibid.*, p. 319.
2. *Ibid.*, p. 329.
3. *Id.*

du groupe entier contre celle de l'individu seul : pour celui-ci la partie est perdue d'avance.

Que la tristesse puisse tuer, Spinoza le sait parfaitement. Le suicide en est l'un des cas, par effondrement continu de la puissance d'agir sous l'effet de tristesses répétées, et même cumulatives du fait que, passé un certain seuil, elles en viennent à « surpasser la puissance de l'homme » (*Éth.*, IV, 6), et le laissent hors des moyens de puissance d'en repousser les causes. C'est le mécanisme réactionnel même du conatus (*Éth.*, III, 37, démonstration)[1] qui se trouve mis en panne, et par suite la persévérance dans l'être menacée. Jusqu'au point de l'attentat à ses propres jours, dernière action, ou plutôt réaction, disponible. Il ne faut pas cependant se laisser abuser par le geste final, qui n'a rien de l'acte souverain ordinairement dépeint : comme toute mort (*Éth.*, III, 4)[2], c'est par le dehors que celle-ci aura été déterminée. Ici, c'est Artaud qui a le fin mot de cette histoire : on ne se suicide jamais, on est toujours suicidé[3]. D'ailleurs, on peut très bien, même sans le geste final, mourir de tristesse, simplement par attrition continue de la puissance d'agir, laissant le corps incapable de répondre à la moindre rencontre adverse, fût-elle anodine, un microbe habituel, une intoxication bénigne, un coup normalement très surmontable, mais d'où ne s'ensuivra pas moins la décomposition entière. L'exposition aux puissances de la multitude porte alors ces effets à des intensités inouïes. Ce dont on ferait sans doute témoigner les répudiés de la notoriété, à qui font défaut d'un coup les puissances du dehors qui les

1. « [...] tout ce à quoi s'efforce l'homme affecté de tristesse, c'est d'éloigner la tristesse. Or [...] plus grande est la tristesse, plus grande est la partie de la puissance d'agir de l'homme à laquelle il faut qu'elle s'oppose ; donc, plus grande est la tristesse, plus grande est la puissance d'agir par laquelle l'homme s'efforcera en retour d'éloigner la tristesse ».

2. « Nulle chose ne peut être détruite sinon par une cause extérieure. »

3. Antonin Artaud, *Van Gogh, le suicidé de la société*, Paris, Gallimard, « L'imaginaire », 2001.

avaient investis, et avaient fait leur exultation. Mais le retrait brutal d'un adjuvant passionnel réjouissant aussi puissant que la célébrité équivaut à un affect de même intensité mais de sens opposé : triste. Et l'on sait bien des corps d'ex-élus qui n'y ont pas résisté, terminant dans la végétation, s'ils n'ont pas mis fin à leurs jours.

La part des grands

Or, dans la faveur comme dans la défaveur, c'est toujours la puissance de la multitude qui exhausse, ou bien abandonne, ou bien condamne. Comme elle les a faits, elle défait les grands hommes. Le « hasard » de Pascal, dont il avertit les grands qu'il est le principe de leur grandeur, n'est pas que le fortuit des circonstances mais le fond d'indifférence de la condition anarchique, et par suite l'arbitraire des différences qu'y tracera la *potentia multitudinis* par ses investissements. Mais jusqu'où peut-on aller dans la thèse de l'arbitraire des sélections de l'affect commun ? Il est bien certain que défaire le regard commun qui attribue entièrement la grandeur aux propriétés substantielles des grands suppose dans un premier temps de tordre le bâton dans l'autre sens – c'est-à-dire de dénier radicalement qu'ils aient quelque part à leur propre grandeur, ceci à l'opposé de la philosophie spontanée de l'individualisme dont l'héroïsation est la pente, par hyperbole du « mérite », telle qu'elle se résout finalement dans une tautologie : la grandeur va aux grands parce qu'ils sont intrinsèquement grands. Aucun mérite, rétorque Pascal, le « hasard ». Les pouvoirs exhausteurs de l'affect commun, complète Spinoza. Mais Pascal entreprend-il vraiment de naufrager *toutes* les grandeurs ? Et Spinoza soutiendrait-il la thèse de l'arbitraire radical ? Autrement dit, s'il fallait probablement un premier excès pour corriger la naïveté invétérée de la grandeur substantielle, n'y a-t-il pas lieu, ceci posé, de corriger la correction, et de refaire la part individuelle de la grandeur individuelle ? Quitte d'ailleurs à ce qu'elle ne soit pas toujours celle qu'on croit.

Mauss n'indique-t-il pas qu'elle peut n'être que celle d'une singularité physique qui fait saillance et attire à elle l'investissement de la *potentia multitudinis* ? Ce peut être également un simple effet de ressemblance physique dans le cas du naufragé-roi – très loin de toute la grandeur intrinsèque dont la naïveté axiologique charge le grand. Mais s'il s'agit de singularités capables de faire attracteur, rien n'exclut ni, donc, qu'elles soient quelconques, ni symétriquement qu'elles soient en rapport plus étroit avec les contenus substantiels que l'imagination publique associe à la grandeur. Par exemple, à quoi pense Pascal quand il parle de « grandeurs » ? À deux choses différentes, dont il fait soigneusement la distinction : les « grandeurs d'établissement » et les « grandeurs naturelles ». Pascal maintient donc une forme intrinsèque de la grandeur (les grandeurs naturelles), par opposition à celle qui doit tout « à la volonté des hommes ». Les grandeurs d'établissement ne sont soutenues que par le dehors « des hommes, qui ont cru avec raison devoir honorer certains états [...]. Les dignités et la noblesse sont de ce genre[1] ». Les grandeurs naturelles, elles, tiennent toutes seules, « indépendamment de la fantaisie des hommes, parce qu'elles consistent dans des qualités réelles et effectives de l'âme ou du corps[2] ». Les unes et les autres ne relèvent d'ailleurs pas du même regard : aux grandeurs d'établissement le *respect*, aux grandeurs naturelles l'*estime* – un devoir social dans un cas, un juste mouvement de l'âme dans l'autre. Ce que Pascal ne nous dira pas cependant, c'est s'il y a quelque communication possible entre les deux formes de la grandeur, et notamment s'il se peut que la grandeur d'établissement vienne consacrer la grandeur naturelle. En

1. Pascal, *Trois discours sur la condition des grands*, *op. cit.*, p. 367.
2. *Id.*

fait, il y a lieu de penser qu'à ses yeux les deux ordres de grandeur répondent à des principes si hétérogènes qu'ils sont voués à la séparation radicale. On n'exclura pas absolument qu'il puisse se trouver quelque personnage en lequel les deux recoïncident, mais la chose sera purement fortuite et privée de signification.

Spinoza en dirait-il davantage à ce propos ? En tout cas, il émettra des réserves quant à l'indifférence *a priori* de la condition anarchique quand il s'agit de la valeur des grands hommes. L'indifférence, lui la situe dans un autre plan : le plan de l'ontologie où en effet toutes choses se valent *absolument*, où aucune ne peut revendiquer quelque privilège, certainement pas l'homme qui, *ontologiquement parlant*, ne vaut pas mieux qu'aucune autre chose de l'univers – et n'est nullement « comme un empire dans un empire » (*Éth.*, III, Préface). Pour autant, la stricte égalité ontologique n'interdit en rien que se déploient toutes les inégalités ontiques possibles et imaginables. Car les modes (dans le lexique de Spinoza, les choses) diffèrent tous en puissance. Et cette différence vaut aussi bien des modes humains aux modes non humains qu'entre les modes humains eux-mêmes. Cela, Spinoza n'a aucune difficulté à l'accorder : s'il y avait commune mesure entre l'ivrogne et le sage, à quoi servirait-il d'écrire une *Éthique* ? Tout autant entre les ignorants, il y a de la différence. Pas seulement dans les caractéristiques physiques susceptibles de leur faire faire ou non singularité inerte au sein d'une certaine population. Également en orientations et en intensités désirantes. Or la puissance de la multitude ne fait pas l'objet que de réceptions passives – à l'image du naufragé-roi. Certains perçoivent bien, fût-ce confusément, l'énormité du supplément de puissance qu'ils pourraient ajouter à leur puissance individuelle. Et forment le désir de cette augmentation, se mettent à la rechercher activement, développent des stratégies intercalaires : trouver à se placer dans la circulation de la *potentia multitudinis*, la faire passer par soi, en obtenir l'élection, devenir le terme médiateur dans l'auto-affection médiate de la multitude. Ces individus-là sont des entrepreneurs de pouvoir – de pouvoir politique ou de pouvoir symbolique. Tous ont l'intuition de l'effet archimédien de la *potentia multitudinis*, formidable effet de levier qui démultiplie leur puissance propre. Parvenir à mettre la puissance de la multitude derrière soi : certitude du pouvoir d'affecter à grande échelle.

Alors oui, ceux-là diffèrent, ceux-là sont singuliers, mais d'une singularité agonistique, qui tient à leur désir. Ce sont des grands qui ont désiré la grandeur, qui se sont battus pour l'obtenir. Bien sûr, leur grandeur n'en conserve pas moins son principe, en dehors d'eux, mais ils ont lutté pour rejoindre les positions adéquates, les lieux de haute concentration de *potentia multitudinis* dans la structure sociale, et dans cette lutte, ils ont fait valoir une certaine différence de puissance. À défaut de rejoindre une de ces positions sociales (institutionnelles) établies, peut-être certains autres se sont-ils activés pour construire leur propre position – on peut concourir pour la grandeur dans les institutions ou en dehors d'elles. Quoique, en définitive, toujours par adossement à quelque position déjà établie, par remobilisation de quelque ressource de puissance sociale déjà constituée : passer par les médias, se prévaloir d'un titre reconnu, se lancer hors des institutions mais à partir d'une appartenance institutionnelle, etc. – en quelque sorte en posant habilement une bretelle sur un des gros pipelines de la puissance de la multitude, en tirant une dérivation. Sauf exception, les élections de la *potentia multitudinis* n'arrivent donc pas par hasard : elles échoient à des individus qui les ont intensément recherchées, qui n'ont pas cessé de se signaler à elles, de triompher des autres pour en rejoindre les lieux. Faisons parler Pascal dans les termes de Spinoza : dans l'effort délibéré, opiniâtre, de captation de la *potentia multitudinis*, la conquête des grandeurs d'établissement aura bien dû quelque chose à certaines grandeurs naturelles, du moins si l'on entend par là les propriétés idiosyncratiques de l'individu telles qu'elles ont porté son effort désirant au succès. On peut donc très bien tenir ensemble et l'idée que la royauté est *en son fond* un rapport social de croyance, et le fait qu'en pratique les individus luttent, à mort parfois, pour devenir roi, c'est-à-dire pour orienter la croyance vers eux, pour déjouer l'arbitraire, et qu'ils luttent avec toutes les armes à leur disposition : celles de la force physique ou de la force institutionnelle. À l'inverse du naufragé-roi, ces élus de la grandeur n'y auront donc pas été *pour rien* – quand bien même le naufragé-roi livre la vérité la plus fondamentale de la royauté.

Mais était-ce bien là le genre de propriétés auquel pensait Pascal à propos de la grandeur naturelle ? Peut-on concevoir d'en étendre le concept pour y faire entrer toutes les ambitions sans frein, les roueries manœuvrières qui font parvenir le grand, si elles sont incontestablement *sa part* dans l'obtention de la grandeur ? Ou bien faut-il renoncer à cette extension comme illégitime si l'on se souvient qu'à la grandeur naturelle, Pascal attachait l'*estime* ? Ceci finalement n'enlevant pas, malgré tout, que Pascal ménage des enclaves dans la condition anarchique, des possibilités d'y observer de « vraies valeurs », celles des grandeurs naturelles, grandeurs intrinsèquement estimables, quand bien même elles seraient ignorées des consécrations de l'établissement. Alors comme un défi adressé à l'établissement, mais relevable en principe, de mieux orienter ses vues et de consacrer plus justement – une affaire de « bonnes institutions ».

C'est vrai en tout cas qu'on ne renoncera pas à l'idée que certains individus impressionnent en eux-mêmes, indépendamment de toutes les onctions de la multitude, et autrement que par le spectacle d'une ambition déchaînée : par la force intrinsèque de leur affirmation, par la double démonstration d'une intensité désirante exceptionnelle, qui plus est investie dans une proposition capable d'aller toucher profond dans la complexion passionnelle de leur temps, et même au-delà. Artistes, intellectuels, écrivains, militants politiques ou syndicaux, ou n'importe quelle autre qualité, ou pas de qualité du tout, sinon celle d'avoir *quelque chose à dire*. Quelque chose à dire, c'est une assertion qu'on reconnaît aussitôt comme tranchant dans le commun des assertions ordinaires, et qui sera dite avec une force qui tranche d'avec les intensités ordinaires, double différence qui fait leur singularité et les signale aux investissements de la *potentia multitudinis*, cette fois sur un tout autre mode que la singularité du bossu ou bien le forçage de l'entrepreneur de pouvoir – plus proche sans doute de ce à quoi pense Pascal avec les grandeurs naturelles. En réalité, on le pressent au moment même où ils s'avancent pour dire ce qu'ils ont à dire : il va se passer quelque chose. On suggère parfois qu'ils sont habités, et ça n'est pas une mauvaise manière de dire : habités par la force d'une idée qui va loin et par l'intensité désirante pour la porter, supposé d'ailleurs qu'il s'agisse là de deux choses différentes – en réalité on voit mal qu'être le siège d'intensités ordinaires permette de s'arracher aux pensées ordinaires. Parce qu'ils ont quelque chose à poser, ils diffèrent, d'une différence qui *en elle-même* impressionne – affecte –, et leur singularité fait alors attracteur pour la puissance de la multitude (ou d'une certaine partie de la multitude, celle qui est affectable à leur proposition). On écoute celui-ci ou on lit celle-là, et on se dit que, oui, là, il y a de la force – la force de leur assertion. Ceux-là tiennent à quelque chose. Pourquoi, avant même tout verdict de la multitude, en sommes-nous impressionnés ? Parce que le corps reconnaît les intensités désirantes. Et puis parce que le mécanisme de l'imitation des affects va faire son œuvre : leur intensité, en partie, va passer en nous – de corps à corps, puisque c'est ainsi que fonctionne l'*imitatio affectuum* (*Éth.*, III, 27). Alors nous expérimentons que leur rehaussement nous rehausse à notre tour, nous leur savons gré de cette intensité qu'ils nous ont communiquée, et par là sans doute, différentiellement, par cet incrément d'intensité qu'ils nous ont fait franchir, nous sommes portés à les dire « grands ». À ceux-là, donc, qui en première instance ne concourent à aucune élection de la multitude (quitte à être saisis par elle ensuite), ne s'efforcent en vue d'aucune position, mais sont simplement en proie à la nécessité de dire ce qui les déborde, et de ce seul fait nous font de l'effet, on peut, oui, reconnaître la grandeur naturelle au sens de Pascal.

Et Spinoza, leur accorderait-il de la « grandeur » ? La différence en puissance, c'est certain ; la grandeur à proprement parler, c'est moins sûr. D'abord, tout simplement, parce que la grandeur ne fait pas partie de son lexique, non par oubli ou par inadvertance : il l'en exclut délibérément, et pour les mêmes raisons que le bien et le mal, le beau et le laid, etc. : des fabrications de l'imagination. Sans doute ne manquerait-il pas à voir la différence, notamment la différence d'intensité de désir et de force impressionnante (de puissance). Quant à celle qui tient aux contenus mêmes de l'assertion, c'est autre chose. Anticipons un peu : pour Spinoza, vaut vraiment ce qui procède de la raison, ou en rapproche. Une proposition peut-elle s'en prévaloir de cela seul qu'elle nous ébranle en profondeur ? La question emporte presque d'elle-même sa propre réponse – négative le plus souvent. Notre ébranlement ne parle jamais que de notre complexion passionnelle, c'est-à-dire de notre manière d'être dans la servitude passionnelle. Et même si nous vibrons intensément, nous ne vibrons probablement que selon l'ordre des passions. « Probablement » car après tout il y a toujours dans toute complexion passionnelle quelque chose qui dispose à la raison, cela Spinoza l'affirme absolument (stupéfiantes *Éth.*, II, 47, et *Éth.*, V, 23, scolie)[1].

1. *Éth.*, II, 47 : « L'esprit humain *a* la connaissance adéquate de l'essence éternelle et infinie de Dieu » (c'est moi qui souligne, car c'est bien sûr le présent de l'indicatif qui ici doit retenir l'attention). *Éth.*, V, 23, scolie : « Et néanmoins nous sentons et nous savons d'expérience que nous sommes éternels. »

Aussi ne pouvons-nous pas exclure *a priori* que ce qui nous ébranle touche précisément à cette part-là... sans être sûr non plus que ce soit là le cas le plus fréquent (en ayant même tout lieu de suspecter le contraire).

La part de la multitude

Mettons provisoirement de côté ces assertions puissantes qui attirent à elles la multitude sans avoir désiré autre chose qu'asserter. Nous savons maintenant ce qu'est un grand homme : c'est quelqu'un qui a réussi à se faire porter par la puissance de la multitude et qui, la plupart du temps, quoique pas nécessairement, *l'a cherché*. Voilà donc la part du grand à sa propre grandeur : c'est la part du désir. Elle n'est certainement pas nulle, quand on pense à tous les efforts qu'elle fait parfois déployer, et à ce que doit être l'intensité persévérante d'un vouloir pour parvenir. À y bien regarder d'ailleurs, on ne saurait trouver plus juste que ce mot de « parvenir », car c'est exactement de cela qu'il s'agit : de *faire son chemin* jusqu'en ces positions de la structure sociale où la puissance de la multitude fait le reste. Rendu en ces lieux, bingo : la *potentia multitudinis* embraye et démultiplie. L'opinion qui célèbre la grandeur se trompe donc et de beaucoup quant à ses motifs de célébration. Elle voit l'opiniâtreté désirante, et croit tenir avec le déploiement d'énergie agonistique du « parvenir » l'essence de la grandeur. On ne peut méconnaître davantage le partage réel des mérites, ou plutôt des causes. Car, si le parvenu s'est bien employé pour parvenir, c'est-à-dire rejoindre les lieux *ad hoc*, pour le reste, c'est la multitude qui fait le travail – et vraiment la grandeur. Voilà donc ce que la multitude ne voit pas : qu'en réalité elle s'impressionne elle-même à ses propres frais de puissance, mais par la figure interposée du grand – intermédiation qui brouille toutes les pistes. Et voilà aussi pourquoi la multitude aime les grands, et produit des grands : parce qu'elle produit par là des occasions de se remettre elle-même à son propre contact, de se contempler elle-même, et de s'aimer elle-même à travers eux.

Telle est la vérité ultime du capital symbolique, mais imperceptible au travers du fatras des médiations : la multitude est affectée par le capital symbolique, mais le porteur de capital symbolique n'affecte que d'une puissance qui pour l'essentiel n'est pas la sienne – mais celle de la multitude. Sans le savoir, c'est la multitude qui, pour s'auto-affecter, prête sa propre puissance à des entités intermédiaires – manière de parler parlante, mais qu'en toute rigueur il faudrait purger de toutes ses connotations résiduelles d'action consciente : il n'y a ici aucune intentionnalité, rien d'autre que des processus collectifs anonymes. Curieusement (?), la pensée grecque antique semble avoir été beaucoup plus au clair que la nôtre sur les parts réelles de la grandeur : « Plus que leurs mérites, nous dit Paul Veyne, la faveur des dieux honore les héros qu'ils ont jugés dignes de leur appui, tandis qu'elle doit inciter plutôt les mortels à la modestie, puisque même les héros ne pourraient réussir sans l'aide de quelque divinité[1]. » Tout n'est-il pas dit ici ? Il n'y a pas de héros *causa sui* ; ça n'est pas le mérite qui fait le héros mais la faveur des dieux – hors de laquelle il est conseillé de s'abstenir. Bien sûr, le héros continue de se distinguer par quelque qualité : sa part, c'est d'avoir été jugé digne de l'appui des dieux. Mais qu'est-ce donc que cette « faveur des dieux » qui fait réellement la grandeur sinon, comme puissance superlative, extra-humaine, la figuration symbolique de la puissance immanente de la multitude ? « L'aide de quelque divinité » qui fait la grandeur héroïque, c'est la *potentia multitudinis* transfigurée.

1. Paul Veyne, *Les Grecs ont-ils cru à leurs mythes ? Essai sur l'imagination constituante* (1983), Paris, Seuil, « Points Essais », 1992, p. 31.

Aux antipodes du héros (qui est peut-être le nom même du désir de grandeur), et pour exceptionnels qu'ils soient, les cas d'innocence sont donc bien les plus proches de la vérité puisqu'ils livrent l'argument *a fortiori* : il n'y a pas besoin d'avoir désiré la grandeur pour se retrouver propulsé grand – pour le coup, la part de ces grands-là est tout à fait nulle. S'il faut en donner un nouveau personnage après le naufragé de Pascal et le sorcier sceptique de Lévi-Strauss, on pense, parmi sûrement tant d'autres malgré-nous de l'élection multitudinaire, au pape d'*Habemus papam* de Nanni Moretti : retrouvé pape contre son gré, sans l'avoir voulu. Pas seulement même en n'ayant pas voulu mais, parce que la charge lui était trop lourde, en ayant voulu ne pas – tout n'était-il pas déjà écrit quand Moretti a choisi de nommer ce pape-à-reculons… Melville ? Avec lui en tout cas, on tient un fameux spécimen, une récapitulation presque complète de ce qu'il y a à voir dans la grandeur des grands. La part de la multitude, donc, qui peut être toute. Et son effet qui n'est pas moins grand pour autant : car le pape Melville paraît au balcon, et l'affect commun n'est pas moins intense que s'il « avait voulu » – tout ça finalement ne dépend pas de lui, et la multitude œuvre aussi bien à s'impressionner elle-même sans le consentement de qui elle investit. On y voit aussi les auras du charisme multitudinaire – puisque, à part la singularité de ses intensités désirantes, le charisme de l'homme charismatique est principalement la puissance de la multitude s'auto-affectant. Comme l'avait noté Pascal, les auras de la grandeur procèdent par signes : la pompe. « Nos magistrats ont bien connu ce mystère. Leurs robes rouges, leurs hermines dont ils s'emmaillotent en chaffourés, les palais où ils jugent, les fleurs de lys, tout cet appareil auguste était fort nécessaire, et si les médecins n'avaient des soutanes et des mules, et que les docteurs n'eussent des bonnets carrés et des robes trop amples de quatre parties, jamais ils n'auraient dupé le monde qui ne peut résister à cette montre si authentique[1]. » Grande différence avec les « gens de guerre » qui, eux, n'ont pas besoin d'être « déguisés de la sorte parce qu'en effet *leur part est plus essentielle*. Ils s'établissent par la force, les autres par la grimace[2] ». Si elle n'est pas celle de l'imposition par la force, la grandeur est affaire d'imagination, et l'imagination commune, pour être soutenue, a besoin de la « montre », de la « grimace ». Sans les attributs de sa grimace propre, tiare, férule, anneau, mules rouges, soutane blanche, le pape ne serait pas le pape. L'habitude est telle de le voir dans cet équipage que l'imagination est incapable de le concevoir autrement, c'est pourquoi l'effet de contraste est à son comble quand le film nous montre le pape Melville, fugueur du Vatican, échappé en civil, un bon pépé en pull et en blouson, déambulant gentiment dans les rues de Rome, seul moyen de nous faire mesurer la part de l'effet auraïque de la *potentia multitudinis* par l'écart gigantesque qui sépare l'homme ordinaire de l'homme extraordinaire – pourtant le même homme –, en nous faisant comprendre que la transformation de l'homme ordinaire en homme extraordinaire n'appartient en définitive qu'à la multitude. *Vox multitudinis, vox dei.*

1. Pascal, *Pensées*, *op. cit.*, fr. 44, p. 505.
2. *Id.*, c'est moi qui souligne.

3

Pas moins creuse que les autres

(La valeur économique)

Jusqu'ici la Société d'économie politique, où Durkheim intervient, veut bien suivre[1]. Mais pas plus loin. Elle a consenti à entendre un sociologue, c'est déjà un très beau geste de sa part. À plus forte raison quand le thème du jour est « la valeur » – sa chose à elle tout de même. Durkheim explique : il y a l'économie politique, il y a les autres sciences sociales – c'est malin de sa part : toujours commencer par brosser les économistes dans le sens du poil, en leur accordant le sentiment de leur exceptionnalité. Donc il y a les « autres » sciences sociales. L'idée de valeur y a un sens également. Pas celui des économistes sans doute. Mais quand même on en parle. La sociologie en dit ceci : dans le domaine de ce qu'on appelait les « sciences morales et politiques », la valeur est essentiellement affaire d'opinion. Le droit, la morale, par exemple, comme les croyances religieuses ou les pratiques esthétiques. Jusqu'ici donc, « ça suit » – la Société d'économie politique suit. L'imagination, l'opinion, la puissance de la multitude même si l'on voulait, tout ça très bien, mais pour les valeurs des autres – entendre les autres valeurs sociales dont ne s'occupent pas les économistes. Car les leurs ! Les autres sont peut-être creuses (ils n'avaient pas trop réfléchi à la question mais l'idée ne leur déplaît pas du tout), mais les

1. C'est à André Orléan qu'on doit (et que je dois) d'avoir redécouvert cet épisode, dont la portée épistémologique ne saurait être surestimée.

leurs sont pleines, cela est hors de doute. La valeur économique ne s'exprime-t-elle pas comme nombres ? Et y a-t-il plus objectif qu'un nombre ? Avec le nombre, n'est-on pas dans la mesure substantielle et vraie des choses ? Or voilà que Durkheim abandonne d'un coup le sens du poil : « opinion » partout. Même chez vous. « Il y a l'économie politique et il y a les autres sciences sociales », avait-il commencé, mais en fait non ! Il n'y a que « les sciences sociales ». Outré (c'est ainsi qu'on l'imagine), le secrétaire de la Société d'économie politique est bien obligé de restituer : « L'économie politique perd ainsi la prépondérance qu'elle s'attribuait pour devenir une science sociale à côté des autres[1] » – au fou !

La valeur chez Marx : substantielle quoi qu'elle en ait

On ne mesurera pas mieux la résistance intellectuelle des économistes sur ce sujet qu'à ce paradoxe de l'union sacrée qui rassemble jusqu'aux marxistes. Entre économistes, on s'étripera donc sur tout, mais pas sur le sérieux de la valeur économique – et ceci quoiqu'on en donne des versions très différentes. Mais au moins communes en un point, la prémisse fondamentale : il y a une objectivité substantielle de la valeur économique. Il aura fallu attendre longtemps pour que la critique radicale d'André Orléan[2] vienne explicitement fracasser le consensus. On comprend qu'il consacre beaucoup d'attention à la théorie marxiste de la valeur, d'abord parce qu'il revendique lui-même l'inspiration générale du marxisme[3], mais aussi parce que

1. Émile Durkheim, « Débat sur l'économie politique et les sciences sociales », *Textes*, t. 1, *Éléments d'une théorie sociale*, Paris, Minuit, 2004, p. 221.

2. André Orléan, *L'Empire de la valeur. Refonder l'économie*, Paris, Seuil, « La couleur des idées », 2011.

3. André Orléan, « Réponse à Jean-Marie Harribey », *Revue de la régulation*, n° 10, 2011.

c'est bien là le lieu de l'étonnement : que se joue-t-il donc autour de la valeur pour que la critique marxiste elle-même ne puisse pas lâcher la position substantialiste ?

Le premier mouvement de l'exégèse marxiste est de nier qu'il en soit ainsi. Marx renouvelle l'approche de la valeur par la thèse du fétichisme. Or le fétichisme désigne précisément le processus de transfiguration des rapports des hommes entre eux en rapports des hommes aux choses. Pourrait-on mieux dire la nature relationnelle de la valeur chez Marx ? Cependant, comme le reconnaissent avec honnêteté bon nombre de lecteurs, et comme Orléan en fait lui-même l'analyse serrée, la position de Marx sur la valeur n'est rien moins qu'univoque. Au point de laisser la possibilité d'en dégager deux interprétations diamétralement opposées. C'est que la théorie relationnelle du fétichisme est précédée de longs développements qui en prennent l'exact contre-pied. Ici, on ne compte plus les occurrences du mot « substance », et la substance est nommée : c'est le travail. Du moins le travail *abstrait*. Et plus exactement encore : le temps de travail abstrait. La lecture d'André Orléan est terriblement convaincante, d'autant plus qu'elle nous livre le principe du choix : car s'il y a finalement non pas une, mais deux théories de la valeur chez Marx, alors laquelle retenir comme « la bonne » ? Il n'y a pas à hésiter, nous dit-il : la bonne, c'est celle qui se trouve effectivement employée dans la suite. Or, c'est bien de la théorie substantialiste de la valeur-temps de travail (abstrait) que se déduit la théorie de la plus-value, puis de l'exploitation. Dans un dernier mouvement de récupération, on tente alors de rendre compatibles les deux théories antinomiques – en quelque sorte de « relationnaliser » le substantiel. On accorde que le temps de travail abstrait chez Marx est bien une substance (difficile de faire autrement sans malmener le texte), mais on ajoute aussitôt qu'il s'agit d'une substance *historique*, partant sociale. Cette solution proposée par

Postone[1] est reprise à son compte par Harribey, qui veut la prémunir de l'objection d'être purement verbale et de procéder par simple oxymore : si la substance du travail est sociale, il s'ensuit que celle de la valeur n'a rien ni de naturel ni d'intrinsèque aux objets-marchandises[2]. Quand Postone parle de « substance historique », c'est bien pour indiquer que le concept de travail (*a fortiori* de travail abstrait) ne fait sens que sous l'espèce de l'activité humaine ressaisie dans les rapports sociaux du capitalisme – c'est-à-dire de rapports sociaux historiquement situés. Si le temps de travail abstrait est de la substance, la substance ne se trouve-t-elle pas par là dûment « relationnalisée » ? Dès lors que nous sommes entrés dans le capitalisme, il est acquis que l'activité est située sous le règne du travail comme rapport social caractéristique. Voilà l'arrière-plan « relationnel », constitué une bonne fois.

Cependant, si c'est une substance « sociale », elle n'en fonctionne pas moins concrètement comme une substance *tout court* : *en situation*, on procédera par mesure directe de la substance (le temps de travail abstrait), désormais dédouanée de faire autrement ses preuves « relationnelles » – au demeurant, on « procédera » comme on peut car, paradoxe que ne manque pas de relever André Orléan, la chose décisive pour la mesure de la valeur, le temps de travail abstrait, s'avère d'un maniement pratique des plus malcommodes, s'il est seulement possible[3]. Cette légère difficulté opérationnelle mise à part, il reste que ce n'est pas un *effet relationnel* qui se mesure dans la valeur économique, mais un contenu substantiel. La relationnalisation de la substance n'empêche pas qu'*en pratique* elle fonctionne bien comme substance.

1. Moishe Postone, *Temps, travail et domination sociale*, Paris, Mille et Une Nuits, « Essais », 2009.

2. Jean-Marie Harribey, « La valeur, ni en surplomb, ni hors-sol. À propos de l'ouvrage d'André Orléan, *L'Empire de la valeur* », *Revue de la régulation*, n° 10, 2011, note 14.

3. André Orléan, « Réponse à Jean-Marie Harribey », art. cit.

Il y a dans la marchandise une certaine quantité de travail abstrait, et c'est cela qui fait sa valeur. Comme l'écrit Marx lui-même : « Nous connaissons maintenant la substance de la valeur : c'est le travail. Nous connaissons la mesure de sa quantité : c'est la durée du travail[1]. » Il y avait bien une autre possibilité pour relationnaliser la valeur : c'était de la saisir dans les interactions concrètes de la circulation : les rapports marchands. Mais cela, la théorie marxiste n'en veut pas. Dès Marx lui-même d'ailleurs : « Il devient évident que ce n'est pas l'échange qui règle la quantité de valeur d'une marchandise mais, au contraire, la quantité de valeur de la marchandise qui règle ses rapports d'échange[2]. » Message reçu : la circulation se chargera d'exprimer la valeur telle qu'elle a été antérieurement – et substantiellement – déterminée par le temps de travail abstrait incorporé, c'est-à-dire dans les conditions de la production (avec toutefois une exception étrange pour l'invendu, la marchandise non réalisée, la seule à voir sa valeur établie dans l'épreuve de la circulation : nulle).

Il faut revenir à son problème de départ pour mieux comprendre l'énormité du détour de la théorie marxiste de la valeur (dont on aura donné ici à peine un aperçu), et surtout ce passage malcommode par le travail abstrait. Le problème de départ, c'est l'hétérogénéité des valeurs d'usage, donc des travaux concrets, et la nécessité de les mettre en commensurabilité aux fins de l'échange. En proclamant l'équivalence des valeurs en présence, l'échange marchand suppose un plan d'homogénéité où vient se réduire l'hétérogène des travaux concrets. Ce plan d'homogénéité, c'est celui du travail *abstrait* et de sa mesure temporelle. Aucune comparaison directe n'est possible entre le travail concret du tisserand et celui du tailleur. Or pour échanger vingt mètres de tissu contre

1. Karl Marx, *Le Capital*, Livre I, chap. I, Moscou, Éditions du Progrès, 1982, p. 48.

2. *Ibid.*, p. 69.

un habit, il va bien falloir trouver une commune mesure. Celle-ci ne peut s'obtenir, nous dit la théorie marxiste de la valeur, que par une abstraction tirée à partir des qualités particulières pour les ramener à des quantités directement comparables, les quantités d'une même substance : le travail abstrait et son temps.

Une autre manière de commensurer l'hétérogène : par les intensités affectives

Cependant, le coût intellectuel de procéder par l'abstraction du travail est des plus lourds : équivoques persistantes quant à la nature de substance du travail abstrait, pour ne pas dire prédominance de fait de son caractère « substantiel » sur son caractère « historique », difficulté de la mesure pratique des quantités de travail abstrait, enfin défaut de « prise » phénoménologique, car on ne voit pas par où, ni comment, la valeur-travail abstrait parvient à saisir concrètement les agents pour les subordonner à sa logique. Certes, on sait que ceux-ci vivent la marchandise dans les inversions du fétichisme, mais le raccord fait défaut entre le jeu exotérique de la pratique marchande et le système ésotérique des abstractions de la valeur qui le surplombe. La disjonction de ces deux plans – celui du monde vécu des travaux concrets et de la valeur d'usage, et celui de la valeur objective par le travail abstrait – appelle nécessairement une solution de continuité. Qui demeure manquante tant qu'on n'a pas produit les opérations concrètes de l'inversion fétichiste – mais c'est là en fait un problème très général des approches structuralistes, qui oublient de dire comment les structures abstraites, dégagées par la pensée, ont concrètement prise sur les agents qu'elles sont pourtant supposées déterminer.

La proposition du structuralisme des passions[1], c'est que l'affect est l'opérateur de toute détermination concrète (pléonasme) dans le monde social-historique. Les corps ne bougent que d'avoir été affectés, et par suite déterminés à tel ou tel mouvement. Et de la même manière les esprits à penser. Si, pour quelque part, les corps bougent identiquement, et les esprits pensent identiquement, c'est qu'ils y ont été déterminés par des affects communs, instanciés dans ce qu'on peut génériquement nommer des « institutions », ou même, selon leur niveau, des « structures ». Mais alors *l'efficace* des structures et des institutions, ce terme manquant des structuralismes abstraits, n'a plus rien de mystérieux : le principe en est donné par la puissance de la multitude en ses diverses médiations. En l'occurrence, le passage par les affects vient régler simultanément deux problèmes : celui de la détermination concrète, donc, et celui de la mise en équivalence. Mais, il faut le dire, au prix de rompre avec la théorie marxiste de la valeur. C'est qu'on peut produire un principe de commensurabilité sans avoir à en passer par les abstractions du travail abstrait (si l'on peut dire). Car par-delà les objets hétérogènes qu'elles convoitent, ce sont génériquement des intensités désirantes qui se rencontrent dans l'échange. S'il y a quelque chose d'abstrait qui se confronte dans l'échange, pensable indépendamment des contenus concrets échangés, ce sont des affects et leurs intensités – quoique toujours nécessairement liés à eux. On peut savoir gré à Jean-Marie Harribey d'avoir tenté de chercher une position de compromis : « Il existe deux réalités dont la rencontre va valider leur reconnaissance simultanée : d'un côté, le désir nous pousse à vouloir la valeur, de l'autre la formation de la valeur reflète les conditions socio-techniques de production de l'objet de valeur[2]. »

1. Frédéric Lordon, *La Société des affects. Pour un structuralisme des passions*, Paris, Seuil, « L'ordre philosophique », 2013.

2. Jean-Marie Harribey, art. cit., note 39.

Mais c'est un compromis qui ne cède rien sur l'essentiel : la valeur reste le temps de travail abstrait, déterminé dans les conditions de la production. Si l'on prend pleinement le point de vue du désir et des affects, on est conduit à dire tout autre chose : les conditions socio-techniques de production ne sont pas le lieu de détermination de la valeur : elles ne sont que les conditions dans lesquelles se préparent matériellement des prétentions à valoir – dont l'issue ne sera vraiment tranchée que dans la rencontre de l'échange. Comme on sait d'ailleurs, il est des rencontres qui tournent mal pour certaines de ces prétentions, qui malmènent l'un des deux désirs, tel qu'il s'était préparé dans ses conditions de production à lui, c'est-à-dire dans ses conditions de présentation à l'autre. Dans ses conditions socio-techniques propres, le désir du tailleur envisageait de prétendre au minimum à vingt mètres de tissu pour un habit – moins, il ne peut pas se permettre. Comme les choses tourneront, il n'en aura peut-être que quinze. Les prétentions offensées prennent alors la forme consolidée de la perte comptable.

Au-delà de la reconstruction d'un autre plan des équivalences – celui des intensités affectives plutôt que celui du temps de travail abstrait –, on voit bien ce qui fait l'écart avec la théorie marxiste de la valeur : c'est l'idée d'équivalence elle-même. La théorie marxiste suppose les rapports d'équivalence constitués avant même l'échange, qui vient en quelque sorte les certifier : dès la production, les valeurs sont établies, la circulation bien réglée aura pour charge de les faire reconnaître dans leurs justes rapports. Dans une théorie socio-affective de la valeur, l'équivalence n'est constatée qu'*ex post* et pour ainsi dire *de facto* : elle revêt presque le caractère d'une tautologie. On observe que telle quantité de tissu a été cédée contre tel nombre d'habits et, *par là même*, ces contreparties sont *dites* équivalentes. Mais on aurait pu observer un échange scellé à un taux double, ou moitié moindre, et l'équivalence n'aurait pas été moins déclarée. Il n'y a rien de plus dans l'équivalence que le produit quelconque d'un échange agréé *dans ses conditions particulières*. Avec un pistolet sur la tempe, j'ai jugé que ma vie valait bien la contrepartie de la combinaison du coffre – une équivalence. On pourrait dire à l'inverse que je n'étais pas prêt à donner ma vie pour préserver le contenu du coffre. Et de même pour la partie d'en face qui, si je m'étais mis à bluffer, ou à refuser vraiment, ne serait peut-être pas allée jusqu'à me tuer, ou à me torturer, ou bien jusqu'à un certain point seulement – et ici la question posée est bien de savoir *jusqu'où* un certain désir est prêt à aller, donnant par là une mesure de son intensité. En tout cas, le propre de la philosophie de l'immanence, c'est que tout, absolument tout, est dit dans ce qui a été fait, sans aucun reste. Je donne la combinaison ou je me laisse brûler la cervelle (nous sommes en guerre et tout mon réseau clandestin est dans le coffre) : voilà parfaitement révélées les intensités de mes désirs. *Idem* en face : moi je ne cède pas, mais lui n'est pas prêt à me tuer *pour ça* – ou si. En tout cas, parmi toutes les issues possibles, il y en a une – ma vie sauve et le coffre ouvert – qui aura fait équivalence.

L'économiste marxiste ici proteste vertement : ce genre de situation n'a rien à voir avec ce dont il s'agit dans la valeur des marchandises. Rien à voir, pas si sûr. Car sous une forme moins dramatique, la vie sociale connaît très bien les transactions productrices d'équivalences de fait, et il y a quelque chose à en tirer pour penser les échanges économiques quoiqu'elles ne soient pas médiatisées par le nombre monétaire. On les appelle souvent « échanges de bons procédés ». C'est l'ordinaire de la vie politique : le donnant-donnant mais sans passer par la monnaie. Faveur contre faveur, service contre service, mon candidat ici contre ta subvention là – et deal ! Les sommets internationaux, européens par exemple, sont-ils autre chose que des foires où l'on procède pour ainsi dire au *clearing* des choses les plus hétéroclites, les moins commensurables : à tel pays on donnera telle mesure agricole pour fermer les yeux sur l'accès de tel représentant de tel autre État-membre à tel poste, etc., et de même à une échelle multilatérale. En quoi la chose intéresse-t-elle une théorie de l'échange économique ? Par ceci que, hors toute médiation monétaire-marchande, on y réalise la mise en équivalence *de fait* des contreparties les plus hétérogènes – et tel était bien également le problème de l'échange des travaux concrets. Sans y céder aveuglément, il faut ici se rendre sensible à la ressaisie spontanée de ces pratiques politiques par le langage des catégories économiques : troc, maquignonnage, marché, pour ne pas même parler du simple « négociation », tellement usité qu'on n'y voit même plus le *négoce* ; et cette ressaisie en l'occurrence dit quelque chose de juste, touche un vrai point commun. Ces transactions politiques attestent d'abord que l'échange monétaire n'a pas le monopole du *do ut des*. Et suggèrent ensuite que c'est peut-être cette strate commune du donnant-donnant qui livrera au moins une partie de la vérité de l'échange marchand, celle qu'elle partage avec les « trocs » de la politique (ou plus généralement de la vie institutionnelle) : dans le donnant-donnant, quel qu'il soit, ce sont des désirs qui se rencontrent, et confrontent leurs intensités. La règle de l'immanence étant qu'il n'y a pas de réserve cachée, que tout est strictement mesuré aux actes, il s'ensuit qu'un désir dira exactement ce qu'il est en intensité à ce qu'il aura troqué. Seul compte le dénouement effectif – les intentions avant, les regrets après, ce sont des formations imaginaires. Bien sûr, les conditions de la rencontre vont peser décisivement sur son issue : elles établissent le rapport de force, et diront à la fin ce qui sera resté du désir des uns et des autres. C'est bien pourquoi une théorie affective de la valeur est nécessairement une théorie socio-affective, une théorie qui envisage la conformation et la confrontation des affects dans des structures sociales – un structuralisme des passions.

Timesis : l'équivalence sans la mesure

La tache aveugle de la pensée économique, toutes tendances confondues, c'est de ne penser l'équivalence que sous la figure du nombre, ou plutôt de penser que la figure du nombre épuise celle de l'équivalence. C'est une erreur car il est des équivalences qui se déclarent sans la médiation de la mesure explicite. C'est même une double erreur car, paradoxalement, ces « autres » équivalences pourraient bien donner le modèle général dont l'équivalence nombrée n'est qu'un cas particulier. Et l'économie aurait à apprendre de ce qu'elle rejette dans l'approximatif. Il faut donc commencer par dire que l'équivalence hors nombre a ses opérateurs, et qu'ils sont affectifs. *Timesis*[1] est le nom que peut prendre l'ensemble des opérations par lesquelles on formule des jugements d'équivalence sans mesurer, on évalue sans calculer, et ceci notamment dans des relations, comme l'amour ou l'amitié, qui ne doivent leur viabilité qu'à la prohibition impérative de toute métrique explicite. La *timesis* déploie d'abord ses opérations là où le problème même de l'équivalence ne saurait être posé, et où pourtant les protagonistes, à quelque degré de lucidité ou de recouvrement, ne cessent de produire des jugements d'équivalence, ou d'« équilibre », qui les déterminent à reconduire ou à interrompre leur relation, mais hors de toute pesée explicite. Parce que la relation amoureuse offre le cas pur de ce que Bourdieu appelle « le tabou du calcul[2] », elle laisse apercevoir comme aucune autre ces opérations souterraines de la *timesis*, dont la généralité en fait embrasse tous les faits de réciprocité. L'enchantement ayant pour condition le refus de l'explicitation des obligations

1. Voir Frédéric Lordon, *L'Intérêt souverain. Essai d'anthropologie économique spinoziste*, Paris, La Découverte, 2006, chap. 5.

2. Pierre Bourdieu, « Le tabou du calcul », *Raisons pratiques*, *op. cit.*

mutuellement dues, ou plutôt attendues, et ceci alors même qu'une forme de leur équilibre peut seule faire la viabilité de la relation, il ne tient qu'à une dégénérescence propre à la société individualiste d'imaginer trouver le principe de cet équilibre dans la spécification contractuelle – comme en témoignent les fictions américaines, à peine en avance sur la réalité, où les époux couchent noir sur blanc leurs charges respectives, courses, ménage, sorties du chien, etc. On voit assez ce qu'il reste de l'amour sous de pareilles mises en forme. C'est pourquoi il faut faire rempart à la conversion de l'attendu en dû, conversion qui signerait l'ouverture des comptes – et le commencement de la fin.

Mais alors comment se jugent des équivalences, puisqu'il s'en juge, là où le recours à l'explicitation quantifiée est impossible ? Comment, sinon par les affects ? Par les affects, *ça* évalue en nous. En réalité, il n'y a là aucune anomalie à l'ordre commun de l'action humaine, mais bien, au contraire, sa loi générale. Car Spinoza nous débarrasse des fictions de l'esprit souverain commandant au corps, et même se commandant à lui-même – de penser ceci ou cela. L'homme est un automate en tout, et notamment un automate spirituel. Non pas qu'il serait réglé une fois pour toute dans des manières immuables – de se mouvoir, de sentir, de juger et de penser. Mais parce qu'il a été déterminé à prendre ces manières, et qu'une fois acquises, elles fonctionnent toutes seules – rien n'empêchant que, sous le coup de nouvelles affections, il vienne à en prendre d'autres. De là que juger soit fondamentalement un *réflexe*, et même – pour achever de scandaliser – un réflexe qui engage *le corps*. Les attendus, les conséquences, bref le buisson d'idées liées entre elles qui accompagne le jugement, lequel se présente nécessairement sous forme idéative, n'est que le corrélat mental d'une réaction du corps selon ses plis. Car c'est bien le corps qui a enregistré les éléments à juger : il a vu, entendu, touché, etc. Et c'est bien lui, selon sa disposition particulière, telle qu'elle fait sa complexion affective, son *ingenium*, qui valorise affectivement ses rencontres. Selon certaines intensités. En le corps, donc, ça jauge. Il y a bien un calculateur caché, ou plutôt un opérateur du calcul sans calcul : l'*ingenium*, dont les affectabilités (qu'il récapitule) soupèsent ce qu'il y a à soupeser – le monde et ses rencontres –, et déterminent les intensités réactionnelles – en accompagnant le tout d'une idée. Le corps se charge des mesures mais sans que la conscience y ait un clair accès. Il produit des résultantes, d'où suivront tel ou tel mouvement : continuer, arrêter. Et tout ceci, comme le dit assez bien une expression courante, « au jugé ». Hors de toute métrique explicite, l'*ingenium* pondère selon ses susceptibilités idiosyncratiques. Les amoureux, les amis, ne comptent pas – ils ne doivent pas se mettre à compter – les messages, les cadeaux, les attentions qu'ils échangent, mais ils n'en savent pas moins où ils en sont. Les prestations croisées sont là, et elles donnent lieu à évaluations. Mais des évaluations timétiques. Des évaluations par intensités affectives éprouvées, qui ne sont pas connues métriquement de l'esprit. De là que, dans les jugements d'équivalence, chacun voit les taux de change admissibles à sa porte – des taux de change implicites bien sûr : des taux de change timétiques. Tel ensemble de contreparties qui forme un équilibre acceptable pour certains passerait pour une asymétrie sans nom aux yeux d'autres. Dans chaque cas, c'est l'*ingenium* qui parle, sans qu'on puisse qualifier *prima facie* ce qu'il dit : quelqu'un tolère de beaucoup donner et recevoir peu : névrose d'aliénation ou, au contraire, personnalité bien installée qui a besoin de peu, ou trouve ses équivalences dans des ensembles élargis d'affections ? – bien sûr, elle me donne assez peu (de mots, d'attentions), mais en définitive, ce qu'elle me donne, c'est *elle*. Du reste, que veulent dire « beaucoup » et « peu » ? Comme toujours, chacun juge des asymétries selon son affect (selon son *ingenium*). En réalité, « équilibre » et « déséquilibre », comme « beau » et « laid », « ordonné » ou

« désordonné », nous dit Spinoza, sont des catégories qui en elles-mêmes n'ont rien de positif. Elles valent pour les intéressés et pour eux seuls, et l'on saura comment ils ont jugé aux conséquences qu'ils auront tirées de leur jugement. Le jugement d'équivalence n'est donc nullement sous l'impératif du nombre. La vie sociale, amoureuse, amicale, politique ne cesse de l'attester, dans toutes ces situations où se décident des reconductions ou des interruptions, où, sans avoir compté, on sait si l'on « trouve son compte », ou bien qu'on « ne le trouve plus ».

La métrique monétaire des affects économiques

Ayant dit tout ceci, il faut bien maintenant négocier un retour vers les valeurs de l'économie. Une théorie unifiée de la valeur, par prétention, procède d'un principe unique. Ici, ce principe, c'est l'affect. Pour autant on aura du mal à nier une spécificité de la valeur économique. Cependant, de tout ce qui précède, cette spécificité apparaît avec évidence, on l'a même déjà dite plusieurs fois : c'est le nombre. Par là pareille à nulle autre, la valeur économique a pour propre d'extérioriser les intensités désirantes, et de les rendre explicites sous la forme d'un nombre compté en unités monétaires. Le prix monétaire donne la mesure exacte de l'intensité désirante, et ceci, une fois encore, conformément au principe de l'immanence qui n'a égard qu'au réel effectué. Si l'économie se distingue, ça n'est donc pas par la teneur particulière de sa valeur, qui ferait exception à l'ordre commun – affectif – de toutes les valeurs, mais par cette propriété, il est vrai singulière, d'une extériorisation des intensités affectives dans et par la métrique monétaire. Contrairement à ce qu'aurait suggéré une intuition à demi théorique, il y avait matière à faire le détour par des relations notoirement antiéconomiques, comme l'amour ou l'amitié, pour éclairer la relation économique de l'échange marchand *à partir de leur problème commun de la mise en équivalence*, et puis du principe commun des jugements d'équivalence, l'évaluation affective, pour n'accéder que dans un deuxième temps à ce qui fait leur différenciation, l'évaluation implicite-timétique des intensités affectives mises en jeu dans le premier cas, explicite-métrique dans le second. L'économie n'échappe en aucun cas à l'ordre universel des affects, mais elle s'en distingue en constituant le domaine de pratiques le plus immédiatement accessible à la possibilité d'une affectométrie. Le calcul économique ne fait donc que manipuler des intensités affectives portées à l'explicite par l'objectivité du prix monétaire, et par là vient trouver sa place dans une théorie générale de l'action passionnelle. Qu'est-ce que l'utilitarisme économique d'ailleurs sinon une théorie du désir ? – mais du désir poursuivi *méthodiquement*. Loin de se constituer comme un domaine séparé des passions, comme le veut une antinomie fatiguée, l'action rationnelle n'est qu'une *forme* ordonnatrice de la poursuite désirante, du mouvement conatif – n'est-il pas bien connu qu'on peut poursuivre avec une grande rationalité de moyens les choses les plus délirantes ? C'est donc, en économie, la possibilité du nombre qui pousse celle de la méthode à ses plus hauts degrés, en permettant le déploiement des opérations formelles du calcul, au point d'ailleurs que la forme a fini par occulter les contenus, et faire oublier que, sous les convolutions de l'appareil, il continuait d'être invariablement question de désir : comme partout ailleurs.

Argent, désir et valeur d'usage

On objectera cependant qu'il n'y a pas avec le nombre de quoi *épuiser* la différence économique – à raison. Si la théorie marxienne de la valeur voit juste, c'est moins dans la substance du travail abstrait que dans la structure autotélique du processus de la valeur, comme l'exprime son schème élémentaire A-M-A', l'argent ne passant par la (production de) marchandise que pour aboutir à plus d'argent, et réitérer indéfiniment son augmentation. La production de valeur devient une finalité propre, autonome, détachée de ses mobiles premiers qui la liaient à la valeur d'usage, processus dès lors privé de toute limite et de toute autre raison d'être que sa pure effectuation. Le propre de la valeur, au sens marxiste du terme, c'est son indifférence aux contenus qu'elle élit comme porteurs. Sous ce rapport, produire des yaourts ou des centrales nucléaires, c'est *idem* : deux moyens indifférents d'opérer l'auto-augmentation de l'argent. La relégation des contenus concrets au rôle d'instruments de portage indifférenciés, l'illimitation de l'automouvement de la valeur, offrent incontestablement deux caractères frappants de la valeur capitaliste. Pour autant, la théorie marxiste ne cesse de les lier à la substance sociale du travail abstrait, conçu précisément comme la matrice de l'abstraction générale que fait régner le monde de la valeur, notamment sous la figure de l'argent. Est-il possible de les ré-engendrer autrement que par cette dérivation ?

Le courant dit de « la critique de la valeur » (ou *Wertkritik*), qui, certes, ne manque pas une occasion de signaler sa différence dans la constellation des lectures de la théorie marxiste, pousse à son maximum la connexion, voire l'identité, des deux abstractions : celle du travail et celle de l'argent. Et peut-être trop loin. « L'argent ne représente pas les valeurs d'usage dans leur multitude, mais est la forme visible d'une abstraction sociale, la valeur. Dans la société marchande, chaque chose a une double existence, comme réalité concrète et comme quantité de travail abstrait. C'est ce deuxième mode d'existence qui est exprimé dans l'argent », écrit ainsi Anselm Jappe[1]. Mais c'est pousser si

1. Anselm Jappe, *Les Aventures de la marchandise. Pour une critique de la valeur*, nouvelle édition, Paris, La Découverte, 2017.

loin l'abstraction, et du travail et de l'argent, que c'en est à se demander comment, si l'on peut dire, des abstractions aussi abstraites peuvent finalement trouver à avoir prise sur les individus. Car à un moment, il faut bien en revenir à ce qui met concrètement les corps en mouvement. Or, renvoyer l'argent au seul côté de l'« abstraction sociale de la valeur » en fait perdre toute la phénoménologie, à partir de laquelle pourtant on en attrape la force concrète. Spinoza, précisément, prend le problème par le bout que la *Wertkritik* récuse comme « exotérique », le côté des valeurs d'usage : « [...] l'argent est venu apporter un abrégé de toutes choses, si bien que son image occupe ordinairement plus que tout l'esprit du vulgaire puisqu'on n'imagine plus guère aucune espèce de joie qui ne soit accompagnée de l'idée de l'argent comme cause[1] ». Sans doute invoquerait-on difficilement l'autorité directe de Spinoza en matière de théorie monétaire – il aura dit fort peu de choses sur l'économie en général et sur la monnaie en particulier. Il n'y en a pas moins dans cet énoncé, et sous une densité assez remarquable, tout ce qu'il y a à penser des saisissements concrets de la monnaie, à partir desquels mieux reconstituer son abstraction réelle. Or, repartir de ce qui saisit les corps et les meut, pour mieux remonter au principe abstrait de la mise en mouvement, c'est nécessairement repartir des valeurs d'usage. On se demande parfois si le problème de la théorie de l'abstraction de la valeur ne tient pas à ce que sa propre abstraction finit par tourner sur elle-même, conduisant par là à ne voir la valeur que comme abstraite et tournant sur elle-même. Une chose est de dire l'« indifférence » de la valeur aux contenus concrets, une autre est d'en venir à oublier *complètement* l'arrière-plan de la valeur d'usage. Car la valeur d'usage, *c'est le désir*. On peut bien dire qu'à force de médiations, les processus de la valeur prennent de

1. *Éth.*, IV, 28, je mêle ici les traductions de Bernard Pautrat et de Robert Misrahi (Paris, PUF, « Philosophie d'aujourd'hui », 1990).

l'autonomie, mais sans absolutiser cette autonomisation, sauf à se couper des forces concrètes de la mise en mouvement – non de la valeur toute seule, mais des hommes qui, en dernière analyse, font la valeur et « marchent à la valeur ». S'il s'agit de penser l'argent, Spinoza nous rappelle que toute la puissance d'automouvement de la valeur n'ôtera pas qu'elle s'ancre en dernière instance dans les forces concrètes du désir, c'est-à-dire des valeurs d'usage. Et par là nous indique en quoi consiste l'abstraction de la monnaie : l'argent est « un abrégé (*compendium*) de toutes choses ». L'abstraction de l'argent consiste en son pouvoir d'abrégation. Spinoza n'omet pas de préciser la portée historique de son énoncé : « l'argent *est venu apporter* un abrégé…[1] ». Il n'en a donc pas toujours été ainsi. Il ne dit pas « capitalisme » car il n'en a pas le concept, mais on peut le dire à sa place : le capitalisme est cette formation sociale, historique, où un nombre immense de choses se laissent abréger sous l'argent. Indiscutablement, l'abrégation est une abstraction, mais en prise constante sur les valeurs d'usage. C'est bien pourquoi l'image de l'argent « occupe ordinairement plus que tout l'esprit du vulgaire » : parce que celui-ci reconnaît la forme la plus hautement concentrée du désir dans cette synthèse immédiate de toutes les choses désirables. De là qu'« on n'imagine plus guère aucune espèce de joie qui ne soit accompagnée de l'idée de l'argent comme cause ». Conformément à la définition, l'argent est donc *objet d'amour*[2]. Et ce qui est abstrait dans l'argent n'est pas la valeur : c'est le désir. L'argent est du désir pur – de là d'ailleurs sa charge de violence, à laquelle la *Wertkritik* a le plus grand mal à avoir accès[3]. La valeur au sens marxiste

1. C'est moi qui souligne.
2. Puisque « l'amour n'est rien d'autre qu'une joie qu'accompagne l'idée d'une cause extérieure » (*Éth.*, III, 13, scolie).
3. Charge de violence qu'il faut savoir gré à Michel Aglietta et André Orléan d'avoir dégagée, et précisément à partir du désir (même s'il s'agissait du désir mimétique de René Girard) : *La Violence de la monnaie*, Paris, PUF, 1982.

du terme ne devrait être qu'une indifférence *momentanée* à la valeur d'usage, à laquelle, toujours, l'on retourne par les voies du désir. S'il est exact que l'ordonnateur capitaliste de la valeur se moque d'un côté, celui de la production, de la valeur d'usage et des travaux concrets[1], il ne l'oublie nullement de l'autre, celui de ses propres jouissances. Il y a effectivement un illimité de la valeur s'autodéveloppant, mais il n'est rien d'autre que l'illimité du désir, donc, en régime capitaliste, du désir d'argent. L'illimité du désir n'a pas été inventé par le capitalisme. Les Grecs en avaient déjà une idée claire, et de longue date l'avaient identifié comme un péril à conjurer. Ce qui est exact, c'est que le capitalisme l'a libéré – mais en lui donnant des formes régulatrices. L'illimité de la valeur, c'est l'illimité du désir magnétisé par le pouvoir d'abrégation de l'argent, et passé par les mises en forme de l'accès à l'argent. Que les médiations de la production de valeur, qui, en régime capitaliste, règlent l'accès à l'argent, finissent à force de ramifications par prendre une certaine autonomie n'ôte pas que l'ensemble demeure sous la commande, même lointaine, du désir concret, donc de la valeur d'usage.

Enfin, pour achever de prendre le contre-pied de la *Wertkritik*, il faut réaffirmer non seulement la valeur de l'énoncé exotérique que l'argent donne accès aux valeurs d'usage, mais que l'argent lui-même *a* une valeur d'usage. Adam Smith nous l'indique dans la *Théorie des sentiments moraux* : l'accumulation de l'argent n'a rien d'intransitif, elle est le nouvel enjeu des luttes de reconnaissance sociale. Amasser la fortune monétaire n'est pas qu'un moyen d'accéder à un ensemble élargi de valeurs d'usage, mais recèle en soi une

1. Et encore : il y aurait lieu de ne pas se contenter d'un énoncé aussi englobant. Car le rapport au concret de la production demande à être différencié selon les régions du capital, au minimum en distinguant le capital industriel et le capital financier, qui nouent respectivement à la production deux types de rapport désirant très différents. Voir à ce propos Frédéric Lordon, « Le conatus du capital », *Actuel Marx*, « Critique de la propriété », n° 29, 2001.

valeur d'usage, celle de combler le désir de reconnaissance dans un jeu social qui a renouvelé ses formes, et ne se joue plus à la gloire par les armes, au titre nobiliaire, ou aux diverses grandeurs d'établissement, mais au patrimoine-argent. Quand bien même l'argent accumulé ignorerait les valeurs d'usage dans un pur mouvement de thésaurisation, il n'en aurait pas moins lui-même une valeur d'usage. L'illustration n'en est jamais si bien donnée que par les immenses fortunes, dont la taille devient si gigantesque, qu'à leurs possesseurs mêmes elles finissent par devenir… abstraites, nombres faramineux dont on ne voit plus très bien quelles jouissances matérielles ils peuvent recouvrir. Cependant, même dans les égarements de cette abstraction-là, dans la difficulté à faire correspondre les sommes astronomiques à des désirs concrets, il reste un désir particulier qui demeure d'une parfaite clarté, et conserve toute sa force motrice, le désir lié à la valeur d'usage de l'argent : le désir du rang dans le classement des fortunes. Accumuler l'argent, ne répondant plus à des désirs d'objets qu'on ne parvient même plus à imaginer à ce stade, ne trouve plus comme dernier mais plus puissant moteur de sa continuation rendue absurde par ailleurs, que le seul désir de la reconnaissance sociale par le rang. Alors, l'une des vérités de l'argent capitaliste, non pas comme rapport social (auquel on donnera plutôt le nom de monnaie), non pas comme puissance d'abrégation de la multiplicité des biens marchands, mais comme valeur d'usage intrinsèque, est donnée par le classement *Forbes* des fortunes, sorte de Nord magnétique qui continue de polariser les désirs d'accumulation illimitée, même passés les seuils de toute satisfaction marchande, en excitant la rivalité mimétique propre aux luttes de reconnaissance. La vérité livrée par le classement *Forbes*, c'est que les accumulateurs, si la poursuite d'objets marchands particuliers perd presque tout sens puisqu'ils les ont déjà tous, n'en poursuivent pas moins l'objet social de la domination symbolique dans l'ordre de la fortune – les objets matériels désirés n'étant plus que des instruments d'ostentation au service de cette finalité agonistique. Il n'y a donc pas que la mystérieuse autotélie de la valeur dans l'illimitation de la production et de l'entassement, mais des désirs très concrets et très palpables.

Réalité des Ferrari (contre le « virtuel », le « capital fictif » et le « faux argent »)

Mais la *Wertkritik*, comme toute la théorie marxiste, se refuse à abandonner l'idée qu'il y a bien quelque chose de positif dans la valeur, c'est pourquoi sa réticence à partir de l'argent est si vive : nourrie par le soupçon, voire le scandale, que de la valeur économique pourrait naître de rien. Et l'on se prend à désirer une généalogie de la valeur économique, plus exactement une généalogie de son idée, dont on pressent qu'elle aurait à passer par le moment chrétien d'une sorte d'ontologie morale de l'effort, un *ex nihilo nihil* qui assoirait la gloire du labeur, et que la substance-travail, ce serait cela : la forme sublimée d'une économie extra-économique de l'effort économique – et de sa juste récompense : la valeur. Si la valeur ne répond pas à cette formule de l'effort, la théorie marxiste la déclarera fictive. Ainsi, notoirement, de la valeur financière spéculative. Née des jeux séparés de l'achat-revente sur les marchés d'occasion du capital liquéfié, coupée de la production positive, nourrie dans son inflation par les seuls déversements dans les marchés de liquidité monétaire, donc faite de monnaie pure, la valeur financière est déclarée « fausse » – fictive. La théorie marxiste de la valeur cependant devrait se poser la question : la Ferrari du trader est-elle fictive ? La Ferrari qui descend la 5e Avenue est-elle « virtuelle » ? – comme on entend souvent dire des choses de la finance. Et si elle ne l'est pas, sa qualité de « réelle » ne se transmet-elle pas de proche en proche en remontant la chaîne des causes qui lui a donné naissance : le bonus du trader, le résultat consolidé de la banque d'investissement, donc la masse des plus-values *financières* qui ont fait ce résultat ? Dans un étonnant effet de miroir, la *Wertkritik* reproche, non sans raison, aux altermondialismes superficiels de vouloir restaurer un « bon capitalisme », un capitalisme (vaguement fordien) *de la production*, contre un « mauvais » qui serait le capitalisme financiarisé. Mais n'est-ce pas là reproduire son propre partage de la « bonne » valeur et de la « mauvaise », fictive ? – certes pour en tirer de tout autres conclusions politiques. Déclarant sans ambiguïté les siennes, Anselm Jappe n'en répète pas moins le motif du « bon » et du « mauvais » qui lui sert à critiquer les altermondialismes : « L'abolition du travail et de l'argent n'est plus un programme utopique et extrémiste, mais est réalisée jour après jour par la crise capitaliste. Il y a toujours moins de travail, et moins d'argent "vrai"[1]. » Il faut entendre ici l'éviction de la production réelle par le capitalisme financier parasitaire. Reste le « vrai » argent, et donc sa distinction d'avec le « faux ». On en connaît le principe : au second les faussetés de la valeur financière fictive – « hors-sol » est une expression qui vient constamment chez les théoriciens marxistes pour la désigner ; au premier la consistance qui vient d'avoir pour contrepartie de la valeur laborée.

Il y a quelques années déjà, Luc Boltanski et Laurent Thévenot avaient inclus dans leurs « économies de la grandeur[2] » une « formule de dépense », commune en son principe à toutes les sphères différenciées de la grandeur. La « formule de dépense », c'est la morale du labeur, celle qui dit qu'on n'a rien sans rien, et qui tamponne le passeport de toute

1. Anselm Jappe, « Fétichisme et dynamique autodestructrice du capitalisme », entretien avec Jean-Marie Harribey, *Les Possibles*, n° 15, 2017.

2. Luc Boltanski et Laurent Thévenot, *De la justification. Les économies de la grandeur*, Paris, Gallimard, « Essais », 1991.

rémunération – monétaire ou symbolique. Dans l'ordre économique, la valeur va au travail (on comprend qu'il s'agit là d'un énoncé à portée conceptuelle et non distributive). Dans n'importe quel autre domaine de valeur, il faut avoir accompli pour être reconnu. Cependant, le naufragé-roi de Pascal était venu jeter l'ombre d'un doute : l'investissement, la dépense pourraient ne pas avoir été strictement nécessaires dans l'ordre de la valeur. Il peut avoir suffi de paraître, inadvertant, et de se laisser emparer par la puissance de la multitude. Bien sûr, ordinairement, il faut s'être un peu démené pour en gagner l'élection, en tout cas pour ceux qui le veulent. Mais rien n'exclut par principe qu'elle en saisisse un qui n'a pas aspiré, qu'elle l'exhausse, l'oigne mais, dans ces conditions, ne récompense *rien*. De ce point de vue, et même s'il ne s'agissait pas de valeur économique, les programmes dits de « télé-réalité » (comme *Loft Story*) qui parvenaient à fabriquer des notoriétés considérables à partir d'un néant d'accomplissement, avaient peut-être pour involontaire vertu d'atteindre bien plus profondément que la théorie marxiste la vérité de la valeur – raison pour quoi sans doute ces jeux ont créé un tel sentiment de malaise et de répulsion : c'est qu'on ne dérange pas sans risque la morale implicite de la valeur et son imaginaire méritologique. Dans l'ordre qui est le sien, la théorie marxiste de la valeur résiste autant qu'elle peut à cette vérité, telle qu'elle lui semble le plus dangereusement promue par la plus-value financière. La morale du labeur s'y trouve le plus profondément offensée, et il faut sans doute voir dans l'obstination de la théorie marxiste à qualifier de fictive toute valeur qui n'a pas été gagée sur une formule d'effort, un écho de cette perturbation, le refus des naufragés devenus rois par accident, en tout cas sans l'avoir *mérité*. Malheureusement, il arrive souvent que l'exception livre la vérité, recouverte, du régulier. Il y a donc peut-être plus à comprendre de la valeur économique à partir de la valeur « fictive » que de la valeur-travail. Équivalent conceptuel du naufragé dans l'ordre de la valeur économique, la plus-value financière est l'incongruité qui menace de tout révéler – de même que le roi fortuit livrait le principe fondamental de la monarchie. Or le fait est là : par la seule plus-value financière, il y a des enrichis réels. Si donc on prend au sérieux le cas réputé aberrant, on est conduit, comme l'a montré André Orléan, à considérer que c'est l'argent lui-même qui détient le secret de la valeur économique. Le financier qui amasse de la plus-value spéculative, monnaie justifiée par rien, n'en détient pas moins de la valeur réelle – dont on fait les Ferrari.

La question n'est donc pas celle du « vrai » ou du « faux » argent, c'est, plus prosaïquement, celle des conditions dans lesquelles les injections de monnaie, d'où les investisseurs des marchés tirent leurs richesses-justifiées-par-rien, créent pour ceux-ci de la valeur stable, entendre absorbable par les marchés de biens et services. Il faut en effet qu'il y ait peu de traders enrichis à la liquidité financière pure pour que la variation de masse monétaire qui fait leur richesse reste négligeable par rapport à la masse monétaire totale afin de ne pas dégénérer en inflation globale – à laquelle serait inévitablement en proie une économie qui ne serait constituée que de traders ! Mais c'est là une question technique, de macroéconomie monétaire, pas une question conceptuelle. Une question technique, dont la résolution pratique n'enlève rien au fait que le principe de la valeur est à chercher du côté du désir dit dans les prix monétaires. Il s'ensuit que la question de la valeur en économie est triple, et qu'en chacun de ses trois registres l'arbitraire de la condition anarchique se fait voir : 1) à quelle sorte de choses la qualité de valeur économique advient-elle ? ; 2) dans quel médium la valeur économique s'exprime-t-elle ? ; 3) comment se déterminent les intensités respectives des valeurs économiques particulières ? Soit les questions de la qualité, de l'expression, et de la quantité.

Les conventions politiques de la valeur économique

À la question de la qualité, il est généralement fait une réponse d'évidence : nous savons qu'une chose est économique lorsqu'elle fait l'objet d'une transaction sur un marché. Or Bernard Friot est venu faire voler en éclats cette évidence[1]. En rappelant d'abord ce que la comptabilité nationale même nous mettait sous les yeux, à savoir que toute une série d'activités entre dans le calcul du PIB quoique n'ayant pas fait l'objet d'une transaction sur un marché : dans le PIB justement dit « non marchand » se trouve enregistrée toute la production des administrations publiques, des services d'éducation, de santé, etc., qui, non médiatisée par un marché, n'entre pas moins dans le calcul de la production économique d'ensemble… et semble bien par là se retrouver, de fait, reconnue comme valeur économique. Le PIB non marchand est donc, par soi, une première perturbation, paradoxale d'une certaine manière car reconnue « officiellement », du lien d'évidence supposée entre valeur économique et transaction marchande. Mais, nous dit Friot, la perturbation est appelée à croître sans limite. Car c'est finalement une reconnaissance très conventionnelle qui, *dans l'ordre de la production matérielle*, fait le partage des valeurs qui sont économiques et de celles qui ne le sont pas. Voire, à activités équivalentes, à réalisations équivalentes, dit certaines économiques et d'autres non. Par exemple, un grand-père garde sa petite-fille : activité non économique. La petite fille (et non plus la petite-fille) est gardée par une société de babysitting contre monnaie : activité économique. Mais c'est la même petite fille, et la même prestation de garderie dans les deux cas. Or le second viendra grossir le PIB quand le premier sera compté pour rien. Par construction, le retraité

1. De Bernard Friot, voir, entre autres, *L'Enjeu du salaire*, Paris, La Dispute, 2012 ; *Émanciper le travail. Entretiens avec Patrick Zech*, Paris, La Dispute, 2014.

est considéré comme retiré de la valeur économique. Mais il en est de très actifs, dans l'ordre de la production matérielle sociale. Cependant, de ce statut de retiré, suit que leur contribution à la valeur n'est pas comptée, quand bien même cette contribution est très proche, parfois identique, à certaines prestations rendues dans le secteur privé marchand. Qu'est-ce qui peut justifier cet arbitraire de la qualification économique des activités et de leur comptage comme valeur ? Rien – sinon l'habitude. Et surtout la prétention du secteur privé capitaliste à détenir le monopole de la qualification, c'est-à-dire à ne faire reconnaître comme valeur économique que ce qui passe par lui, que ce qui se trouve mis dans ses formes à lui : les formes de la production organisée sous le rapport social du salariat et en vue de la valeur d'échange. Friot nous suggère alors d'avoir une claire vue de cet arbitraire, de la captation intéressée par quoi seulement il tient, et puis de réorganiser tout l'ordre social de la production des valeurs matérielles sous une autre convention, en définitive aussi arbitraire que l'autre, mais qui sera cette fois celle du plus grand nombre. Et surtout aura fait l'objet non d'une imposition subreptice mais d'une délibération explicite. En fait, dans le périmètre qu'il envisage, il y a presque lieu de se demander si, plutôt qu'une nouvelle convention, Friot n'envisage pas un au-delà de la convention : car en proposant d'allouer à *tout* adulte majeur un salaire à vie – et un réel salaire de vie, dont le premier échelon se situerait au-dessus de l'actuel SMIC, donc pas une béquille comme le « revenu universel d'existence » –, Friot envisage simplement une reconnaissance inconditionnelle de tout individu comme producteur de valeur économique, c'est-à-dire une reconnaissance inconditionnelle de toute activité comme valeur économique.

La puissance de l'approche de Friot tient au fait d'assumer, de revendiquer même, que la qualité de valeur économique est une question politique. Qu'elle n'a donc pas à être abandonnée à une sorte de naturalisme du marché. On ne saurait mieux dire l'arbitraire de la valeur, y compris donc dans l'ordre économique où elle semblait le plus indiscutablement établie, qu'en proclamant, au contraire, qu'elle doit faire l'objet d'une déclaration politique. La valeur économique n'est pas constatée, ou relevée, en allant y voir dans le marché-nature : elle est politiquement déclarée. En fait, elle l'est *toujours*. Il ne tient qu'à la puissance des schèmes naturalisateurs de la science économique orthodoxe de l'avoir fait oublier : la valeur économique y apparaît comme une qualité substantiellement attachée à la production pour le marché. Avec bien sûr tous les effets de dépolitisation et d'occultation qui tiennent à l'impersonnalité de la catégorie « marché » : une entité anonyme, gouvernée par personne, la recette parfaite du « fait de nature ». Mais la convention de marché n'en est pas moins une convention politique – quoique d'une politique dissimulée. Contre les fausses naturalisations, et vraies captations, Friot propose de ramener à sa vérité politique toute convention de la valeur économique. Et, partant, d'assumer pleinement l'arbitraire politique d'une nouvelle déclaration : la déclaration du salaire à vie.

Cependant, en disant que tout individu doit être inconditionnellement reconnu comme producteur de valeur économique, Friot donne un soutènement anthropologique implicite à sa nouvelle déclaration. Notamment en écartant résolument l'objection des « paresseux », objection d'une grammaire du labeur qui demande que chacun ait payé de sa personne pour se voir accorder la contrepartie monétaire d'une valeur. À l'évidence, c'est une grammaire à laquelle le salaire à vie contredit radicalement par son inconditionnalité même. Lequel part d'une tout autre prémisse : exister, c'est s'activer ; s'activer, c'est produire des effets ; quels qu'ils soient (sous réserve bien sûr de ne pas être légalement prohibés), les effets d'un homme au sein d'un groupe d'hommes sont une contribution à la vie collective. Une contribution qui mérite en tant que telle d'être reconnue comme valeur et rémunérée.

Cependant, la nouvelle déclaration de la valeur chez Friot opère un double déplacement. En premier lieu, ce ne sont plus les activités proprement dites, séparables en tant que schèmes élémentaires de production, qui sont porteuses de la valeur, et susceptibles d'être évaluées, mais les individus s'activant. C'est à eux, en première instance, que va l'inconditionnalité : ce qui se trouve reconnu inconditionnellement, ce ne sont pas des activités, mais les individus sujets de ces activités. Aussi toute activité procédant de ces individus est-elle *ipso facto* déclarée valeur. Même quand elle consiste en apparemment… rien. Car, si le retraité sur-actif est une illustration parlante des mécomptes de la valeur déclarée par le marché et, partant, une figure de la nouvelle déclaration, il n'en est pas pour autant le modèle. Il n'est demandé à personne d'être sur-actif, mais simplement d'être, en confiant tout le reste à ce postulat anthropologique qu'être, c'est être actif – et l'on peut difficilement ne pas penser ici à cette proposition qui clôt la partie I de l'*Éthique* : « Rien n'existe sans que de sa nature ne s'ensuive quelque effet » (*Éth.*, I, 36). Or, être – donc être actif –, c'est *de facto* contribuer à la vie du groupe. Et ceci même si à un certain moment, être, c'est faire la sieste, ou bayer aux corneilles. Il y a des bâillements qui préparent de bonnes idées, et des siestes dont on se réveille restauré, donc mieux disposé à la vie sociale, amicale, familiale – n'est-il pas d'expérience courante que la fatigue les malmène ?

Le deuxième déplacement opéré par la nouvelle convention de la valeur définie par Friot se fait alors voir ici : le périmètre de la valeur rémunérable, de strictement économique, ou lié à la production matérielle, s'étend jusqu'à la valeur *sociale* au sens le plus large du terme. Une discussion de voisinage ne produit rien de matériel, mais produit bien « quelque chose » : du voisinage. Il fallait cette extension du périmètre de la valeur rémunérable, et même porter cette extension jusqu'à l'indéfinition, pour asseoir complètement le déplacement du valorisable des activités aux individus actifs, c'est-à-dire pour court-circuiter la morale contributive-méritologique qui gouvernait la reconnaissance de la valeur – en prenant pour objet les activités. Dans le flux vital d'activité d'un individu, plus rien n'est distingué, plus rien n'est isolé pour être évalué indépendamment. Il est donc logique que, foyer originaire de tout ce flux indistinct, il devienne directement, lui, et non plus ses œuvres, le porteur de la valeur – et l'attributaire de la rémunération sociale qui en est la contrepartie.

Ça n'est pas simplement une proposition conceptuelle, mais une visée très politique que poursuit Bernard Friot, la visée d'instituer un ordre social post-capitaliste sur la nouvelle convention de la valeur. Il est bien certain que, ni dans la théorie, ni dans le prolongement pratique, Friot n'en a fini avec les problèmes que soulève immanquablement la gigantesque conversion à laquelle il nous appelle. C'est, par exemple, qu'il y a une division du travail à remplir. Et que rien ne peut garantir *ex ante* que le mouvement spontané des individus actifs, laissés libres de leur activité, vienne, par une sorte d'harmonie préétablie, occuper toutes les cases de la division du travail, *du moins telles qu'elles correspondent à un certain état de notre norme désirante collective en matière de biens matériels*. Le désajustement probable devra donc se régler par une forme ou une autre de contrainte : soit du côté de l'offre, en pourvoyant coercitivement certains segments de la division du travail qui resteraient autrement inoccupés – ramassage des ordures, etc. –, c'est-à-dire en y « envoyant » malgré tout de la force d'activité qui n'y serait pas allée spontanément – mais par quels moyens ? et de quels individus ? –, soit du côté de la demande, les individus consentant à une réduction de leurs satisfactions matérielles telles qu'elles étaient devenues l'habitude de leur norme désirante, la question étant bien sûr de savoir comment cette réduction pourrait être vécue autrement que comme pénurie, rationnement, etc., c'est-à-dire sans nourrir des tensions politiques qui, à terme, menaceraient la nouvelle convention de la valeur.

Encore un effort, économie politique, pour être vraiment politique

Mais on pourrait aussi objecter, plus théoriquement cette fois, un défaut de clarté à la convention de la valeur, qui se trouve en quelque sorte dédoublée : car, à côté de la valorisation inconditionnelle, par le salaire à vie, des *individus*, il reste un système de marchés où, cette fois, ce sont les *activités* qui se trouvent valorisées, très classiquement, au prix monétaire de transaction. Des problèmes, donc, mais dont aucun ne saurait ôter la force d'un geste théorique décisif qui est de rompre avec la morale laborante-méritologique de la valeur économique – quoiqu'elle soit en fait très largement sociale, cette valeur que considère Friot peut encore être dite économique en tant qu'elle fait l'objet d'une consécration *monétaire*, le salaire à vie, et qu'elle vise directement la reproduction matérielle des agents. En assumant pleinement l'arbitraire de la valeur, et en posant qu'elle ne peut faire l'objet que d'une déclaration politique, la nouvelle convention rompt *ipso facto* avec tous les contributivismes où conduisent immanquablement les théories substantielles de la valeur – l'énoncé pouvant tout aussi bien être lu en sens inverse : tout contributivisme de la répartition, c'est-à-dire toute théorie déterminant la répartition du revenu par les contributions qu'ont prises à sa formation les agents ou les groupes d'agents, tout contributivisme, donc, signale, comme un indice, un substantialisme de la théorie de la valeur qui lui est sous-jacente. Il y a là, par d'autres voies, un moyen de confirmer à nouveau la justesse de la thèse d'André Orléan, qui n'hésite pas à voir le substantialisme que partagent profondément des approches de la valeur en apparence aussi opposées que la théorie marxiste et la théorie néoclassique[1]. Toutes deux en effet sont des méritologies, qui rémunèrent les agents, ou les groupes d'agents, à hauteur de leurs contributions respectives, objectivement mesurées. La théorie néoclassique égalise la rémunération des facteurs à leurs productivités marginales. La théorie marxiste voit que la valeur a été entièrement produite par le travail, que le produit devrait donc lui revenir de même, et que, dans ces conditions, toute captation par le capital est une spoliation. Incidemment, on comprend ici pourquoi la théorie marxiste de la valeur ne parvient pas à se défaire de sa part substantialiste, pourquoi, des deux théories marxistes de la valeur toujours en attente d'être bien raccordées – la théorie fétichiste et la théorie de la valeur-travail –, c'est la seconde qui l'emporte et finalement domine toute la construction du *Capital* : parce que c'est elle, et elle seule, qui peut asseoir une théorie de *l'exploitation*. Sans l'idée de la valeur intégralement produite par le travail, mais dont le travail ne perçoit pas intégralement le produit, l'idée marxienne d'exploitation perd tout son sens – on comprend que les marxistes y regardent à deux fois avant de tout bazarder. Pourtant ne le faut-il pas ? À plus forte raison si l'on peut emprunter d'autres voies pour dire la domination du capital, et même d'autres formes d'exploitation – non par la captation de valeur-travail mais par les affects et les enrôlements de désirs[2] –, c'est-à-dire en ne perdant rien en force critique, et en gagnant beaucoup en cohérence théorique : en gagnant de rapporter la valeur économique à une axiologie générale, comme l'un de ses cas seulement. Une axiologie critique dont le problème de départ est la condition anarchique, et le principe fondamental l'affect commun, comme ce qui vient trancher dans l'arbitraire et, momentanément, établir *de la valeur*. De ce point de vue, la

1. André Orléan, *L'Empire de la valeur*, *op. cit.*

2. Voir Frédéric Lordon, *Capitalisme, désir et servitude. Marx et Spinoza*, Paris, La Fabrique, 2010.

force de la proposition de Bernard Friot tient à ce que l'idée d'une déclaration politique, en soi, nous oblige à regarder bien en face l'arbitraire de la valeur économique, puisque la déclaration, soutenue par ses affects collectifs, est cela même qui vient lever cet arbitraire.

Il y a de quoi s'y perdre dans les retournements de sens qu'a connus dans la longue période la catégorie d'« économie politique ». À l'époque où Marx écrit, « économie politique » désigne en quelque sorte la doctrine économique dominante – c'est pourquoi il y a lieu d'en faire la « critique ». « Économie politique » aujourd'hui signifie exactement l'inverse, soit l'effort de résister à la fausse « scientifisation », et à la vraie dépolitisation, installées par la « science économique », effort donc pour réaffirmer qu'il n'est d'économie que politique – et « économie politique » est devenu le nom de la posture critique. Mais, critique, jusqu'où l'est-elle ou, plus précisément, jusqu'où accomplit-elle sa propre promesse nominale : en somme, jusqu'où l'économie politique est-elle politique ? Peut-être pas jusqu'au bout, comme l'indique la persistance du pli contributiviste dans la pensée économique hétérodoxe contemporaine, notamment marxiste. Car s'il s'agit toujours d'indexer les parts aux contributions productives convenablement mesurées, c'est bien qu'il s'agit de s'en remettre à un certain régime d'objectivité d'où la politique, comme *décision*, est absente : ici, c'est la mesure qui décide. Or, c'est de cela que se déferait une économie vraiment politique, une économie qui prendrait au sérieux jusqu'au bout d'être politique, et qui, par là, assumerait que la répartition est un geste éminemment politique, qu'il est le lieu d'une décision, et d'une assomption : arbitraire – et souverain – sera le geste qui tranche dans l'indifférencié ; on déclarera les parts, et ce sera ainsi. Encore un effort, économie politique, pour être vraiment politique.

Bien sûr, comme dans tout autre ordre de valeur, la réussite de l'affirmation véridictionnelle, ici celle d'une nouvelle convention politique de la valeur économique, suppose quelque rassemblement de puissance pour la soutenir – hors de quoi il n'y aura eu que des mots en l'air, un dire sans force. Il y faut donc une certaine capture de puissance de la multitude. Mais cette capture est celle même de l'ordre social que Friot voudrait voir advenir. Car un ordre social, en un sens, n'est pas autre chose qu'une certaine configuration de la *potentia multitudinis* et de ses investissements : un ensemble de normes soutenues par des affects communs. Ici, un affect commun doit soutenir la norme générale, post-capitaliste, du salaire à vie, et la déclaration de sa grille : quatre niveaux de salaire, dans un rapport de un à quatre, moyennant une procédure permettant de régler la progression des individus dans la hiérarchie salariale, etc.[1]. Et ainsi sera-t-il – car c'est là par excellence la maxime appropriée à la condition anarchique.

La monnaie, ou la valeur de l'opérateur de la valeur

Si la première strate de la valeur économique réside dans sa déclaration même, la deuxième est à situer dans l'argent : puisqu'il est le médium par lequel s'expriment les reconnaissances politiques de la valeur économique. L'arbitraire n'y est pas moindre. Mis à part les ultimes fétichistes qui continuent de croire en les propriétés intrinsèques de l'or, et rêvent de le rétablir comme étalon, la dématérialisation des signes monétaires a atteint un stade qui a rompu avec toute caractéristique substantielle d'objet. On sait depuis longtemps que, entre coquillages, rondelles de cuir ou jetons de toutes sortes, n'importe quoi peut faire l'affaire. Et que l'essentiel se joue ailleurs. Mais où ? C'est en ce point que les divergences

1. C'est le moment où se réintroduit subrepticement une forme de méritologie puisque cette procédure consiste en ce que Friot appelle des « épreuves de qualification ».

demeurent. La théorie néoclassique voit bien l'arbitraire du signe mais projette de montrer que la convergence sur lui s'opère par des voies rationnelles. Sans surprise, l'approche d'André Orléan est tout autre. Dans son concept, l'argent n'est pas un objet, c'est un rapport social. Un rapport social de confiance, dûment institutionnalisé, pour stabiliser sur un objet donné, mais quelconque, la régression spéculaire infinie qui est le propre du « problème monétaire » tel qu'il se présente aux agents, le problème de l'acceptation : je veux bien accepter un objet comme signe monétaire mais à la condition d'avoir la garantie que tous les autres l'acceptent. Or, chacun de « tous les autres » réfléchit pareillement. Chaque décision individuelle passe par une même conjecture sur les décisions individuelles des autres, et tant que ces conjectures demeurent prises dans la structure horizontale de leurs interactions spéculaires, rien ne peut en stabiliser le jeu. Seule la logique du tiers peut venir trancher dans cette indétermination et résoudre le problème de coordination du signe monétaire. Non seulement, explique Orléan, la monnaie n'existe qu'à l'état institutionnalisé, puisque « institution » est l'autre nom du tiers, mais elle est par essence une expression de la verticalité du social.

La monnaie horizontale n'existe pas, sinon vouée soit à l'étroitesse, soit à un statut de monnaie complémentaire, soit à l'instabilité chronique. Au demeurant, même sous leurs périmètres réduits, les monnaies alternatives offrent déjà ces signes de la verticalité, et comme elles n'existent qu'à l'état proto-institutionnalisé, elles en livrent peut-être par là plus clairement le principe : de nouveau, l'affect commun. Lorsqu'elles ne se forment pas sous l'empire de la nécessité, comme par exemple les clubs dits de « troc » argentins pendant la crise des années 2000[1], les monnaies alternatives ont

1. Voir Pepita Ould-Ahmed, « Les "clubs de troc" argentins : un microcosme monétaire Credito dépendant du macrocosme Peso », *Revue de la régulation*, n° 7, 2010.

un caractère d'expérimentation politique résolument affirmé. L'affect même de l'engagement, le sentiment de participer à « quelque chose », qui plus est quelque chose objet d'une maîtrise collective directe, offre sa force passionnelle cohésive à cette monnaie – redisons qu'ici, comme partout dans le champ de l'action politique, il faut se retenir d'entendre dans « passionnel » quoi que ce soit qui oublierait la part des « idées » : d'une part l'esprit toujours produit des idées simultanément aux affections du corps ; d'autre part il n'est pas d'idée qui puisse être de quelque effet sans être accompagnée d'affects, qui lui donnent sa force propre : celle avec laquelle on y adhère, ou s'y oppose[1]. L'idée politique qui porte à l'expérimentation de formes monétaires alternatives et l'affect qui fait l'engagement, c'est tout un. La monnaie alternative ne tiendra qu'à raison de cet affect collectif, aussi longtemps qu'il durera pour déterminer des engagements à la faire vivre, et qu'il sera suffisamment puissant pour dominer les tendances passionnelles divergentes liées aux conflits – ceux que font immanquablement naître une monnaie et sa règle d'émission. Sans doute les microcosmes monétaires alternatifs sont-ils le plus souvent trop petits et trop peu développés pour que ces conflits prennent de l'ampleur, voire apparaissent seulement, du fait même du statut de monnaie complémentaire, à laquelle finalement on demande peu et, s'ils sont menacés, c'est plutôt d'attrition par épuisement.

Il reste que, si particulier soit-il, l'affect politique qui soutient les monnaies alternatives, livre la vérité de tout ordre monétaire : une vérité passionnelle. Le tiers qui vient régler le problème de coordination fondamental et instaurer la monnaie comme rapport social de confiance, ce tiers opère toujours par voie d'affect – d'affect commun bien sûr. Certes, on peut toujours envisager en principe qu'une communauté monétaire

1. À ce sujet, voir Frédéric Lordon, *Les Affects de la politique*, Paris, Seuil, 2016, notamment le chapitre « Affects, idées, *ingenium* ».

se constitue par les voies d'un affect propre. Cependant, l'histoire atteste assez que l'affect commun monétaire est le plus souvent dérivé d'un affect commun antérieurement formé, et la plupart du temps de l'affect commun lié à la constitution d'une communauté politique. La monnaie, *en pratique*, s'est donc le plus souvent trouvée adossée à l'État, qui poursuivait ses propres intérêts, notamment ceux de sa politique fiscale, par l'unification monétaire, et ça n'est pas un hasard que les monnaies aient d'abord été à effigie. Si donc il n'y a pas de lien essentiel entre communauté monétaire et communauté politique, le cas le plus fréquent n'en est pas moins celui de l'adossement. On objectera qu'il existe des monnaies dont la circulation, donc la communauté propre, excède les limites de l'État émetteur – par exemple le dollar. Cependant, on pourrait proposer qu'il n'existe pas de communauté monétaire extra-étatique (de grande échelle) qui ne procède par extension à partir d'une solide base étatique – ainsi, précisément, de la communauté dollar : à l'évidence, l'affect commun qui fait l'acceptation du dollar excède largement les frontières des États-Unis, mais ne repose en fait que sur la solidité des institutions étasuniennes, base réelle de l'ordre monétaire dollar, fût-il « internationalisé ».

En un sens, la trajectoire théorique d'André Orléan ne demandait qu'à croiser celle du spinozisme[1], si l'on considère que le modèle de la puissance de la multitude donne son contenu à l'intuition durkheimienne de la « force morale de la société » – c'est-à-dire de la force du tiers. En tout cas, le modèle vaut à tous les étages de la valeur économique. Il valait à celui de la convention même par laquelle se déclare ce qui est valeur économique. Il vaut ici à l'étage monétaire, dont on pourrait dire qu'il est une sorte de transcendantal de la valeur économique en acte : la condition de possibilité de l'expression pratique des valeurs économiques comme nombres, comptés

1. Voir André Orléan, *L'Empire de la valeur*, *op. cit.*, notamment le chapitre v.

en unités monétaires. Mais la monnaie elle-même, ou disons *une* monnaie, doit s'imposer dans ce statut. Elle doit s'imposer en quelque sorte comme méta-valeur. Elle doit faire valoir sa prétention à exprimer le valoir. Or, comme pour toute autre valeur, cette prétention requiert l'élection de la *potentia multitudinis*. Des prétendants repartent déconfits – échec des réformes monétaires –, certains finissent destitués – crise hyper-inflationniste de rejet –, etc. D'autres au contraire connaissent des élections fulgurantes, d'une soudaineté inattendue. André Orléan parle à leur propos de « miracles monétaires ». Par une sorte d'heuristique de l'exception, dont on trouverait d'ailleurs maints exemples chez Spinoza, Orléan choisit d'y voir non pas une anomalie sans autre signification mais, au contraire, une voie d'entrée dans le « régulier » du rapport monétaire. Comment comprendre en effet que la confiance monétaire puisse être rétablie presque instantanément alors que rien des données « objectives » de l'économie dite réelle n'a eu le temps de changer significativement ? Ainsi par exemple de l'élection du rentenmark venant restabiliser d'un coup les prix et mettre fin presque instantanément à l'hyperinflation allemande de 1923[1], avec pour seule ressource la création d'une nouvelle banque d'émission, offrant d'ailleurs un système de garantie de la nouvelle monnaie des plus flous, mais co-fondé par les représentants des classes possédantes réunies autour du gouvernement central. Comment, donc, comprendre ces refondations monétaires fulgurantes, sinon en voyant que le rapport monétaire se joue sur une tout autre scène que celle des « données objectives » : la scène des affects collectifs, dont les mouvements, spécialement en période de crise, sont susceptibles de soudaines et amples réorientations. Ça n'est pas d'ailleurs que les « données objectives » ne soient d'aucune

1. André Orléan, « Crise de souveraineté et crise monétaire : l'hyperinflation allemande des années 1920 », in Bruno Théret (dir.), *La Monnaie dévoilée par ses crises*, vol. II, Paris, Éditions de l'EHESS, 2007.

importance : mais si elles jouent, c'est seulement au travers de la reprise herméneutique qu'en font les agents, donc comme affections économiques venant déterminer des idées-affects susceptibles de consolider, ou renverser, ou refonder l'ordre monétaire.

Les déterminations passionnelles de la valeur-prix

Sa convention déclarée, son médium institué, la valeur économique vit sa vie. Dans la convention de marché, c'est une vie de captures et de luttes. Et, comme aux étages supérieurs, tout s'y joue à la *potentia multitudinis*. Plus clairement encore puisque, dans cette strate, nous sommes confrontés aux objets mêmes, et à leur défaut de toute qualité intrinsèque dont pourrait se prévaloir la valeur. Ici s'applique avec une force particulière le scolie « catastrophique » : « [...] quand nous nous efforçons à une chose, quand nous la voulons, ou aspirons à elle, ou la désirons, ce n'est jamais parce que nous jugeons qu'elle est bonne ; mais au contraire, si nous jugeons qu'une chose est bonne, c'est précisément parce que nous nous y efforçons, nous la voulons, ou aspirons à elle, ou la désirons » (*Éth.*, III, 9, scolie). Il ne faut pas perdre de vue le caractère génétique de ce scolie qui restitue la formation première de l'idée du bon à propos d'un certain objet : alors que rien ne la fait préexister, elle surgit des investissements du désir. Mais sitôt cette idée acquise, le lien entre le désir et la valeur se renverse pour s'établir tel que nous le pensons spontanément. Car le conatus cherche à renouveler sa joie. Et maintenant qu'il en a identifié une cause, il n'aura de cesse d'y revenir. Il la poursuivra à nouveau, mais selon une structure imaginaire qui, désormais, pose la valeur acquise comme antécédente. Toute la chaîne causale qui a présidé à l'axiogénie réelle se trouve renversée en une axiologie imaginaire. La valeur inexistait *ex ante* et c'est l'affect projeté qui l'a créée.

Maintenant qu'elle est là, la voici considérée comme toujours déjà là par la seule puissance intrinsèque du « y revenir », qui installe une structure téléologique là où il n'y avait rien de tel. Il fallait donc le scolie pour nous restituer le moment originaire, oublié, et même voué à être ultérieurement renversé dans l'imagination : le moment de la *production* de la valeur. De ce moment, il nous donne toutes les déterminations, et puis, les autres propositions de la partie III aidant, de quoi accéder à toutes les déterminations de ces déterminations : en première instance, la force axiogénique, par laquelle des choses qui ne sont « rien » accèdent à la valeur, est celle du désir ; quant au désir lui-même, nous connaissons les voies de sa formation : par accident (une exposition fortuite à quelque chose dont l'expérience sera trouvée agréable), par contiguïté (*Éth.*, III, 15, corollaire), par imitation (*Éth.*, III, 27).

Puisqu'il est maintenant question de s'intéresser à la formation du désir d'objet marchand, il faut revenir sur l'imitation, qui s'y taille sans doute la part du lion, mais sous toute une série de modulations qui en ouvrent large le spectre. Car l'énoncé même d'*Éth.*, III, 27 reste largement sous-déterminé : « Du fait que nous imaginons qu'un objet semblable à nous *et pour lequel nous n'éprouvons aucun affect* est quant à lui affecté d'un certain affect, nous sommes par là même affecté d'un affect semblable[1]. » Toute la sous-détermination est enfermée dans la clause « et pour lequel nous n'éprouvons aucun affect ». Clause qui dit d'abord le caractère *spéculatif* de l'énoncé, entendre : sans contrepartie empirique directe possible, puisqu'il ne se peut pas que nous croisions quelque être semblable à nous sans éprouver le moindre affect à son égard, par exemple du seul fait que, toujours déjà socialisés, nous le reconnaissons dans son genre, dans son ethnie ou sous quelque autre caractéristique sociale ; et il ne se peut pas que ces reconnaissances

1. Ici dans la traduction de Robert Misrahi, *op. cit.*, c'est moi qui souligne.

ne soient pas par elles-mêmes au principe d'affects. *Éth.*, III, 27 nous donne en quelque sorte un énoncé « de laboratoire », incomplet, dont les réalisations empiriques seront des modulations, du fait de ces affects que nécessairement nous éprouvons quand nous rencontrons, ou imaginons, « une chose semblable à nous ».

Or ces modulations peuvent produire des distorsions considérables par rapport au cas « central » de l'imitation-reproduction. Aimons-nous ou haïssons-nous la chose semblable à nous dont le désir se trouve offert à notre émulation ? Si nous l'aimons, la synergie des désirs sera à son comble – Spinoza cite Ovide[1] : « Amants, nous espérons ensemble et ensemble nous craignons / Il est de fer celui qui aime avec le consentement de l'autre[2]. » La clause « et pour lequel nous n'éprouvons aucun affect » était donc en quelque sorte un équivalent du « toutes choses égales par ailleurs » des économistes. Mais toutes choses ne sont jamais égales. Ici, il y a de l'amour. Toutes les intensités en sont relevées. Et, si par le mécanisme d'*Éth.*, III, 27 « sec », nous étions déjà portés à imiter la « chose semblable », indépendamment de tout affect à son endroit, notre émulation s'en trouve maintenant démultipliée. Mais il y a aussi le cas inverse : celui de la haine. Spontanément, j'imiterais le désir de cet individu s'il m'était quelconque. Mais de ce que je le hais, il suit que ce qu'il aime, je vais non pas l'aimer à mon tour, mais le haïr : « Que si nous avons en haine la chose semblable à nous, alors *(par la Prop. 23 de cette p.)* nous serons affectés [...] d'un affect contraire, et non pas semblable » (*Éth.*, III, 27, démonstration)[3].

1. Comme l'indique Pierre Macherey, car Spinoza n'évoque que « le poète » sans autre indication. Voir Pierre Macherey, *Introduction à l'« Éthique » de Spinoza. La troisième partie. La vie affective*, Paris, PUF, « Les grands livres de philosophie », 1997, p. 250.

2. Dans la traduction de Robert Misrahi, *op. cit.*

3. C'est Spinoza qui souligne.

Ces énoncés n'ont rien d'abstrait : on y voit à l'œuvre tous les mécanismes de la *prescription* – positive aussi bien que négative. Le prescripteur positif est un être déjà aimé. Son désir fouette celui des autres – enfin de ceux dont il est aimé. Mais ceux qui le haïssent ? Ils désireront à l'envers de lui. Ainsi, par la modulation du mécanisme central de l'émulation du fait de l'affect éprouvé à l'endroit de « la chose semblable », se réintroduisent tous les mécanismes du suivisme, du rejet ou de la distinction parfaitement connus de la sociologie. Impossible ici de ne pas penser à cette phrase de Bourdieu : « Le goût, c'est le dégoût du goût des autres » – les autres étant bien sûr ceux dont on est porté à se différencier par toute une série de déterminations sociales que *La Distinction* cartographie méthodiquement. Le renversement de l'affect émulé en son contraire, sous la modulation d'un affect de haine antécédent, est là parfaitement énoncé. Le mécanisme général de l'imitation ouvre donc un spectre d'effets infiniment plus large que ce que sa lecture rapide en comprend spontanément. Le désir de telle personne assimilée à tel groupe social, lui-même déjà constitué en objet de haine (ridicule, mépris, etc.), devient repoussoir dans le mécanisme même de l'émulation. À chaque position sociale, donc, ses prescripteurs et ses anti-prescripteurs. Les objets marchands sont alors abandonnés au jeu de ces forces passionnelles qui vont décider de leur valeur, à l'évidence ici bien moins valeur tout court que (toujours) valeur pour un sujet désirant. À la limite, la loi de l'investissement c'est que tout est possible. Le capitalisme en a bien l'intuition pratique qui met en circulation les choses les plus absurdes, dispensables, ignobles – et elles trouveront preneurs. Mais, absurdes, dispensables, ignobles, ceci ne signifie rien en soi. Telles ces choses nous semblaient *avant*. Mais après ? Il y a de bonnes chances qu'elles finissent incorporées dans notre norme désirante, parce que quelques-uns auront cédé au départ, et puis sous l'effet de la tache d'huile mimétique – et nous nous retrouvons tous avec en poche des téléphones portables que nous avions d'abord jugés du dernier frivole.

Faut-il le dire : quelles qu'en soient les modulations, le mécanisme mimétique ne saurait se réduire à des interactions interpersonnelles, horizontales – c'est là la limite de la version tardienne de l'imitation. Sans doute peut-il connaître cette modalité, entre proches par exemple. Mais le mimétisme de *Éth.*, III, 27 ne produit ses effets à grande échelle dans le monde social que sous de nombreuses médiations institutionnelles. À commencer par la figure du prescripteur, qui est en elle-même l'une de ces médiations. Individu capable d'affecter au-delà de son cercle de proximité, le prescripteur est, en tant que tel, un porteur signalé de capital symbolique, c'est-à-dire un point de transit d'une certaine circulation de *potentia multitudinis*. Faire impression dans un rayon significativement supérieur à son échelle propre, individuelle, ne peut qu'être l'effet d'un supplément de puissance ajouté à sa puissance propre, individuelle, et ce supplément ne peut consister qu'en la capture d'une part de puissance de la multitude. Aussi le prescripteur joue-t-il le plus souvent l'adossement à quelque institution déjà constituée, par elle-même capture déjà réalisée, dont il n'a plus qu'à tirer une dérivation supplémentaire : pour être prescripteur en matière de mode, être une figure d'un journal de mode déjà réputé ; pour être prescripteur en matière d'art, s'être porté à la tête de tel musée, ou de telle galerie déjà installée. Ou bien, à l'inverse, et selon une logique déjà entrevue, avoir déjà réussi, hors adossement institutionnel, à *se constituer soi-même en institution*, par quelques pré-dictions, ou anté-dictions de la valeur, confirmées *ex post* comme authentiques véridictions, coups d'anticipation magistralement joués qui feront attracteurs pour la *potentia multitudinis* d'un certain milieu, et capital symbolique pour le joueur inspiré. Quel que soit le cas cependant, c'est, par construction, la logique verticale, médiatisée et médiatisante, de la puissance de la multitude qui est à l'œuvre, bien plus que le réseau horizontal des interactions mimétiques. La *mimesis* dans le monde social n'a rien de plan, de symétrique ou d'égalitaire. Son paysage est bosselé de toutes les dénivellations liées aux accumulations inégales de capital symbolique. La plupart du temps on imite plus consacré, plus autorisé que soi. C'est même ce différentiel de consécration et d'autorisation qui dirige l'imitation – avec comme une intuition pratique des agents que cette consécration est le signe de validations antérieures par le grand nombre, donc une garantie pour des validations futures sans risque.

Or la *mimesis* fonctionne aux gros bataillons. Elle est à rendements croissants – sauf, bien sûr pour les contrariants-distingués. Pour les autres en tout cas, plus une chose a été imitée plus elle est à imiter. Le capital symbolique, c'est du nombre cristallisé. En termes de pouvoir imitogène, un individu à capital symbolique, par définition, compte plus qu'un : il compte nombreux. En section temporelle (comme disent les économètres), c'est la seule question importante : qui compte combien ? Derrière tel ou tel prescripteur, quels bataillons passionnels ? Les plus gros l'emporteront. Bien sûr, pas éternellement. Les dynamiques sont passablement plus complexes, non linéaires, non monotones. Les rendements croissants ne vont pas jusqu'au ciel, c'est-à-dire jusqu'à conquérir la multitude tout entière – cela n'est réservé qu'aux méga-institutions, celles qui règnent à l'échelle de la société tout entière, la monnaie, l'État, etc., et encore, sans jamais atteindre la parfaite unanimité, ni aucune garantie de principe. Derrière les prescriptions de la marchandise, par exemple, la fragmentation concurrentielle est la loi. Et les effets non linéaires se font connaître une fois passés certains seuils : pour tel observateur, vient un moment où il voit emmenés dans la masse imitante des imitateurs qu'il hait (auxquels il ne veut pas être assimilé) – et qui le dissuadent d'imiter à son tour, quelque gros le bataillon imitogène déjà constitué : précisément, il est devenu « qualitativement » trop gros. La balance passionnelle entre la propension à imiter du fait de la puissance imitogène du nombre brut, et l'affect de contre-imitation du fait de la haine portée à certains imitateurs, commence à pencher du mauvais côté (*Éth.*, IV, 7). Il y a donc des stratégies de niche dont il ne faut pas chercher à sortir, des succès d'imitation qui sont faits pour rester limités. Faute de quoi l'émulation négative des contrariants entre en jeu, avec le risque en retour de dévaloriser tout ce qui avait été valorisé.

Le marketing et la publicité connaissent tous ces effets sur le bout du doigt – pour notre malheur, ils sont des spinozismes à l'état pratique… Rien du jeu des affects et du capital symbolique ne leur est étranger. Associer le nom de telle célébrité à un produit – l'enfance de l'art –, qu'est-ce donc sinon organiser une dérivation ? – de nouveau on pourrait dire : poser une bretelle sur un pipeline de la puissance de la multitude. Ici le prescripteur ne s'adosse pas à l'institution, mais l'institution à un prescripteur. En réalité, l'institution à une autre institution. Car le prescripteur existe déjà « par lui-même », donc à l'état d'institution, d'homme-fait-institution (cas inverse de celui du porte-parole, qui est l'institution-faite-homme). L'institution marchande (la marque) est ici en position de solliciteur. Elle est déjà institution puisqu'elle existe comme marque, et qu'une marque est conceptuellement une capture de puissance de la multitude, un affect commun déjà constitué. Mais s'associer à du capital symbolique encore plus grand que le sien, c'est entreprendre de donner à sa propre capture une nouvelle extension, en jouant la synergie des captures – trafics de capital symbolique, trafics d'affects communs déjà capturés. Là où un affect commun s'est déjà cristallisé, on jouera donc la stratégie de la contiguïté, puisque l'imaginaire procède par *liaisons* (*concatenatio*) : « Si le corps humain a une fois été affecté par deux ou plusieurs corps à la fois, quand ensuite l'esprit en imaginera un, aussitôt il se souviendra aussi des autres » (*Éth.*, II, 18) – par mise au contact répétée, obtenir que lorsque l'esprit imaginera le basketteur, il se souviendra de la basket. Or, parce qu'il est déjà investi par un affect commun, on imagine beaucoup le basketteur…

Le capitalisme, donc, connaît d'une parfaite connaissance pratique ces pouvoirs de l'affect, et il sait d'intuition qu'ils sont le principe de la valeur, telle qu'elle sera dite *par le prix monétaire* – et non par la quantité de substance travail abstrait. Faisant jouer là encore l'heuristique de l'exception, on trouvera la vérité générale, passionnelle, de la valeur économique dans la particularité des biens à forte teneur symbolique, comme les œuvres d'art ou, plus communément, les produits de la mode. Quand les *mêmes* chaussures de sport sortent de la même chaîne chinoise, mais partent, les unes recouvertes des habits d'une marque, les autres « nues », la différence de leurs destins marchands, c'est-à-dire de leur destins-*prix*, suggère assez que la valeur économique ne réside pas dans les temps de travail abstrait – ici rigoureusement identiques. La mode, et la marque, sont ainsi le point de souffrance de la théorie marxiste de la valeur, qui ne sait pas quoi faire de ces différences de prix inexplicables par des différences de travail inexistantes. Très significativement, la *Wertkritik*, dans son intransigeance, ferme la possibilité d'une éventuelle solution qui viendrait compter le temps de travail des hommes du marketing, de la publicité, etc., « activités » internes qu'elle refuse d'enregistrer comme valeur-travail car elles ne laborent pas directement la marchandise. Au demeurant, les enregistrerait-elle, le compte n'y serait toujours pas. Car le compte est ailleurs, il réside dans les dépenses monétaires engagées pour construire le capital symbolique – la marque, précisément – et, s'il le faut, lui adjoindre toutes sortes de capitaux symboliques auxiliaires – le basketteur. Et plus on s'élève dans la hiérarchie symbolique des biens économiques, plus l'effet de la « griffe », irréductible à toute quantité de travail abstrait, devient déterminant. Or, comme l'avait vu Bourdieu, il y a longtemps déjà, la griffe est en soi une opération de magie sociale[1]. On croyait avoir quitté Quesalid, les sorciers, les tribus kwakiutl, nous y voilà brutalement reconduits. Du reste, Durkheim et Mauss ne s'intéressaient-ils pas aux sociétés sauvages avec à l'idée de retrouver ce qui, d'elles, avait persisté dans les sociétés modernes ? Cette persistance se jouant nécessairement à un niveau profond, il n'y a rien d'étonnant à ce que nous retombions sur la strate fondamentale des affects, dont tous les faits sociaux ne sont, *en dernière analyse*, que des formations particulières. L'univers économique ne saurait donc être étranger aux jeux des affects, auxquels il donne « simplement » *ses* mises en forme à lui. Quoique avec parfois des résurgences presque à l'identique. C'est bien le cas de toutes les transfigurations symboliques des marchandises ordinaires qui, irréductibles à des quantités de « travail abstrait », s'accomplissent par les voies tout autres de la captation de *potentia multitudinis*, celles-là mêmes qui, formellement parlant, faisaient déjà le sorcier, mais font ici la griffe, la marque, et toutes ces qualités qui disent le désirable marchand.

La concurrence : capter les regards désirants

Car c'est bien à l'induction et à la captation du désir que se joue la concurrence économique. Rien ne rend plus immédiatement sensible la lutte passionnelle des marchandises que leur coprésence physique dans les rayonnages, à l'image de ces photographies de travées de Walmart faites par Andreas Gursky, où le nombre extravagant des objets-compétiteurs, bien rangés sur leur ligne de départ, donne à leur agonistique affective, à leurs luttes de captation des désirs chalands, un

1. Pierre Bourdieu, avec Yvette Delsaut, « Le couturier et sa griffe : contribution à une théorie de la magie », *Actes de la recherche en sciences sociales*, n° 1, 1975.

tour proprement vertigineux – peut-être celui qui entre dans ces endroits sans désir arrêté est-il plus sensible à cette lutte des objets, lutte des livres dans les librairies, lutte des disques chez les disquaires, ou des sodas dans les supermarchés, où l'abondance des « références », comme disent les gestionnaires, donne toute son ampleur à la guerre des propositions. Ce sont en définitive des guerres de reconnaissance que se livrent les producteurs, guerres pour la validation sociale de leurs propositions privées, qui, comme toutes les guerres de cette nature, se jouent aux intensités affectives, lesquelles dans l'ordre particulier de l'économie s'exprimeront dans la résultante du prix monétaire. Il est bien certain en effet que, du côté des acheteurs, le prix donne une mesure de l'intensité du désir – une mesure exacte quand il est un prix d'enchère, une borne inférieure dans une situation (la plus courante) de prix fixe (décidé par l'offreur)[1]. La contrepartie monétaire que le sujet désirant est prêt à consentir pour la satisfaction de son désir est bien ici la mesure indirecte de l'intensité de son désir. Par une illustration supplémentaire de l'heuristique de l'anomalie, ce que la routine des achats ordinaires ne permet plus de voir revient en pleine lumière quand le désir sort de ses intensités habituelles. À des degrés variés, les biens « d'addiction », cigarettes, drogues, alcools, etc., font voir ce dont l'« affect tenace » (*Éth.*, IV, 6) est capable, jusqu'où il est prêt à aller en matière de contrepartie monétaire – on pense au saisissant *Portrait d'un fumeur de crack en jeune homme* de Bill Clegg[2].

Comme on sait, les techniques du marketing et de la chalandise ont développé des procédés très sophistiqués, tous tendus vers la capture des regards désirants – mise en

1. Dans cette situation de prix fixe (et fixé – par l'étiquette), j'achète à ce prix, mais rien n'exclut que j'aurais consenti à acheter à un prix supérieur.

2. Bill Clegg, *Portrait d'un fumeur de crack en jeune homme*, Paris, Éditions Jacqueline Chambon, 2011.

place dans les rayons, couleurs particulières, environnements musicaux, parcours dans le magasin, etc. Bien sûr, la formation des prix (dont la théorie « affective » complète reste à faire) ne saurait s'expliquer *que* par ce regard et ce qu'il charrie d'intensités. Le prix monétaire est une résultante institutionnelle complexe, impliquant toutes les médiations qui organisent les deux côtés de la transaction : côté demandeurs, l'ensemble ouvert des objets désirables offerts à l'arbitrage sous contrainte budgétaire, et les conditions dans lesquelles ces objets leur sont présentés ; côté offreurs, le champ des compétiteurs entre lesquels se joue la concurrence par les prix et par la qualité, donc leurs conditions socio-techniques de production qui déterminent avec quelles chances de succès ils peuvent entrer dans la lutte pour la validation sociale de leurs propositions privées, ainsi que les conjectures formées à propos du désir des demandeurs. Si, donc, la formation du prix monétaire ne s'épuise pas dans le seul regard désirant du chaland, il est bien certain qu'elle y commence, et qu'elle ne saurait commencer autre part. La valeur ne s'établit pas dans la substance du temps de travail abstrait, mais dans la convergence des désirs. De ce point de vue, la vérité du prix monétaire, non pas comme l'épiphénomène mais comme l'être même de la valeur économique, n'est jamais si bien montrée que dans les prix d'enchère, où se donne à voir le déchaînement des désirs acquisitifs, leurs inductions mimétiques mutuelles et leurs luttes pronatrices. Non pas que ces furies passionnelles soient déconnectées de toute propriété d'objet. Mais ces propriétés d'objet sont souvent de l'ordre de l'affect évaluateur antérieurement cristallisé. Elles nous apparaissent alors comme « objectives », mais ça n'est qu'un effet de l'habitude – ainsi, par exemple, des biens offerts en salles de vente, déjà répertoriés et évalués dans des catalogues, ou comparables avec des semblables. Mais les valeurs consignées dans les catalogues ne sont que des repliages d'affects passés, prêts à soutenir des jeux d'affects présents. Alors l'agonistique désirante peut s'emballer jusqu'à devenir quasi autonome, déliée de l'objet désiré, emportée dans le face-à-face des rivaux, et néanmoins, dans cette seule interaction, finir par établir un nouvel étalon de valeur.

Et de même pour les prix des actifs négociés sur les marchés financiers, ces lieux d'enchères permanentes. Sans doute les « fondamentaux » des économistes prennent-ils une part à leur détermination. Mais sous une modalité très particulière. Car les « fondamentaux » n'ont jamais parlé d'eux-mêmes : ce sont les agents qui les font parler, dans le cadre d'une reprise herméneutique où s'investissent toutes leurs croyances, donc leurs affects. S'il n'est pas habituel de la lire ainsi, il y a pourtant tout lieu de voir dans *Éth.*, III, 12 une proposition relative à l'idéologie : « L'esprit, autant qu'il peut, s'efforce d'imaginer ce qui augmente ou aide la puissance d'agir du corps. » Les idées se forment selon les lignes de plus grande pente de la joie, c'est-à-dire de l'intérêt conatif satisfait[1]. Ainsi notamment des visions du monde économique, parfois très visiblement faites pour réjouir ceux qui les soutiennent. En empruntant la forme de la généralité, les intérêts particuliers s'admirent en se déniant comme particuliers et, par là, tombent dans des idées auxquelles, selon le mécanisme d'*Éth.*, III, 12, ils *aiment à croire*. De là par exemple que les opérateurs des marchés pourront adopter toutes sortes de « théories » parfaitement bringuebalantes, parce qu'elles auront le bon goût de les conforter dans la croyance en la solidité de la bulle – du coup déniée comme bulle, et parce que ce déni fait leurs profits. Ainsi, leurs esprits, autant qu'ils

1. Inutile de rappeler, comme un contre-exemple, qu'il arrive tout autant que les idées travaillent aussi parfois à approfondir les angoisses ou les obsessions morbides – on les dit « noires ». Tous les mécanismes passionnels exposés dans l'*Éthique* ont un caractère d'*éléments*, ce qui signifie qu'empiriquement, ils entrent toujours dans des combinaisons, parfois très complexes, qui les conduisent à se moduler les uns par les autres, le cas échéant jusqu'au renversement complet – comme on l'a déjà vu à propos du mécanisme mimétique.

le peuvent, s'efforcent d'imaginer que la bulle n'en est pas une, et les profits qu'ils tirent de la dynamique financière, prolongée par cette imagination même, les réjouissent, et augmentent la puissance d'agir de leurs corps. Or ce sont bien ces imaginations et leurs affects qui déterminent les désirs – d'acheter ou de vendre, de rester dans le marché ou d'en sortir. La bulle durera donc aussi longtemps que ces idées-affects[1], c'est-à-dire un temps *indéterminé a priori*. On sera tenté de parler de « retour aux fondamentaux » au moment où la bulle éclatera alors qu'il faudra plutôt y voir une bifurcation dans la dynamique des affects collectifs. Très probablement due au retour d'une idée-affect concurrente de celle de la bulle : l'idée des « fondamentaux » – mais non les « fondamentaux » eux-mêmes, qui n'ont pas forcément beaucoup varié au moment du retournement. Contrairement à l'idée communément admise que le krach n'est que la résorption de l'écart entre le prix errant et la « vraie valeur », il est plutôt une cassure qui voit la dynamique du cours tomber de la direction par une idée-affect collective dans une autre. Mais on ne sort pas de la détermination passionnelle en dernière instance.

Que les « fondamentaux » ne soient pas déterminants *par eux-mêmes*, c'est ce qui apparaît au fait que n'importe quel objet peut devenir le support d'une dynamique spéculative, c'est-à-dire d'une hausse de prix qui s'autoproduit du seul fait qu'elle rallie cumulativement plus de monde à son idée(-affect), sans considération pour l'objet, lequel, pouvant être n'importe quoi, peut parfaitement être « rien » ou presque, à l'image des bulbes de tulipes du XVIIe siècle ou des bitcoins du XXIe, des objets, à la limite, sans « fondamentaux ». La hausse se soutient parce que, se produisant, elle gagne de plus en plus

1. Idées-affects qui ne doivent pas être seulement celles des investisseurs mais aussi celles des fournisseurs de crédit, dont les injections de liquidité dans le marché sont la condition de possibilité de la hausse des cours.

de monde à l'idée-affect de sa prolongation – et par là se prolonge. Formidable paradoxe de l'économie, qui pense la condition anarchique bonne pour les autres mais croit dur comme fer à la vraie valeur de ses valeurs. Et c'est dans la sphère ou cette croyance est portée à son comble, la sphère de la finance, supposément le lieu de la rationalité calculatrice la plus avancée, donc de l'objectivité la mieux établie, que s'avère le plus spectaculairement l'insignifiance de tout, le vide axiologique fondamental, comblé par le seul jeu des affects collectifs. Mais il faudra sans doute encore beaucoup de temps pour que la valeur économique consente à s'avouer ses errances, sa propre inconsistance, et le creux qu'elle rend quand on essaye de la faire parler selon ses propres revendications.

4

Axiomachies

Rien ne vaut, tout est valorisé. Il n'y a pas de valeur, il n'y a que des processus de valorisation. De là suivent deux conclusions antagonistes – qui font la tension princeps de la condition anarchique. S'il n'y a que des processus de valorisation, alors les luttes assertives vont payer – puisque tout est offert à conquête. Mais les luttes elles-mêmes, et leurs issues fluctuantes, ne cessent de ramener à la surface l'arbitraire fondamental de la condition anarchique, et de rappeler à la société la fragilité de son ordre axiologique.

C'est cependant sous une forme paradoxale que se déploient les luttes axiologiques : quoiqu'elles soient objectivement autorisées par la condition anarchique, tous ceux qui s'y engagent sont bien persuadés qu'il y a de la « vraie valeur » – la leur –, et que si la lutte pour la valeur a un sens, c'est celui d'amener toute la société à la reconnaître enfin, et à y demeurer indéfiniment. Bref, les luttes de la condition anarchique mettent en scène des protagonistes totalement étrangers à l'hypothèse de la condition anarchique. C'est pourtant bien l'absence de fondement qui déchaîne les guerres de fondement, le choc des propositions de fondement. Aussi la condition anarchique tourne-t-elle nécessairement à l'axiomachie générale. Le champ axiologique est nécessairement un champ de bataille.

La lutte des manières

Et, puisque le mot est lâché, tel est bien le cas de tous les *champs*, au sens de la sociologie de Bourdieu. Univers agonistiques par excellence – on s'y bat pour des enjeux bien définis –, les champs sont aussi, par là même, des univers axiomachiques : il s'y joue des *luttes de manières*, c'est-à-dire, nécessairement, des luttes d'énoncés relativement à la valeur des manières. Être dominant dans un champ, c'est avoir réussi à imposer sa manière de faire comme la manière *qui vaut*. Comment faut-il être économiste pour y être reconnu dans le champ comme « vrai économiste » ? Qui peut se dire, et être dit, philosophe, et non essayiste ou « philosophe médiatique » ? Que faut-il écrire et comment pour être un « écrivain », par opposition à un simple vendeur de livres ? Qui incarne le rap authentique, et qui le rap commercial ? Qui peut se déclarer avec succès l'avant-garde, et laisser aux autres l'académisme ? Tous les champs tournent autour de l'enjeu d'« en être » ou pas – du champ lui-même et de ses plus hautes positions –, c'est-à-dire de prétentions à la valeur instituée par le champ. Les luttes qui s'y déroulent sont des luttes véridictionnelles : on se bat à coups d'*assertions*. Et toute la question est celle des conditions de réussite des menées assertoriques. Car c'est une chose d'asserter, mais c'en est une autre de ne pas rencontrer pour tout écho l'indifférence – si ce n'est pas le ridicule. Les agents s'engagent donc dans les luttes véridictionnelles dotés de ressources très inégales, quoiqu'elles soient toutes de même nature : ce sont des luttes qui se mènent au pouvoir d'affecter. Donc – en dernière analyse – à la *potentia multitudinis*. Couronner sa véridiction de succès suppose de lui avoir adjoint la capture d'une part de puissance de la multitude suffisante pour affecter qui était visé. Tel quel, c'est là bien sûr un énoncé qui a peu de sens du point de vue des agents – où part-on à la pêche à la *potentia multitudinis*, et avec quel genre d'épuisette ? Ce qui en a davantage, fût-il éprouvé parfois confusément, c'est le savoir pratique des ressources véridictionnelles que fournissent les adossements institutionnels. Un champ est une structure institutionnelle complexe, différenciée, dont les indigènes connaissent et les positions qu'ils y occupent, et les concentrations de puissance qui correspondent à ces positions.

S'il fait bloc pour contester toute revendication de ceux qui ne lui appartiennent pas, le champ des économistes, par exemple, n'en est pas moins traversé de luttes intestines, qui voient d'ailleurs les dominants s'efforcer d'assimiler les dominés à des outsiders – et de leur refuser la pleine qualité d'« économistes ». Or on sait très bien quelles ressources mobilisent ces tentatives véridictionnelles : l'accès à tel type de revue, ou de colloque, la présence en position de force dans les institutions académiques, les distinctions d'où l'on parle avec autorité (Nobel, médailles variées), etc. Toutes ces ressources ont un caractère institutionnel, *c'est-à-dire* la nature d'un affect commun déjà formé, cristallisé. Tautologiquement : si ces institutions sont reconnues, c'est qu'elles font impression ; et si elles font impression, c'est qu'elles affectent, donc qu'elles sont dépositaires d'une formation de puissance collective, éventuellement multiscalaire : le Nobel fait effet partout dans le monde social, il a derrière lui la *potentia multitudinis* dans sa plus grande extension ; l'appartenance au comité scientifique d'*Econometrica* ne mobilise que la puissance de la petite multitude du champ. Mais quelle que soit l'échelle, c'est toujours une certaine formation d'affect commun qui opère, qui fait l'effet des qualités, qui donne aux qualités la nature institutionnelle et leur permet de faire impression, un affect commun déjà constitué auquel on adossera ses entreprises véridictionnelles : considérez que mes véridictions valent ce que valent mes qualités institutionnelles déjà reconnues. Les luttes axiomachiques fonctionnent donc à la métonymie généralisée : mon dire, c'est moi ; mais moi, c'est ma qualité ; et ma qualité, c'est l'institution – et la valeur se communique de proche en proche, de l'amont vers l'aval. Un lauréat Nobel parle pour dire « ceux-là ne sont pas de vrais économistes » et c'est, présuppose *le* Nobel sans même y penser, comme si l'énoncé tombait directement de l'institution *du* Nobel. Pour que la véridiction fonctionne comme assertion *sociale*, comme proposition discursive privée mais socialement validée, le locuteur doit ajouter une puissance d'échelle sociale à sa puissance individuelle propre – faute de quoi il est un locuteur comme les autres, et son assertion n'ira pas au-delà de son rayon d'action individuel. Les institutions sont des suppléments de puissance cristallisée offerts aux *parvenus* – à comprendre, de nouveau, littéralement : comme ceux qui ont fait le chemin jusqu'aux positions institutionnelles, et peuvent activer la métonymie. Il n'y a pas d'efficacité sociale hors d'une forme ou d'une autre – mais, par construction, institutionnelle – de remobilisation du pouvoir d'affecter qu'est la puissance de la multitude.

Les fractionnements de la multitude

Ces tentatives de remobilisation n'ont pourtant aucune garantie de succès. C'est que, hors les simplifications des modèles de genèse conceptuelle, la multitude ne se présente jamais tout d'une pièce. Que le monde social marche aux affects communs, qu'à proprement parler, il n'y ait rien de social qui ne renvoie à de l'affect commun, tout ça est entendu. Pour autant, il n'y a jamais d'affect commun unanimitaire. C'est une caricature de durkheimisme, et c'en serait une de spinozisme, quc d'associer à l'affect commun des mondes homogènes, parfaitement uniformisés. Même les macro-institutions, celles qui comme l'État ou la monnaie affectent à très grande échelle, ne peuvent prétendre à l'unanimité. Toutes les institutions fuient. L'État fuit – il doit compter sans cesse avec ceux qui cherchent à se soustraire à ses rapports. La monnaie officielle fuit – par des retours au « troc », ou l'expérimentation de monnaies parallèles. En réalité, le fractionnement de la multitude est la loi. Et de même la lutte des affects communs concurrents – les affects de communautés passionnelles opposées. Spinoza l'indique, dans une incidente aussi brève que fondamentale : « Le glaive du roi, c'est-à-dire son droit, est en réalité la volonté de la multitude elle-même *ou de sa partie la plus forte*[1] » (*TP*, VII, 25). Le pouvoir du roi, le pouvoir normatif des institutions en général, ne tiennent que de *la partie la plus forte* de la puissance de la multitude, qu'aucune institution ne peut revendiquer en totalité. Tout pouvoir institutionnel, *lato sensu*, ne se maintient que dans une transaction de puissance implicitement passée avec ses sujets – puisque, par généralisation, on peut nommer ainsi ceux qu'il tient sous sa norme. Car si, dans les faits, à défaut que ce soit clairement dans les consciences, le pouvoir institutionnel n'est efficace que par une sorte de « délégation » de puissance des sujets, en somme s'il n'opère qu'aux frais de puissance des sujets, alors, tout implicite ou inconsciente qu'elle soit, la « délégation » est toujours susceptible d'être reprise. Par là, il faut entendre plus concrètement que les affects dont le pouvoir institutionnel affecte ses sujets peuvent venir à changer, pour une cause ou pour une autre, imputable le plus souvent à quelque action du pouvoir lui-même (l'abus de trop), ou bien au fait que les sujets se sont déplacés, et considèrent maintenant ce que fait le pouvoir comme « contraire à la manière dont ils sentent et pensent » (*TP*, III, 8). Alors l'*obsequium* se change en affect séditieux, et les sujets sont par là redéterminés à faire mouvement hors des rapports de l'institution. C'est bien pourquoi Spinoza, répondant à Jelles qui l'interroge sur sa

1. C'est moi qui souligne.

différence avec Hobbes, précise qu'il « n'accorde dans une cité quelconque de droit au souverain que dans la mesure où, par la puissance, il l'emporte sur eux » (Lettre 50)[1]. Sitôt qu'on aura compris que, dans le langage de Spinoza, « droit » signifie « pouvoir », et que, au-delà de l'objet premier de Spinoza, « cité » peut en fait être lue très généralement comme « institution », on disposera d'un énoncé d'un très grand champ d'application, sous lequel tombent notamment toutes les institutions de la valeur. Comme tous les pouvoirs, les pouvoirs véridictionnels ne tiennent leur efficacité que d'une capture suffisante de puissance de la multitude, mais en principe toujours susceptible d'être remise en cause. Ici parfaitement machiavélien, Spinoza considère que la politique est une affaire sans fin, que tous les espoirs de l'amener à un état stationnaire terminal sont voués à être défaits, car le jeu des passions collectives est d'une telle complexité, compte de si nombreux degrés de liberté, qu'il est sans stabilisation possible – si ce n'est temporairement : dans des ordres institutionnels à durée de vie limitée.

Il en va de même pour la politique de la valeur puisque, on l'a compris, la valeur est une politique, au sens le plus général du terme : un champ d'affrontement de puissances – ici de puissances véridictionnelles. Les véridictions établies sont donc faites pour être exposées à un bruit de fond de contestation permanente, et pour finir renversées. Si elles doivent leur efficacité à « la partie la plus forte de la multitude », il s'ensuit qu'il existe également une partie la moins forte. Cette partie la moins forte est le lieu du dissensus axiologique, des véridictions contraires. Par construction elles ne sont pas dominantes, mais elles n'en font pas moins valeur dans les communautés dominées, selon leur affect commun à elles. Il est rare que la partie la moins forte abandonne le projet

1. *Traité politique. Lettres*, trad. par Charles Appuhn, Paris, Flammarion, « GF », 1966.

de devenir un jour la plus forte. Aussi l'axiomachie est-elle sans trêve, et la fragmentation conflictuelle est la règle de la situation axiologique.

Par construction, les luttes axiologiques étant sociales, elles se mènent au collectif et à la ressource institutionnelle. On monte rarement une machine axiomachique à partir de rien – en fait, jamais. C'est qu'il n'y a pas de table rase dans le monde social-historique. On puise donc toujours dans un fonds déjà constitué : ressources institutionnelles formelles, quand les dominés du champ peuvent tout de même en mobiliser quelques-unes ou bien, si tout accès sérieux y est interdit, invocation de valeurs-appuis, très générales, à partir desquelles refaire, par dérivations, leurs propositions axiologiques à eux. À terme, tout vient sous le feu de la contestation : les femmes n'ont pas d'âme – si, elles en ont une ; l'homosexualité est une maladie – non, c'est une orientation ; seuls les riches, qui ne sont pas dépendants, peuvent voter – non, tout le monde en a le droit ; il ne saurait y avoir de femmes prêtres – et pourquoi pas ? On ne peut pas être économiste sans modèles micro-fondés à agents rationnels – il suffit de voir les brillants résultats de cette « science économique » dans la crise financière de 2008 ; etc. Partout l'axiomachie fait rage. Les contestataires joignent leurs puissances assertives, construisent leur affect commun, puis s'efforcent de lui donner une plus grande extension, en le faisant relayer par des pouvoirs d'affecter déjà établis. Selon les causes : médias comme machine affectante de masse, enrôlement de personnages déjà consacrés, c'est-à-dire déjà investis par une partie de *potentia multitudinis* (« grandes voix », « célébrités »), institutions secondaires dont on tente de gagner l'endos. Les économistes hétérodoxes se rassemblent en une association distincte. Ils organisent leurs rencontres scientifiques, se prévalent de la pertinence de leurs thèses à l'épreuve de certains événements, publient des tribunes dans la presse pour exposer leur cas, font admettre la nécessité de la présence d'autres voix d'économistes dans le débat public, regroupent leurs forces dans les institutions académiques. Ils jouent certains Nobel minoritaires contre les Nobel de l'orthodoxie – ici fragmentation manifeste du courant de *potentia multitudinis* qui fait l'autorité générique du Nobel : l'opinion profane est désorientée, on croyait « le Nobel » une autorité toute d'une pièce, mais quel Nobel croire maintenant ? Enfin, les contestataires s'adressent au ministère, donc à l'État, pour obtenir la création officielle d'une section disciplinaire qui leur soit propre. Nombreuses sont les luttes axiomachiques qui finissent ainsi en l'État, instance suprême de la consécration pour être lui-même le dépositaire du plus puissant affect commun dans la société. Sans doute toutes ne font-elles pas le détour par lui, mais pour beaucoup le succès passe par une reconnaissance législative, ou normative, ou par une création institutionnelle *ad hoc*, dont seul l'État a, au moins en dernier ressort, la prérogative.

Argumenter (rendre hommage au groupe)

Qu'elles passent ou non par l'État, les luttes véridictionnelles sont des luttes argumentatives, spécialement du côté des dominés qui doivent abondamment tenir discours, là où les dominants ont pour eux le fait axiologique accompli, la force d'inertie de leurs valeurs installées. Pourquoi les femmes ont-elles une âme ? Pourquoi tout le monde a-t-il part au vote ? Pourquoi deux hommes ou deux femmes peuvent-elles se marier ? À chaque fois, il faut *argumenter*. Pour deux raisons – qui peut-être n'en font qu'une. Il y a d'abord que le pur décisionnisme axiologique, conséquence qui se déduirait pourtant logiquement de l'hypothèse de la condition anarchique, serait intolérable : aucun groupe ne saurait résister au gouffre de l'arbitraire de ses valeurs. Il y a ensuite, ou par suite, qu'argumenter c'est simultanément repousser le spectacle de l'arbitraire *et* refaire le groupe, et même repousser l'arbitraire *en refaisant le groupe*. Car, par implicite, on argumente toujours *en toute généralité*. Mais la généralité argumentative n'est rien d'autre que le groupe transfiguré, la figure du groupe symbolisé dans l'argument général, l'argument général auquel, par construction, et s'il est vraiment général, tous en principe devraient se rendre, donc par lequel et autour duquel le groupe doit trouver à communier – à se refaire.

Du point de vue du débatteur cette fois, et comme Bourdieu l'avait souligné, argumenter en toute généralité, c'est rendre hommage au groupe puisque c'est à la fois dépasser ostentatoirement la particularité de sa propre cause et fournir au groupe une occasion de se refaire. On imagine difficilement un intérêt particulier se défendant dans l'espace public en n'excipant ouvertement que de sa particularité, sans le moindre argument qui dépasserait sa particularité, qui se contenterait de dire « je veux ça pour moi parce que », c'est-à-dire finalement d'un simple « je veux » sans autre phrase. Définissant l'idéologie comme l'art de faire passer son intérêt particulier pour l'intérêt général, Marx touche au cœur de cette contrainte argumentative qui demande à tout particulier de rendre hommage au groupe pour mettre le groupe de son côté. Mais « mettre le groupe » de son côté, qu'est-ce donc sinon capter la puissance de la multitude ? Or cette capture ne va pas sans quelque assurance donnée au groupe, assurance d'avoir égard à son existence même, à sa persévérance, qui ne résisteraient pas à l'expression sauvage, pronatrice, des revendications particulières, et demandent que ces revendications soient convenablement *mises en forme*. Or la mise en forme élémentaire est bien celle qui dit la compatibilité de l'intérêt particulier et de l'« intérêt général », voire la contribution positive du premier au second. « Ce qui est bon pour l'entreprise X (et même pour l'entreprise en général) est bon pour le pays », voilà la forme la plus commune, la plus grossière, la plus efficace aussi, de l'embarquement du groupe derrière un de ses sous-groupes. Un particulier qui ne dispose pas de cette ressource argumentative, et qui ne peut dépasser aussi facilement le caractère « catégoriel » de sa revendication, n'est pas quitte pour autant d'un effort similaire : il prendra alors la posture de la prise à témoin du groupe – une autre forme d'adresse – pour lui soumettre un tort, c'est-à-dire implicitement invoquer un idéal de justice, au travers d'un cas d'injustice. Mais l'idéal de justice, c'est précisément ce dont la généralité est adéquate à la généralité du groupe : l'une des valeurs *constitutives* du groupe. Invoquer la valeur de justice, c'est donc suggérer qu'un tort *lui* est fait au travers du tort fait au particulier.

S'acquitter, sous la forme d'une prétention contributive ou sous celle, plus défensive, du tort et de l'injustice, d'une liaison de la cause particulière et de la cause collective est le tour obligé des luttes axiologiques quand elles prennent la forme argumentative – au-delà de la figure du tort et des cas d'injustice, le raccordement peut se faire plus généralement par l'invocation de tout idéal reconnu de la société, c'est-à-dire en prenant appui sur une ressource axiologique déjà établie, à partir de laquelle, moyennant la construction d'un discours *ad hoc* de dérivation, on étayera sa propre proposition axiologique. Dans tous les cas, il s'agit bien de mettre le groupe de son côté et, par là, de remobiliser dans un nouvel emploi un affect commun déjà constitué.

Le pouvoir d'asserter la valeur

Si elle n'échappe pas à l'économie générale de l'affect commun, la lutte véridictionnelle peut cependant emprunter d'autres voies, qui la dispensent du détour argumentatif pour en revenir à la forme assertive brute. La question des conditions de réussite de l'assertion ne s'en pose pas avec moins d'acuité. Où une performation alternative de la valeur peut-elle trouver les conditions de son succès ? Car c'est bien de performation qu'il s'agit, d'une déclaration, d'une *position*, de la valeur (d'une nouvelle valeur) sans autre argument. Ici, le locuteur semble ne s'autoriser que de lui-même. Avec cependant à l'idée de faire autorité. L'ensemble est visiblement bancal puisque « faire autorité » n'a de sens que socialement, quand « s'autoriser de soi » n'en a qu'individuellement. Il n'y a de solution de continuité que dans la présence d'un affect commun « caché », seul à même de défaire la prétention exorbitante de ne s'autoriser que de soi pour faire autorité. Car, si vraiment il fait autorité, celui qui « s'autorise de soi » s'autorise en fait d'un affect commun qui l'a déjà investi, dont il est le point de transit, et par là de conversion. Quand elle ne fait pas le détour par l'argumentation et la convocation des valeurs déjà reconnues du groupe, la lutte véridictionnelle procède par engagement de capital symbolique – qui est par soi une formation d'affect commun. *Ex nihilo nihil* : il faut avoir soi-même été préalablement reconnu pour disposer du pouvoir de faire reconnaître. Il faut avoir reçu l'onction de la *potentia multitudinis* (ou d'une de ses parties) pour en relancer l'effet dans une nouvelle direction, vers un nouveau contenu. Il faut avoir été soi-même effet de la *potentia multitudinis* pour s'en servir comme cause, et lui faire produire, mais à partir de soi, de nouveaux effets. Ainsi la dynamique des valeurs n'est-elle que l'économie générale des circulations de la puissance de la multitude, et des métamorphoses de l'affect commun. La cartographie, sans cesse mouvante, de cette économie générale récapitule l'ensemble des lieux du monde social où quelque part de la puissance de la multitude vient se concentrer, pour y produire des effets dûment proportionnés. Des lieux – institutions, individus faits institutions – qui s'allient, s'étayent, ou s'affrontent dans la véridiction de la valeur. À défaut de capital symbolique qui lui donne un caractère d'institution, c'est-à-dire d'un investissement préalable de/par la *potentia multitudinis*, l'individu qui s'avance seul dans la prétention de véridire la valeur, de poser un « cela vaut – parce que je le dis », risque dans le meilleur des cas l'ineffectivité, et plus probablement le ridicule. On sait, en matière de mode par exemple, combien sont exigeantes les conditions de possibilité du *trend-setter*. N'importe qui ne peut pas se présenter pour déclarer sans autre forme de procès quelle sera la nouvelle couleur, la nouvelle coupe, le nouveau tissu, c'est-à-dire pour poser une véridiction esthétique efficace. Seul un déjà-investi peut, par exemple, aller jusqu'à faire modèle de soi et imposer qu'un homme porte ou adopte des attributs généralement reconnus comme féminins (jupe, maquillage), c'est-à-dire déplace une ancienne frontière axiologique, et ceci en franchissant la limite ténue qui sépare le quolibet de l'admiration pour le coup d'audace. De la même manière que Spinoza déconstruit l'idée de « courage » en la ramenant à un « désir qui excite quelqu'un à faire quelque chose en courant un danger auquel ses égaux craignent de s'exposer » (*Éth.*, III, définition des affects 40), de même on pourra dire ici que l'« audace » n'est que la sanction, par le regard collectif, d'un coup réussi.

Le *trend-setter* explore les limites de son pouvoir véridictionnel. À ses yeux, le défi axiologique par excellence est celui du relèvement des valeurs passées. Revaloriser le dévalorisé – remettre à la mode le ringardisé – est une sorte d'ordalie qui voit l'individu « seul » affronter le groupe entier en un combat singulier. Car, par définition, le « passé », le « ringard » sont des dévalorisations – des valeurs négatives – endossées par le groupe entier. C'est donc l'affect valorisateur du groupe entier qu'il s'agit de retourner. Mais l'idée du combat singulier est trompeuse. Nul individu n'a par soi pareil pouvoir – et toujours en raison du même argument d'échelle. À la fin des fins, on ne joue jamais que le groupe contre le groupe. En commençant par une partie de la multitude contre une autre. Il faut bien en assembler une autour de soi en tout cas pour parvenir à relever ce qui a été abaissé. Au demeurant, la reconquête n'est pas nécessairement instantanée, elle peut procéder par cercles concentriques : d'abord la petite multitude des plus immédiatement sensibles à (affectables par) la proposition transgressive, puis, ce premier rassemblement imitogène constitué, le ralliement d'une autre fraction, etc. Jusqu'où le processus peut-il aller, nul ne le peut le dire en toute généralité – seules des études de cas conduites par les sciences sociales le peuvent… *ex post* : explosion des rendements croissants d'adoption mimétique, plafonnement de la diffusion, retournement des stratégies de distinction, un certain niveau de diffusion reringardisant le déringardisé… ou lamentable foirade. Car la foirade est inévitablement le risque des performations d'une nouvelle valeur partant de rien. Toutes ces tentatives connaissent le ridicule des commencements minoritaires. Et si nous débattions politiquement assis par terre en remuant les mains pour dire quand nous approuvons ? Attention : moqueries et commisération prévisibles. Comme il se doit quand se trouvent contrariées des manières majoritaires anciennes (et si ce contrariement n'a pas plutôt suscité l'outrage et la violence). Le succès se mesure alors à la sortie du ridicule. Par imitation, la nouvelle manière a suffisamment gagné pour qu'on ne puisse plus simplement en rire : trop de monde semble s'y être rallié. Si l'on ne rejoint pas à son tour, à tout le moins on est impressionné. Impressionné par quoi, sinon par l'affect commun en quoi consiste le ralliement même, affect commun qui par suite affecte l'observateur – de nouveau : l'impressionne – et le détermine à cesser de rire, peut-être à se rallier bientôt… à cela même qui lui avait d'abord semblé risible. Ainsi finissent par s'installer des manières qui ont commencé sous les quolibets, et dont bon nombre de nouveaux adeptes oublient qu'ils avaient d'abord fait partie des rieurs, de ceux qui avaient juré « moi ? jamais ». C'est donc le destin de l'affect commun, son décollage réussi ou raté, qui décident de ce que sera *post festum* la valeur, et c'est à cette aune que sont rendus les verdicts de l'histoire.

Par définition le *trend-setter*, entendre celui à qui la qualité est reconnue *au moment considéré*, est relativement immunisé contre ce risque des commencements : par cette reconnaissance même, il s'éprouve comme un pouvoir véridictionnel sûr de son fait. Tous ne peuvent pas en dire autant. L'axiomachie permanente a pour effet que toutes les positions sociales de véridiction sont susceptibles d'être attaquées, ou fragilisées. Par exemple : à chacun de ses numéros, un magazine pose l'importante question de savoir « Où est le cool ? », question dont la nature d'adresse véridictionnelle est évidente. Il faudrait cependant ajouter quelques éléments de contexte pour apercevoir que, dans le cas d'espèce, c'est une adresse qui transpire l'angoisse : l'angoisse du capital symbolique en cours de déclassement, qui donne à la question hebdomadaire le caractère d'un effort inquiet de se confirmer dans un pouvoir axiogénique menacé d'effilochage, et ceci au prix d'une double tentative de performation : la performation du cool, et la performation du pouvoir de véridire le cool. Se poser comme prescripteur de la valeur du cool n'a rien ni d'une évidence ni d'une situation acquise. Toutes les positions sont à défendre, certaines finissent par céder – et les prétentions de tel ou tel à dire le cool deviennent risibles : il s'est produit un reflux d'une partie de la *potentia multitudinis*, une destitution passionnelle qui ramène le véridicteur déchu à sa condition première de locuteur ordinaire.

Comme toujours, c'est dans la crise que se révèle, quoique négativement, la vérité du pouvoir véridictionnel spontanément attribué aux entités locutrices elles-mêmes, individus ou institutions, quand c'est dans l'affect commun qui les investit que réside, en dernière analyse, la vérité axiogénique. Et de fait, sitôt qu'il est désinvesti, sitôt que l'irrigation de puissance de la multitude qui le soutenait jusqu'ici se retire, que les flux cessent de passer par lui, le locuteur s'affaisse comme chiffon : il n'est littéralement plus rien, on se demande même comment on avait pu l'écouter. La véridiction n'est pas affaire de choses dites, elle est affaire de qui les dit, et des auras sociales qui nimbent ceux qui les disent – ou, d'un coup, s'évaporent. Misère des abandonnés de la *potentia multitudinis* – à la mesure de ce qu'avait été leur faste du temps de leur élection. C'est qu'ils avaient fini par croire eux-mêmes, comme tous ceux qu'ils impressionnaient, à leur supériorité d'essence. Il est vrai qu'il y a de quoi être grisé de voir qu'un mot tombé de sa propre bouche oriente une multitude d'impressionnés. Ignorant de ce qui fait réellement son pouvoir symbolique, l'élu ajoute alors l'incompréhension à la souffrance de se voir un jour déchu : la chose qu'il croyait sienne lui venait entièrement du dehors, et de se la voir retirée est une sorte de ruine intérieure. On pense ici à Lou Andreas, l'héroïne du *Portrait d'une enfant déchue* de Jerry Schatzberg[1]. Faye Dunaway y incarne un mannequin adulé, puis abandonné de la célébrité et de ses institutions (magazines, photographes renommés, agents), personnage borderline, jetée dans la décompensation psychotique au moment précis où elle se trouve désinvestie par l'affect commun qui, seul, parvenait à contenir son éparpillement.

Les remaniements de l'affect commun (révolutions symboliques)

Il fallait être Bourdieu en tout cas, non seulement pour apercevoir la part du dehors, mais pour faire l'analyse en temps réel de son propre saisissement par le dehors, dans le rite d'élection de la leçon inaugurale au Collège de France, geste d'une réflexivité vertigineuse puisqu'il contribuait à la

1. Le titre original, qui a été malmené à la traduction, est : *Puzzle of a Downfall Child*. Le film est sorti en 1970.

chose même qu'il analysait dans le moment même où, et la chose, et l'analyse de la chose, se produisaient simultanément[1] : faire une « leçon sur la leçon », c'est dire dans une leçon ce qui fait l'autorité de la leçon, et ici le dire dans des conditions de consécration institutionnelle dont l'analyse par la leçon fait l'autorité de la leçon. Une reconstruction imaginaire – ou réelle ? – voudrait que Bourdieu ait trouvé le sens de tout son effort intellectuel dans cette phrase de Spinoza qui dit peut-être mieux que personne ces effets de transfiguration des individus, donc de leurs dires, de leurs faires, et plus généralement de toutes leurs manières, par la qualité sociale, c'est-à-dire par la qualité venue du social, principe de la valeur de toutes choses : « Le vulgaire, dit-on, n'a aucune mesure, il est terrible s'il est sans crainte ; la plèbe est tantôt humble dans la servitude, tantôt arrogante dans la maîtrise, il n'y a en elle ni vérité ni jugement, etc. En réalité la nature est une, et commune à tous, mais nous sommes trompés par la puissance et par la culture : de là vient que lorsque deux hommes font une même chose, nous disons souvent qu'elle est acceptable de l'un mais pas de l'autre, non parce qu'elle diffère, mais parce qu'ils diffèrent. L'arrogance est le propre des maîtres [...]. Mais leur arrogance s'orne de faste, de luxe, de prodigalité, d'une certaine cohérence dans le vice, d'un certain savoir dans la sottise et d'une certaine élégance dans la dépravation, si bien que des vices qui, considérés séparément, et se détachant alors au plus haut point, sont répugnants et honteux, paraissent honorables et convenables aux ignorants et aux naïfs » (*TP*, VII, 27).

Les autorisations qui font l'autorité viennent donc toujours du dehors. Soit du déjà-là des institutions, en elles-mêmes des autorités ; soit d'une accumulation méthodique de capital symbolique, c'est-à-dire d'une accrétion progressive d'affect commun autour de soi. Et c'est donc aussi bien du dehors

1. Pierre Bourdieu, *Leçon sur la leçon*, Paris, Minuit, 1982.

que viennent les installations et les destitutions du pouvoir symbolique. Si elle aura compté un peu plus que, par exemple, de remettre les *Converse* à la mode, la révolution symbolique accomplie par Manet, et sociologiquement restituée par Bourdieu[1], n'en est pas moins de même nature, et procède des mêmes mécanismes – passionnels-institutionnels. Pour le plus futile comme pour le plus profond, c'est la même économie générale de l'affect commun et de la *potentia multitudinis* qui est à l'œuvre. Le *Manet, une révolution symbolique* de Bourdieu offre le récit sociologique d'un raid axiomachique réussi, qu'on peut lire comme une entreprise de conquête obstinée de « la partie la plus forte de la multitude ». Et ceci en activant le registre le plus large des mécanismes de reconstruction de l'affect commun esthétique – de reconstruction puisqu'il s'agissait de défaire l'affect commun établi. Engagement contre l'institution d'un crédit acquis dans l'institution, et qui interdit d'être simplement tenu pour quantité négligeable par l'institution – Bourdieu rappelle que Manet est passé par les écoles qui font le *cursus honorum* des Beaux-Arts de l'époque, et qu'il est par là « techniquement » insoupçonnable, donc considérable, un peu comme un économiste hétérodoxe n'a de chance de se faire considérer par les orthodoxes qu'à la condition d'avoir fait la démonstration de sa compétence mathématique ; ascendant auprès de la minorité des hétérodoxes en rupture virtuelle avec l'institution académique – Bourdieu qualifie Manet d'hérésiarque, ce qui est une manière de dire l'existence d'un groupe germe du nouvel affect commun ; mobilisation de capitaux symboliques extérieurs à l'univers social des Beaux-Arts mais susceptibles néanmoins d'y produire un effet, ceux de Zola et surtout de Mallarmé, dans une sorte d'alliance des rénovateurs ; contournement de l'institution officielle du Salon

1. Pierre Bourdieu, *Manet, une révolution symbolique*, Cours au Collège de France, Paris, Raisons d'agir, « Cours et travaux », 2013.

par la création d'un événement alternatif (Salon des refusés) ; relais des polémiques par la presse, etc. : si elles ne le disent pas ainsi, toutes les analyses de Bourdieu nous donnent à voir le *remaniement de l'affect commun*, ici (comme toujours) à comprendre comme un affect commun *composite*, avec en quelque sorte ses différenciations « internes » – il synthétise un grand nombre de jugements-affects portés sur un grand nombre d'objets et d'occasions –, et ses différenciations « externes », telles qu'elles constituent le paysage passionnel d'ensemble de l'univers social considéré. Révolution symbolique, en tout cas, est le nom que peut prendre le remaniement de ce paysage passionnel d'ensemble, au terme d'une bascule des parties respectivement la plus forte et la moins forte de la multitude qui établit un nouvel état de la valeur avec, et par, un nouvel état de l'affect commun. Il arrive donc qu'une proposition minoritaire capte la partie la plus forte de la multitude, qu'une menée axiomachique hétérodoxe emporte le morceau, et que s'imposent de nouvelles *manières* : ici manières de voir (Bourdieu ne cesse d'insister sur la production sociale et historique de l'« œil »), plus généralement, pour reprendre les termes mêmes de Spinoza, manières de sentir, de penser et de juger. Et le nouvel affect commun refait les *ingenia*, retrace les corps, remanie les complexions affectives – produit une nouvelle sensibilité. Quand Spinoza écrit que chacun « juge selon son affect » (*Éth.*, III, 39, scolie), il faut comprendre par extension que chacun juge selon son *ingenium*. Refaire l'ordre des sensibilités, c'est donc refaire l'ordre des jugements, et celui des valeurs. Or la sensibilité est une affaire de corps, de traçages du corps. Une révolution symbolique n'est vraiment accomplie que lorsqu'elle a refait les corps d'après sa nouvelle axiologie.

Les métamorphoses de l'autorité

Dans son analyse de la « révolution Manet », Bourdieu insiste à plusieurs reprises sur la transformation de morphologie sociale que connaît l'univers des Beaux-Arts. Ça n'est, nous dit-il, qu'à l'issue de cet événement qu'il prend véritablement la nature d'un *champ*, comme espace social non seulement institutionnalisé mais différencié, déterminant un ensemble de positions relatives, dont les occupants, s'ils partagent tous la méta-valeur du champ – son *illusio*, dit Bourdieu –, n'en sont pas moins en lutte pour la valeur des manières de servir la méta-valeur. Jusqu'à Manet, l'univers des Beaux-Arts était d'une institutionnalisation si rigide, et d'ailleurs si profondément intégrée à l'institution étatique elle-même, qu'il s'apparentait davantage à une Église au sens de Max Weber. Après Manet, ce même univers se trouve complètement désorbité, disloqué, et ouvert à la fragmentation axiomachique. Le cas peut valoir comme exemple particulier d'un phénomène plus général de réaménagement de ce qu'on pourrait appeler les régimes institutionnels et historiques de l'autorité véridictionnelle. Paul Veyne s'interroge sur celui dans lequel vient s'inscrire le discours du mythe. « Pour les contemporains de Pindare ou d'Homère, nous dit Veyne, la vérité se définissait soit à partir de l'expérience quotidienne, soit à partir du locuteur, qui est loyal ou trompeur [...]. Einstein serait cela pour nous, si sa vérité ne venait d'une troisième source, celle de l'autorité des professionnels[1]. » D'Hésiode qui « sait qu'on le croira [et] est le premier à croire tout ce qui lui passe par la tête[2] » à Einstein ou, dit Veyne, aux bactériologistes que nous croyons sur parole sans disposer

1. Paul Veyne, *Les Grecs ont-ils cru à leurs mythes ? Essai sur l'imagination constituante*, *op. cit.*, p. 41.
2. *Ibid.*, p. 42.

nous-même du premier savoir bactériologique de première main, il se produit une transformation du régime de l'autorité. Celle-ci migre auprès d'instances « spécialisées », socialement reconnues comme telles. Le discours du mythe ne peut pas y résister : « L'incrédulité est venue à son égard de deux foyers au moins : un sursaut d'indocilité à la parole d'autrui et la constitution de centres professionnels de vérité[1]. » Pour certains types de véridiction, la forme institutionnalisée de la capture de *potentia multitudinis* s'impose contre la forme personnelle. Le mouvement, du reste, n'a rien d'irréversible. On ne tombe pas nécessairement dans le poncif en ré-évoquant la « crise de l'autorité » précipitée par Mai 68, pourvu du moins qu'on donne à l'énoncé son extension complète comme crise des (de certaines) autorités *instituées*. C'est bien là le point, en effet, généralement inaperçu : une crise de l'autorité *elle-même*, il ne peut y en avoir – seulement des crises de ses *régimes historiques*. Il ne peut y en avoir, car l'autorité – le faire-autorité (de discours, de valeurs, de normes, etc.) – est coextensive au social même, au sens de Durkheim et, par conséquent, est sécrété aussi nécessairement que lui. En réalité, le social lui-même est la forme suprême, canonique, de l'autorité, et les faire-autorité variés empiriquement observables n'en sont que des modalisations particulières, par captures. Contrairement à ce que ressasse la pensée conservatrice, il ne peut y avoir disparition de « l'autorité », pas plus donc qu'il ne peut y avoir disparition du social. En revanche, toutes les migrations, toutes les métamorphoses en sont envisageables. Il y aura toujours, tautologiquement, de l'autorité dans le monde social, mais où et sous quelle forme, c'est là une question qui reste entièrement ouverte, et toujours susceptible d'être relancée.

On pourrait passer par un exemple situé pour illustrer cette nécessaire persistance, la persistance de l'endogène en fait, un exemple emprunté à la finance contemporaine, dans

1. *Ibid.*, p. 43.

laquelle les instances du faire-autorité ont pour nom « agences de notation ». Dans un mélange d'inconséquence et d'erreur de métonymie, aussi de réaction compréhensible aux méfaits des agences qui, dégradant les dettes souveraines, n'en précipitaient que plus violemment certains pays européens dans la crise financière, certains ont pensé « régler le problème » en proposant de supprimer lesdites agences – sans voir que c'est l'ensemble des structures de la finance dérégulée qui constitue « le problème ». Sans voir non plus que la fermeture des agences n'aurait pas d'autre conséquence que de relancer le processus collectif de convergence passionnelle sur quelques locuteurs, nouveaux élus de la *potentia multitudinis*, installés par elle comme puissances véridictionnelles de substitution… c'est-à-dire comme parfaits équivalents fonctionnels des agences fermées à grand bruit, qui ainsi se recréeraient de manière purement endogène. Au vrai, pareil processus d'élection d'autorités individuelles dans le monde de la finance est déjà observable : on identifie ainsi par classes d'actifs des analystes particulièrement suivis par les investisseurs, certains ayant même acquis un statut de quasi-vedette, voire de gourou, et dont les énoncés véridictionnels ont un pouvoir d'affecter très supérieur à la moyenne de leurs collègues – seule leur apparence d'individus interdisant au regard superficiel de voir en eux des sortes d'agences personnifiées. Le critère de l'institué n'est donc pas le bon pour saisir en toute généralité le phénomène social du faire-autorité. Et si l'on peut dire, non contradictoirement, que l'autorité est, par construction – en tant qu'effet de capture de *potentia multitudinis* – un phénomène institutionnel, le véridicteur individuel, homme fait institution, offre une illustration type de ce qu'il y a de l'institutionnel non institué. Qu'aucune suppression volontariste de l'institutionnel institué n'empêchera jamais de se reformer.

Une nouvelle morphologie de l'autorité

Ce que les conservateurs inquiets nomment « crise de l'autorité » n'est donc pas autre chose que la crise des doxocrates installés – les « professionnels de la véridiction » comme dirait Veyne. Il n'entre en aucun cas ici de faire l'analyse historique approfondie de cette crise mais simplement d'en souligner les enjeux morphologiques : la crise comme transition de régime et remaniement d'une configuration institutionnelle. Un remaniement qui voit le déclassement relatif de l'institutionnel institué – des doxocrates professionnels. Pour parler de l'époque tout à fait contemporaine, il est certain que ceux-là, on les écoute de moins en moins. C'est qu'ils ont lié leur position à une époque qui va mal, et dont il est visible qu'ils contribuent à la faire durer quoiqu'elle aille mal. Mais cette transformation morphologique doit surtout beaucoup à deux autres causes bien plus profondes. D'abord l'élévation en longue période du niveau moyen d'études de la population, dont près de 30 % ont maintenant atteint ou dépassé le niveau bac + 2 – et c'est une large fraction de la population qui s'est formée là, plus sûre de son fait intellectuel, moins décidée à s'en laisser conter par des autorités extérieures, convaincue qu'elle a « son mot à dire », qu'il mérite même d'être largement connu, tentée par conséquent de se lancer à son tour dans la compétition véridictionnelle. L'apparition des réseaux sociaux, deuxième cause, rencontre alors cette tendance longue de la démographie scolaire, et vient offrir aux individus concernés un espace inédit d'affirmation de soi : un champ leur permettant d'entrer à leur tour dans la lutte pour l'autorité qui, avec cette nouvelle infrastructure, s'ouvre dans des proportions sans précédent historique. À l'image de la finance, les réseaux sociaux offrent à l'axiomachie un espace très démédiatisé, où le coût d'entrée est nul – à l'inverse des institutions anciennes du débat public dont les *gatekeepers* médiatiques restreignaient rigoureusement l'accès, ne laissant la plupart du temps passer que des déjà-consacrés. Sur le papier du moins, tous ont leur chance – de là que si nombreux soient ceux qui se sentent incités à « se lancer ».

Sans doute faut-il entendre « démédiatisation » en un sens relatif. En dépit des apparences formelles, l'espace des réseaux sociaux n'a rien de neutre ou d'isotrope : il est investi par des agents, individus ou institutions, qui y entrent porteurs de tout leur capital symbolique déjà accumulé, mesurable par exemple par le nombre des « abonnés », « suiveurs », « amis » immédiatement enregistrés. Ce sont donc des formations institutionnelles tout armées – des captations de *potentia multitudinis* déjà constituées – qui pénètrent d'emblée l'espace supposément plan des réseaux sociaux. Cependant, que cet espace soit déjà de fait hiérarchisé n'ôte pas qu'il soit formellement libre d'accès. C'est une différence majeure avec la configuration ancienne de l'espace axiomachique, qui était fragmenté par domaines de spécialisation, munis de filtres d'entrée qui laissaient à la porte tous les non-*insiders*. Les réseaux sociaux se présentent maintenant comme l'espace de l'axiomachie générale, le lieu de toutes les batailles véridictionnelles, quel que soit leur objet, ouvert à tous ceux qui estiment avoir en cette matière une proposition à formuler. La transformation morphologique de l'espace axiomachique manifeste alors ses effets dans la formidable accélération des processus d'accumulation et de déclassement du capital symbolique. De parfaits inconnus sont promus en un temps record prescripteurs autorisés, écoutés par des masses considérables de suiveurs, sans doute le plus souvent dans les domaines les plus futiles, mais pas forcément. Les chaînes personnelles de youtubers, sortis de nulle part mais amassant d'énormes audiences, sont un indice parmi d'autres de cette crise non pas de l'autorité mais du régime d'autorité hérité du passé. Non pas crise de l'autorité, en effet, puisque de nouveaux autorisés ont pris la relève. De quoi s'autorisent-ils ?

Mais toujours de la même ressource : d'une captation réussie de puissance de la multitude, de la convergence sur eux des regards, c'est-à-dire d'un affect commun. Ce sont les anciennes autorités seulement, les autorités instituées, celles des « professionnels de la vérité » de Paul Veyne, qui sont en cours d'effondrement. Mais les discours d'autorité, eux, se portent bien. Simplement ils ont migré, et changé de forme. Pour les raisons qu'on a déjà dites, ils ne peuvent pas disparaître, car les rendements croissants d'accrétion sont endogènes au système de la multitude. Il se sécrète de la convergence, donc de l'autorité – d'un « il » tout à fait impersonnel. Le processus qui aurait eu lieu dans la finance si l'on avait décidé de fermer les agences de notation est à l'œuvre quotidiennement dans l'espace axiomachique ouvert et démédiatisé des réseaux sociaux.

Il est certain en revanche que cette nouvelle morphologie a pour corrélat de nouvelles temporalités. L'institué avait pour propriété de faire durer, par une sorte d'effet d'inertie propre aux institutions formelles. Dans les réseaux sociaux, plus rien ne stabilise les circulations de la puissance de la multitude. Tous ses investissements s'avèrent d'une fluidité autrement plus grande. La comparaison avec la finance de marché est ici frappante. « Fluidité » dans le langage technique des marchés reçoit d'ailleurs le nom de liquidité. Mais l'idée est bien la même : il s'agit d'un univers où investissement et dégagement, adhésion et retrait, sont des possibilités de tous les instants. Dans l'un et l'autre univers, le moment d'inertie est inexistant, ce qui a été valorisé peut être dévalorisé à la même vitesse, à chaque seconde, comme le krach financier, le krach axiologique menace – règne de l'opinion pure.

Lutter pour la valeur de soi

Et pourtant les individus s'y jettent à corps perdu. On a vu pourquoi : la rencontre d'un sentiment de légitimité intellectuelle, scolairement certifiée, et d'un espace d'expression publique inédit a créé les conditions de ce vaste mouvement. Conformément à la métonymie propre au capital symbolique, ce qui s'y joue n'est pas tant la valeur des véridictions individuelles que, au travers d'elles, les valeurs individuelles elles-mêmes – la valeur des individus, génériquement reconnus ou ignorés. Tout le monde a bien compris que les réseaux sociaux élargissaient sans limite, du moins formellement, l'accès à la compétition pour la reconnaissance. Après les luttes marchandes de la concurrence économique, qui en étaient un cas, nous pouvons dire des luttes de reconnaissance qu'elles trouvent leur principe dans les entreprises conflictuelles de captation de l'affect commun – manière, au passage, de commencer à les sortir de l'idéalisme communicationnel d'Honneth[1]. Si l'on définit très généralement les luttes pour la reconnaissance comme luttes pour la validation sociale des propositions privées, quelle que soit la nature de ces propositions, marchandes ou autres, alors nous savons que la *potentia multitudinis*, par ses investissements, en est l'arbitre de dernier ressort. En l'occurrence, et par court-circuit, ce qui se livre sur les réseaux sociaux n'est plus tant l'axiomachie des énoncés que celle des individus, directement. Inutile de dire qu'elle n'est pas moins violente. Et ceci du simple fait que les individus y luttent pour l'existence – l'existence sociale, s'entend. L'apparition des plateformes numériques a non pas créé, mais libéré un puissant désir, le désir générique de l'existence dans le regard du grand nombre, qui ne disposait jusqu'ici d'aucune possibilité matérielle – et ne pouvait

1. Axel Honneth, *La Lutte pour la reconnaissance*, Paris, Cerf, 2000.

se trouver que de maigres accomplissements auprès du petit nombre des proches. Mais les réseaux sociaux installent instantanément dans les esprits l'ivresse des grands nombres. Le flash passionnel est irrésistible. Il fait fond sur ce mécanisme élémentaire que Spinoza énonce en *Éth.*, III, 29 : « Nous nous efforcerons également de faire tout ce que nous imaginons que les hommes[1] considèrent avec joie, et au contraire nous aurons de l'aversion à faire ce que nous imaginons que les hommes ont en aversion. » D'où suit *Éth.*, III, 30 : « Si quelqu'un a fait quelque chose qu'il imagine affecter tous les autres de joie, il sera affecté de joie, accompagnée de l'idée de lui-même comme cause ; autrement dit, il se contemplera lui-même avec Joie. » Être convaincu par la joie des autres de se contempler soi-même avec joie, voilà l'antique ressort passionnel des luttes pour la reconnaissance, auxquelles la révolution anthropologique de l'individualisme a donné une extension potentiellement sans limite – potentiellement bien sûr puisqu'il faut toujours compter avec les inhibitions différentielles de la censure sociale, qui affectent d'illégitimité certains individus de certaines classes, et les découragent de seulement prendre part à la compétition. Dans cette « séquence anthropologique » de l'individualisme, qui ne cesse d'ailleurs de se développer, il est bien possible, alors, que l'irruption des réseaux sociaux marque une étape significative : celle du déchaînement généralisé des luttes pour exister, c'est-à-dire pour faire reconnaître sa propre valeur. Tel est bien l'effet de la transformation morphologique de l'espace général de la véridiction : par la crise des instances doxocratiques officielles, le déclassement relatif des autorités instituées, elle défait les places, remanie complètement le régime de la concurrence véridictionnelle, et libère les luttes. La ruée a été immédiate.

1. Spinoza insère ici lui-même une note pour préciser : « Par hommes, entendre ici et dans la suite : des hommes que nous n'avons poursuivis d'aucun affect. »

On serait tenté de dire que c'est une ruée *adolescente*, mais au sens suivant de l'adolescence : comme l'âge douloureux de la découverte des enjeux de la reconnaissance sociale sans les moyens de la reconnaissance sociale. Si les parents sont la toute première source de cette joie qui vient nous affecter d'une joie accompagnée de l'idée de nous-mêmes comme cause, il entre dans le développement psychique de devenir capable d'aller chercher ces joies dans des sources de plus en plus éloignées du foyer parental de la prime reconnaissance, de plus en plus abstraites aussi : l'instituteur, les amis, les professeurs, d'autres adultes, les collègues, les chefs, et puis des prospects de plus en plus lointains, des groupes, jusqu'au désir de conquérir l'instance suprême, et suprêmement abstraite, de la reconnaissance : l'opinion – c'est-à-dire la multitude des inconnus, dont on va se faire asymétriquement connaître. Sorti du foyer parental où la reconnaissance est en principe pré-acquise, et comme toujours-déjà gagnée (en principe...), toutes les étapes ultérieures nécessitent de satisfaire une économie générale de la reconnaissance où, roi-naufragé mis à part, on n'a rien sans rien. L'adolescence se définit alors comme cet âge où l'on est conscient de l'impératif d'avoir « quelque chose » – à faire valoir – alors qu'on n'a rien, impératif d'avoir fait quelque chose alors qu'on n'a encore rien fait – parce qu'on n'a encore rien eu le temps de faire. L'obligation, clairement aperçue, de l'« accomplissement » quand on n'a encore rien accompli est l'une des douleurs de l'adolescence, qui ne peut se résoudre au temps long et cumulatif des accomplissements, et se précipite alors dans la frénésie d'une sorte d'accumulation primitive, gouvernée par des investissements à temps de retour aussi court que possible : typiquement le « coup d'éclat », l'« exploit », la prise de risque spectaculaire qui paye aussitôt.

Si l'adolescence peut servir de paradigme aux efforts déployés dans les réseaux sociaux, c'est comme pathologie native de la reconnaissance, comme éveil soudain aux enjeux de la reconnaissance élargie, et comme lutte, parfois désespérée, pathétique même, mais au sens littéral du terme, pour exister dans l'affect commun. On ne peut manquer d'être frappé par le spectacle de ces efforts acharnés en vue de la validation sociale, et de l'exaspération des propositions privées qui s'y destinent. Avec le temps, certains parviennent à construire une position significative à peu près stable : dans la communauté axiologique où ils interviennent (qui peut aller du débat politique général aux jeux vidéo en passant par la mode-et-beauté), ils sont identifiés, suivis, font durablement référence parfois. D'autres, conformément à la liquidité des investissements de la *potentia multitudinis* dans cet espace particulier et à la volatilité de la valeur sociale qui en résulte, font des passages météoriques. Mais tous luttent pour leur part de puissance de la multitude – et seuls les installés de la doxocratie, qui ne sont pas mûs par des ressorts différents, mais ont gagné ce qu'il reste de place dans les autorités instituées, se permettent de regarder ces luttes avec commisération : ils ne voient pas que seul l'institutionnel-institué sauve les apparences, et qu'en réalité ils sont logés à la même enseigne que tous.

Le tourment de l'incertitude axiologique de soi

Mais pourquoi les individus ont-ils ainsi à lutter ? Pas seulement pour la joie de se savoir cause de joie. Ou plus exactement parce que cette joie se trouve offrir une réponse à une question autrement lancinante : la question que chaque individu se pose à propos de sa propre valeur, par accomplissements interposés. C'est peut-être ici que se fait connaître le plus clairement la condition anarchique comme incertitude axiologique fondamentale – en l'occurrence comme incertitude de soi. Et plus encore comme une incertitude que nul n'a les moyens de lever par lui-même, et dont la résolution, réjouissante ou attristante, lui viendra toujours du dehors. Coque absolument vide de toute valeur substantielle, l'individu n'est axiologiquement rempli que par des affects de rencontre, valorisateurs ou dévalorisateurs. En premier lieu de ses parents bien sûr, source axiogénique primitive, mais aussi de tous ceux qu'il croisera par la suite et qui lui renverront des affects liés à ses agissements – à la manière dont il les a affectés. De cette incertitude axiologique personnelle, Spinoza nous donne l'indice quand il évoque « cet effort pour faire que chacun approuve ce que soi-même on aime ou on a en haine », conduisant alors à ce que « chacun par nature aspire à ce que tous les autres vivent selon son propre tempérament » (*Éth.*, III, 31, scolie). Bien sûr, l'énoncé suit de si près celui de la contemplation de soi-même comme cause de la joie des autres (*Éth.*, III, 30) et la définition de l'affect d'« ambition » comme « effort pour faire quelque chose pour la seule cause de plaire aux hommes » (*Éth.*, III, 29, scolie), qu'il en est d'abord le prolongement immédiat. Peut-être cependant fait-il également vibrer un supplément, en nous faisant entrevoir la charge d'angoisse qui entoure tous ces « efforts », angoisse de chacun quant à la valeur de tout ce qu'il fait, de ses manières mêmes, ses manières de vivre, jusqu'aux plus prosaïques, telles qu'elles peuvent toujours être exposées à des jugements dépréciateurs, et dont l'intéressé lui-même, en fait, ne sait pas ce qu'elles valent. C'est bien pourquoi il a tant besoin de l'apprendre des autres, et surtout d'obtenir la confirmation de ses inclinations « spontanées » – mais quel meilleur moyen que de leur faire adopter ses propres manières pour qu'ils lui renvoient une certitude « définitive » ? Les luttes prosélytes, depuis celles des belles-mères pour asserter la bonne manière d'éduquer les enfants jusqu'à celles des sectes pour imposer leur culte, demandent qu'on y voie aussi bien le désir d'emprise que le tourment, généralement recouvert, de l'angoisse axiologique fondamentale, contre laquelle les propagateurs de valeur luttent eux aussi – précisément en propageant.

Sous ce rapport, la construction de soi est donc l'histoire de la constitution de ce qu'on pourrait appeler les « dotations de l'âme », ces traçages du corps consécutifs aux primes affections valorisatrices, et qui s'avèreront, ou non, suffisamment profonds pour permettre à l'individu ainsi marqué (littéralement, au sens de l'*ingenium*) de résister aux vents du large des affections contraires, des affections désapprobatrices – ou bien de demeurer à jamais déficitaire pour y faire face. Il faudrait alors entrer dans le détail des biographies pour savoir comment sont produits des individus à qui leurs dotations primitives permettront de maintenir une proposition privée contre une grande adversité, peut-être même en l'absence d'une validation sociale qui ne viendra jamais de leur vivant – soit la condition de possibilité des très grandes œuvres, qui bousculent leur temps. « Bientôt je pus montrer quelques esquisses. Personne n'y comprit rien » : Proust se raconte par Marcel interposé. Max Dorra, qui rapporte cette phrase[1], évoque également les cas de Freud et de Spinoza – Spinoza… Tout est connu de l'état de solitude et d'exclusion où il a été renvoyé. De négation même, d'anéantissement symbolique, si l'on en croit les termes du *herem* qui demande « que son nom soit effacé dans le monde, et à tout jamais[2] ». Il était donc dans l'ordre des choses que le conatus du philosophe Spinoza conduisît à une philosophie du conatus comme opiniâtreté, comme persévérance affirmative, ainsi que l'a montré Laurent Bove[3].

Cependant, le conatus ne peut qu'à raison de ses configurations corporées particulières. Aussi chacun peut-il d'après son histoire d'affections, qui est l'histoire de ses pliages corporels. Spinoza nomme « satisfaction de soi » (*acquiescentia*

1. Cité par Max Dorra, *Quelle petite phrase bouleversante au cœur d'un être ?*, Paris, Gallimard, « Connaissance de l'inconscient », 2005.

2. Steven Nadler, *Spinoza*, Paris, Bayard, « Biographie », 2003, p. 148.

3. Laurent Bove, *La Stratégie du conatus. Affirmation et résistance chez Spinoza*, Paris, Vrin, « Histoire de la philosophie », 1996.

in se ipso) l'affect joyeux qui naît de ce que « l'esprit se contemple lui-même, lui et sa puissance d'agir » (*Éth.*, III, 53). Or, ajoute le corollaire, cette joie prise à la contemplation de ses propres puissances « est de plus en plus alimentée à mesure que l'homme imagine davantage que les autres le louent ». Autrement dit, le cumul des affects de gloire – cette « joie qu'accompagne l'idée d'une de nos actions dont nous imaginons que les autres la louent[1] » – se convertit en satisfaction de soi. L'enjeu de la stabilisation de soi dans la valeur est suffisamment haut pour que « chacun adore raconter ses hauts faits et faire étalage de ses forces tant corporelles que spirituelles » (*Éth.*, III, 55, scolie) – d'où suit que « les hommes, pour cette raison, sont pénibles les uns aux autres » (*id.*)… Bien sûr, le récit de soi, ostentatoire, « pénible aux autres », est l'indice d'une prime dotation insuffisante, de traçages trop peu profonds pour ne pas être vite contrebattus par des affections contraires, d'une intranquillité axiologique de soi chronique. Il échoit cependant à quelques-uns d'avoir contracté, sans doute dès l'enfance, des plis qui demeureront invétérés, qui leur permettront de résister aux diminutions de puissance des tristesses du dehors, et qui leur donneront la force de *maintenir*.

Pour le meilleur ou pour le pire d'ailleurs – car c'est une chose la force de maintenir, et c'en est une autre ce que cette force maintient. Maurice Papon sera jusqu'au bout resté le même que dans les années d'Occupation, l'opprobre universel dont il aura été l'objet à la fin de sa vie ne l'aura pas déplacé d'un iota, la multitude unie contre lui dans la désapprobation l'aura laissé *unrepentant*, comme dit cette expression anglaise intraduisible mais immédiatement compréhensible, *unapologetic*. Quelle force intérieure n'y fallait-il pas ? Mais force exercée à quoi ? D'autres aussi ont maintenu dans l'adversité générale, mais d'autres choses – ainsi les résistants de la

1. *Éth.*, III, définition des affects 30.

première heure. Au prix de la désapprobation de la multitude de leur temps, et avec la gloire que leur reconnaît *post festum* la nôtre. Et puis, bien sûr, il y a Spinoza… Alexandre Matheron a de bonnes raisons de soutenir que lui a connu le régime des affects actifs, de la causalité adéquate et de la connaissance du troisième genre[1]. Il n'a pas eu à se rendre pénible par le récit de ses exploits intellectuels pour connaître l'*acquiescentia in se ipso* car lui l'a expérimentée, et sous sa modalité active – c'est que « la satisfaction de soi-même peut naître de la raison » (*Éth.*, IV, 52), et « la gloire ne répugne pas à la raison, mais peut en naître » (*Éth.*, IV, 58) : le spectacle d'un individu sous la conduite de la raison peut affecter les autres de joie, et cet individu en éprouver à son tour une joie mais active : il voit avec les yeux de la raison, qu'il contribue, en sa personne, à propager la raison. C'est pourquoi, dit Spinoza, jouir de ses puissances actives est « la satisfaction la plus haute qui puisse exister », par conséquent la plus désirable sans réserve.

Les dotations de l'âme

Mais tout le monde n'est pas Spinoza. Pour tous les autres, il y aura des corps différemment pliés, qui correspondront à des « dotations de l'âme[2] » différemment constituées, et détermineront les individus, pour le meilleur ou pour le pire de leurs affirmations, à tenir différemment le choc de la désapprobation générale. Il ne faut pourtant pas s'y tromper : cette résistance singulière, quand elle existe, n'est pas une propriété d'essence. Elle leur a été acquise du dehors, sans

1. Alexandre Matheron, *Le Christ et le Salut des ignorants chez Spinoza*, Paris, Aubier, « Philosophie », 1971.

2. Ici, l'idée de « dotation de l'âme » entend le mot « âme » au sens commun (vague) et non au sens spinoziste.

doute de très bonne heure – Max Dorra cite un homme politique de premier plan, particulièrement connu pour sa capacité à ignorer les vents contraires de l'opinion : « Je puise dans l'enfance la plus large part des réserves dont je dispose[1]. » Leur particularité cependant tient à la profondeur et à la persistance de ces premiers plis, d'où a pu résulter quelque chose comme une dotation durable, propre à donner ensuite l'impression d'une personnalité « autonome » et résistante, mais dont l'« autonomie » n'est que l'effet d'hystérésis d'une prime hétéronomie décisive, constituante. Et ces plis particuliers eux-mêmes doivent à l'intensité de l'affect que l'individu plié, généralement enfant, avait préalablement investi dans l'individu pliant, et réciproquement d'ailleurs, parent, tuteur, instituteur, ce dernier mot valant en fait comme le générique de la série, à moins qu'il ne faille dire « constituteur », en tout cas : celui qui, faisant affection, nous aura installé dans une forme ou une autre de disposition à l'*acquiescentia in se ipso*, c'est-à-dire dans le sentiment de notre valeur. S'il est généralement de l'enfance, c'est un sentiment qui peut parfois être aussi de constitution tardive. Bourdieu ne dit-il pas lui-même l'importance décisive pour le jeune chercheur qu'il était du regard d'admiration porté sur lui par Raymond Aron et de la dotation qu'il y a trouvée : « Peu de personnes m'ont reconnu aussi tôt et aussi complètement que lui[2] » ?

Seule l'analyse des trajectoires singulières, reconstitution de la construction socio-biographique des *ingenia*, rendrait raison de l'inégalité des « dotations de l'âme » et de l'acquisition de cette consistance propre opposable aux verdicts du monde. Bourdieu n'a pas cessé de montrer ce que la croyance des individus en leur propre valeur devait aux consécrations

1. Il s'agit de François Mitterrand, in Max Dorra, *Quelle petite phrase bouleversante au cœur d'un être ?*, *op. cit.*, p. 156, n. 2.

2. Pierre Bourdieu, *Esquisse pour une auto-analyse*, Paris, Raisons d'agir, « Cours et travaux », 2004.

institutionnelles, notamment scolaires, vérité sociologique comme toujours à comprendre sous une clause « toutes choses égales par ailleurs » – parmi lesquelles la part idiosyncratique de l'*ingenium*, quand celle-ci détermine une incroyance en soi capable de faire négliger jusqu'aux véridictions institutionnelles pourtant les plus avantageuses. Avec ce choix de mot souvent déconcertant qui est comme sa marque – « Ces noms ont un autre sens dans l'usage courant, je le sais. Mais mon dessein n'est pas d'expliquer le sens des mots, mais la nature des choses[1] » –, Spinoza nomme « bassesse » (*abjectio*) cette propension à « faire de soi, par Tristesse, moins d'état qu'il n'est juste » (*Éth.*, III, définition des affects 29). Il y a des puits d'*abjectio* que rien ne parvient jamais à combler – creusés trop tôt, trop profond, par les mêmes affects puissamment constituants, mais négatifs, que ceux qui, pour d'autres, ont été formateurs des dotations de l'âme. Rien ne vient à bout d'un déficit qui semble avoir tout d'ontologique – il n'est pourtant que génétique. Chaque acte posé à la face de quelque public, si la position même n'a pas été découragée dans l'œuf, est occasion d'angoisse ; chaque consécration est au mieux un feu de paille, qui laisse tout devoir être toujours recommencé ; et rien ne semble capable de défroisser le pli invétéré de cette tristesse, inscrite dans le corps, qui fait faire de soi moins d'état qu'il n'est juste. « Car il peut se faire que quelqu'un, contemplant tristement sa faiblesse, s'imagine mésestimé de tous, cependant que les autres ne pensent à rien moins qu'à le mésestimer » (*Éth.*, III, définition des affects 28, explication).

Les hommes d'institution qui ont décidé de régner à la crainte plutôt qu'à l'amour connaissent parfaitement, si c'est seulement de connaissance pratique, ce point faible de l'*abjectio*, et savent y appuyer chaque fois qu'il leur vient de réduire à l'impuissance un de leurs sujets. Le monde de l'entreprise

1. *Éth.*, III, définition des affects 20, explication.

contemporaine est peut-être celui où cette manière de faire a acquis la portée d'un procédé systématique : anéantir par la dévalorisation. Car l'entreprise est un microcosme axiologique – on y mesure la valeur *professionnelle* –, et les véridicteurs sont les chefs. Eux savent qu'on ne brise jamais si bien quelqu'un qu'en le brutalisant à coups de dépréciations, et que certains brutalisés, trop faiblement « dotés », trop enclins à l'*abjectio*, convertissent d'eux-mêmes ces dévalorisations particulières (professionnelles) en sentiment de leur nullité *générale* – il n'y a plus spécialement lieu d'être étonné d'en voir mettre fin à leurs jours. S'il ne le sait de quelque manière, le *fait est* que le véridicteur vicieux n'a *en définitive* que le vide à affronter, celui de la radicale incertitude axiologique de soi, et que, dans son champ propre, il est en position monopolistique d'autorité pour remplir ce vide comme il l'entend, le cas échéant, donc, de la plus attristante des manières. Aussi pourra-t-il toujours exciper de la *particularité* de l'ordre de valeur où il règne pour révoquer comme nulles et non avenues toutes les valorisations de soi que le sujet sera éventuellement parvenu à construire *par ailleurs* – mais d'un ailleurs déclaré dénué de toute pertinence.

Il n'est pas nécessaire d'en venir à des circonstances aussi dramatiques pour saisir l'individu humain lui-même comme domaine local de la condition anarchique, comme zone de vide axiologique fondamental, qu'on n'aperçoit jamais si bien, comme toujours, que dans les commencements, c'est-à-dire dans l'enfance, et notamment en situation scolaire, situation d'évaluation s'il en est, où les évalués sont entièrement dans la main des évaluateurs, totalement dépendants de leur verdict qui aura force de loi. Comme on sait, l'incertitude scolaire de soi est un état qui peut durer bien au-delà de la petite enfance, et l'on trouve communément, à des stades d'études avancés, des individus qui sont toujours hors d'état d'évaluer leurs propres travaux, et demeurent suspendus au verdict de la note pour savoir eux-mêmes qu'en penser – par conséquent terriblement vulnérables à un jugement adverse.

Tout ici, et notamment ce mystère pour chacun des dotations de l'âme, mystère de déterminations enfouies dans l'obscurité de l'enfance, d'affections en apparence minuscules, ou dites telles parce qu'elles sont hors de portée de la mémoire d'adulte, mais aux effets pour toute la vie, tout ici confirme ce qu'on pourrait appeler, par emprunt aux physiciens, l'hypothèse non ergodique, cette propriété de systèmes évolutifs qui, dans et par le processus même de leur évolution, voient se fermer progressivement une large part des états initialement accessibles, pour n'être plus enfermés que dans un canal évolutif assez étroit. Ce que dit finalement l'hypothèse non ergodique, c'est le caractère déterminant des premiers coups qui, sur fond de possibilités largement ouvertes *ex ante*, orientent décisivement le système vers une trajectoire que les coups ultérieurs ne feront plus que confirmer, et « verrouiller » (*lock-in*) – à ceci près bien sûr que le « processus humain » est passablement plus complexe qu'un simple processus d'urne[1], en particulier du fait que rien ne permet d'exclure *a priori* qu'un coup (une affection) d'une intensité exceptionnelle vienne rouvrir des possibilités qu'on croyait définitivement fermées, à l'image par exemple du transclasse, ou de la conversion religieuse, ou professionnelle, ou de toute révolution personnelle déclenchée par une rencontre assez puissante. Sous donc les réserves qu'on doit à une demi-métaphore, l'hypothèse non ergodique dit la force des tout premiers verdicts, parentaux évidemment, dans la constitution du sentiment de sa propre valeur, et de cette sorte de dotation qui façonnera le rapport aux verdicts ultérieurs, telle qu'elle permettra (ou non) de les accueillir

1. En théorie des probabilités, on nomme « processus d'urne » le processus stochastique constitué par une suite de tirages avec remise dans une urne avec des boules de couleurs différentes. Ainsi, dans un processus d'urne de Pólya, on procède au tirage avec remise de la boule et ajout d'une boule de même couleur que la boule tirée.

quand ils « augmentent ou aident la puissance d'agir », d'y résister (ou non) quand ils « la diminuent ou la contrarient ».

En tout cas, on ne comprendrait pas adéquatement l'idée de « dotation » si l'on y voyait une sorte de ressource d'essence, une « allocation ontologique », livrée d'emblée avec l'être de l'être : cette dotation est entièrement acquise car, sous ce rapport, il n'y a « rien » à l'origine, et tout n'est jamais que remplissage du dehors. Parler de « dotations de l'âme », c'est donc évoquer une certaine modalité de ce remplissage, caractérisé par la force déterminante des premiers coups, leurs propriétés d'hystérésis, c'est-à-dire la profondeur, et la permanence, de la trace corporelle laissée par les toutes premières affections valorisatrices, qui permettront au sujet de résister ultérieurement, quand les instances valorisatrices des commencements auront cessé d'opérer.

Les remplissages du dehors

Au départ pourtant, il n'y avait que le vide. Et corrélativement toute la contingence de l'affrontement aux forces du dehors. Nul peut-être ne représente mieux ce vide originel, en quoi consiste la condition anarchique dans le champ individuel, que « l'homme des foules » de Poe, ce personnage dont le tonus vital est directement indexé sur la densité de population au contact de laquelle il se trouve[1]. Aussi le voit-on errer fébrilement dans Londres, sans autre critère, semble-t-il, que la recherche des rues populeuses. La densité faiblit-elle, lui-même s'affaisse, comme si ses forces l'abandonnaient ; retrouve-t-il la foule, il se redresse – comment mieux dire que « ses » forces ne sont jamais que les forces du dehors. On le voit entrer dans les boutiques, jetant sur tous les objets

1. Edgar Allan Poe, « L'homme des foules », *Nouvelles histoires extraordinaires*, Paris, Le Livre de Poche, « Les Classiques de Poche », 2016.

« un regard fixe, effaré, vide[1] ». La valeur économique n'est donc pas faite pour l'impressionner. Lui en perçoit le creux vertigineux, l'inanité profonde, et, conformément au scolie spinozien décisif, que les choses en elles-mêmes ne disent rien, ne valent rien. En parlant d'inanité, l'étymologie suggère que le mot a à voir avec l'idée d'être « dénué de souffle vital[2] ». Notre personnage en a une compréhension immédiate, car il est un homme spinoziste : il vit le *principe réel* de la valeur *par le corps*, et *dans son corps* – c'est bien là que Poe est génial. Disparition des autres : affaissement ; réapparition : rehaussement. On comprend que le spectacle de la marchandise le laisse « effaré », comme celui d'un ordre de valeur Potemkine, entièrement mensonger dans ses prétentions substantielles. Il n'y a aucune vie dans les choses, tout particulièrement dans les choses marchandes, il n'y a de vie que dans et par les autres hommes, dans et par la société, c'est pourquoi la perte de leur contact conduit immanquablement à l'effondrement vital.

Mais l'homme des foules est allé si loin dans son aperception de la condition anarchique, dans la conscience *corporelle* de ce qu'elle n'est surmontée – remplie – que par les hommes eux-mêmes, en société, qu'il ne voit plus, et ne vit plus, qu'au contact de la force remplissante générique et intransitive – la *potentia multitudinis* –, sans plus le moindre égard pour les « effets de remplissement », c'est-à-dire les valeurs sociales, en lesquelles communient tous les autres par l'effet de la croyance collective. Et cependant, pour tous, et en tous, le sentiment du vide travaille confusément. C'est bien pourquoi tous sont si intensément engagés dans les axiomachies de la valeur personnelle : parce qu'il y a le vide à conjurer, et qu'il n'y a pas d'autre moyen de conjuration que le remplissage par le dehors, par la captation

1. *Ibid.*, p. 54.
2. *Dictionnaire historique de la langue française*, Paris, Le Robert, 1993.

de quelque courant d'affects, hors duquel il n'y a plus que l'affaissement, et l'extinction.

S'il ne le dit pas dans les coordonnées du plein et du vide, ou du vide et du remplissage, Michaux lui aussi ne manque pas de voir la grande absence, désertion de la substance, des contenus vrais, des ancrages fiables, et l'état d'abandonnement confus qui s'ensuit, l'aporie existentielle même. Ce n'est pas, ou pas seulement, de remplissage – encore que : « Je suis né troué »… – qu'il s'agit pour lui, mais d'une étrange lévitation, une manière de tenir sans rien en dessous, sans appui, sans base, énigme de la constitution de soi hors de tout constituant substantiel, formule paradoxale à laquelle chacun se trouve condamné dans la condition anarchique : « Je me suis bâti sur une colonne absente[1]. »

1. Henri Michaux, « Je suis né troué », *Ecuador*, Paris, Gallimard, « L'imaginaire », 1990.

5

Conjurer l'anarchie

(Le travail de la méconnaissance)

On voudrait pouvoir compléter La Rochefoucauld : « Le soleil, ni la mort, *ni le vide* ne se peuvent regarder fixement[1]. » Comment, en effet, le vide radical de la condition anarchique et son corrélat, l'arbitraire des valeurs, ne seraient-ils pas insoutenables aux collectivités humaines ? La vie humaine « exige » du sens, mais le monde est vide de sens. Bien sûr, cette formulation – commune – est erronée : la vie humaine n'« exige » rien de tel. En réalité, même, les hommes *produisent* du sens – l'homme, selon Spinoza, est un automate herméneutique –, mais sans aucune conscience claire de leurs opérations axiogéniques, et le sens devient l'élément de leur vie, individuelle et collective. Étrange structure qui voit les hommes identifier le sens comme l'oxygène de leur vie symbolique, la chose dont ils ne pourraient être privés, sans voir qu'ils le fabriquent eux-mêmes – et par conséquent qu'il ne saurait manquer. En fait, ce n'est pas tant le sens lui-même, sa présence, qui est en cause dans ces inquiétudes, qu'une certaine manière d'y adhérer. Une manière qu'on voudrait assurée et confiante, mais que l'aperception de la condition anarchique vient immanquablement perturber.

1. « Le soleil ni la mort ne se peuvent regarder fixement » (La Rochefoucauld, *Réflexions ou sentences et maximes morales*, édition de 1678, 1re édition, n° 26, in *Œuvres complètes*, Paris, Gallimard, « Bibliothèque de la Pléiade », 2010).

Il faut sans doute des dispositions particulières – des corps particuliers – pour pouvoir regarder en face le soleil de la condition anarchique. Comme Spinoza. Ou Pascal. Il est vrai que l'un et l'autre ne peuvent regarder sans ciller l'inconsistance générale du sens que parce qu'ils disposent d'une suprême solution de ré-ancrage, qui vient tout sauver – n'y a-t-il pas là d'ailleurs un mouvement qui traverse l'histoire de la philosophie, le mouvement d'accepter de descendre aux enfers, d'aller au fond du désespoir et de la déconstruction de tout, pour trouver *in extremis* la restauration d'une solution de salut : au bout du doute, Descartes trouve le *cogito* ; désespéré de l'impossibilité phénoménale d'un acte authentiquement moral, Kant finit par apercevoir la raison pratique ; même Nietzsche connaît une forme d'apaisement avec l'éternel retour. Spinoza, lui, raccroche la possibilité de vivre à la connaissance du troisième genre. Et Pascal au Christ. Chacun ses parousies. Et récurrence des nuits de crise, des prologues, et des « mémoriaux ». Des pleurs de joie aussi.

La pensée de derrière

Mais avant d'en arriver là, il a fallu aller aux abysses. Quant à la consistance fantomatique de la valeur, Pascal l'a au moins aussi bien vue que Spinoza : « La coutume est toute l'équité par cette seule raison qu'elle est reçue. C'est le fondement mystique de son autorité. Qui la ramènera à son principe l'anéantit[1]. » Trois lignes et tout est dit. Rien d'autre ne tient un ordre axiologique que la croyance collective, et faire voir à la croyance qu'elle n'est qu'une croyance, c'est la ruiner sans coup férir. Or, qui produit la croyance ? Le groupe. Le groupe produit donc lui-même l'ancrage auquel il s'accroche. Comment tient une société qui

1. Pascal, *Pensées*, *op. cit.*, fr. 60, p. 507.

ne tient à rien ? En se tenant à elle-même. On connaissait le baron de Münchhausen et ses singulières aptitudes à se sortir des marécages en se tirant lui-même par les lacets de ses propres bottes. Le monde social a, lui, cette étonnante propriété de faire passer le fantastique au réel : la société vit en auto-sustentation. La *potentia multitudinis* est la force auto-sustentatrice. C'est elle qui produit ces ancrages d'un genre spécial : des ancrages *endogènes. Ex ante*[1], il n'y a rien, c'est elle qui produit tout – et fait tout tenir. Elle est l'unique garant de tout l'« *ex post* ». Cependant, la réussite de cette auto-affection sustentatrice de la multitude suppose un rapport particulier de la multitude à elle-même, ou plutôt des individus de la multitude comme parties à la multitude qu'ils forment comme tout : un rapport de disjonction cognitive, pour que le tout puisse s'élever au-dessus de ses parties, condition nécessaire de son opération efficace sur les parties. Par chance, cette condition est remplie dès que la multitude est assez nombreuse, et notamment quand elle rassemble des individus qui ne se connaissent pas, voire ne se rencontrent pas – où l'on voit, au passage, que la médiation qui s'établit entre eux est nécessairement imaginaire-affective. C'est ici qu'il faudrait en revenir au modèle de genèse conceptuelle de la puissance de la multitude, qui peut seul montrer comment l'effet de composition des puissances individuelles engendre l'excédence de la puissance collective composée sur les puissances composantes[2].

En tout cas, la félicité des valeurs semble supposer le groupe à l'état d'imbécile heureux. Le dessiller, c'est l'écrouler. Pour Pascal qui, hors l'amour du Christ, met la continuité de l'ordre social plus haut que tout, le demi-habile est le personnage nuisible par excellence. Suffisamment malin pour

1. On aura compris que cet « *ex ante* » n'a rien de temporel, ou de chronologique.

2. Voir Frédéric Lordon, *Imperium*, *op. cit.*, chap. II.

percevoir l'arbitraire des valeurs, il ne l'est pas assez pour se retenir de propager inconsidérément sa révélation, et surtout de la propager en actes, c'est-à-dire en refusant tout respect à ce qui était jusqu'ici respecté, en faisant « l'entendu », comme dit Pascal : « Ceux-là troublent le monde et jugent mal de tout[1]. » Si l'habileté complète est si dure à gagner, alors, à tout prendre, vertu d'une certaine ignorance : les « opinions saines du peuple ». Elles, au moins, nous évitent le gouffre. « Le peuple honore les personnes de grande naissance, les demi-habiles les méprisent [...]. Les habiles les honorent, non par la pensée du peuple *mais par la pensée de derrière*[2]. » On peut bien jouer si l'on veut, comme les demi-habiles, à tout saper, mais après il faudra faire avec la ruine. Ne pas céder à la tentation de l'« entendu » suppose alors une énergique reprise de soi, et d'ajouter « quelque chose » qui puisse neutraliser le mouvement spontané de la pensée critique – mais inaboutie. Quelque chose : la « pensée de derrière ». La « pensée de derrière », c'est une morale de l'ordre social mais qui n'en pense pas moins : « Il n'est pas nécessaire, parce que vous êtes duc, que je vous estime ; mais il est nécessaire que je vous salue[3]. » Pascal est conservateur ? C'est tellement évident. Spinoza n'est pas très éloigné de lui sous ce rapport : *tout* vaut mieux que l'effondrement de l'ordre social (bien sûr, entre la conservation et la destruction, il y a la transformation, et cela, Spinoza le voit sans doute mieux que lui[4]). Si Pascal est conservateur cependant, c'est d'un conservatisme qui n'est pas le simple pendant pour riches de la cécité des pauvres – « [...] encore que les opinions du peuple soient saines, elles ne le sont pas dans sa tête, car il pense que

1. Pascal, *Pensées*, *op. cit.*, fr. 83, p. 510.
2. *Ibid.*, fr. 90, p. 510, c'est moi qui souligne.
3. Pascal, *Trois discours sur la condition des grands*, *op. cit.*, p. 367.
4. Voir *infra*, p. 246.

la vérité est où elle n'est pas »[1]. Il faut s'incliner devant les grandeurs d'établissement, non parce qu'elles valent en elles-mêmes – fait du « hasard »[2], elles ne valent rien –, mais parce que le *valoir*, dont elles sont la réalisation, est la *forme* même de l'ordre social, et qu'à cela on ne devrait pas s'en prendre sans tremblement.

Ce que devient un ordre social quand et la croyance et la pensée de derrière viennent à s'absenter, on le connaît par le cas maximal : Caligula. On se demande peut-être comment peut se produire l'improbable rencontre de l'humanisme sans surprise de Camus et de l'anti-humanisme théorique de Spinoza[3]. On peut aussi, si l'on veut, trouver à redire à ses propriétés littéraires, mais on ne peut pas manquer de voir que dans le *Caligula* de Camus, il y a une idée. Caligula, c'est le devenir de la société quand le souverain a vu la condition anarchique, et pire : décidé de vivre *en conséquence*. La question camusienne ici n'est pas l'« absurde » comme le remâche éternellement un commentaire paresseux : c'est la question de la conséquence ou de l'inconséquence. « Tout, autour de moi, est mensonge, et moi je veux qu'on vive dans la vérité[4] », voilà ce que Caligula répond à Hélicon qui lui propose les solutions du « comme si » – les solutions de l'inconséquence. Malheur de la société aux mains d'un pouvoir incroyant : « J'ai décidé d'être logique et puisque j'ai le pouvoir, vous allez voir ce que la logique va vous coûter[5]. » C'est que l'incroyance, assistée de la logique, ne s'abstient de rien – mais son faire n'est plus qu'un gigantesque chaos.

1. Pascal, *Pensées*, *op. cit.*, fr. 92, p. 510.
2. Pascal, *Trois discours sur la condition des grands*, *op. cit.*
3. Qu'il faudrait qualifier plus exactement d'anti-*subjectivisme* théorique. Pour une lecture spinoziste de Camus, cependant, voir Laurent Bove, *De la transfiguration. Pour une expérience vitale de l'immanence*, Paris, Publications de la Sorbonne, 2014.
4. Albert Camus, *Caligula*, Paris, Gallimard, « Folio », 1986, acte I, scène IV.
5. *Ibid.*, acte I, scène IX.

Et, en effet, l'addition va être lourde. Tellement lourde que, nul ne pouvant y résister, le souverain « anaxique », et même anarchique – car c'est bien ce qu'il faut dire de Caligula : il est un *souverain anarchique* –, se voue lui-même à terminer assassiné. Peu importe d'ailleurs qui, particulièrement, l'assassine. La réalité de sa suppression, c'est le groupe qui la porte. Car il y va de sa propre persévérance dans son être de groupe.

Les enjeux de persévérance du corps politique

On sait toutes les préventions réflexes qui accueillent ce genre d'énoncé, généralement nommées d'après Popper et Agassi, dont le « principe » veut qu'on ne puisse attribuer intérêts, désirs ou intentions aux collectifs. Mais c'est là se tromper doublement quant à l'idée d'un conatus du groupe. D'abord parce que même chez l'individu humain, le conatus n'est en aucun cas un fait de conscience ou de volonté : il est un dynamisme du corps. Ensuite parce que l'individu humain n'a aucun monopole sur la catégorie d'individu : l'univers entier est une gigantesque hiérarchie de l'individualité composée. C'est que tout « individu » est en fait notoirement divis – l'individu humain comme les autres. Dans la grande hiérarchie de la composition, l'individu humain occupe donc une certaine place, mais sans aucun privilège ontologique – hormis celui qu'il s'accorde par un mouvement réflexe d'anthropocentrisme –, avec en dessous de lui des composants eux-mêmes composés, et au-dessus de lui des composés dont il est composant. Par conséquent, parler d'individu, de corps, donc de conatus, est entièrement valide à tout étage de la composition, dès lors du moins, d'une part, qu'on accepte de se défaire de ses fixations anthropocentriques et, d'autre part, qu'on dispose d'une théorie des corps suffisamment puissante pour être *générale* – mais cela, la « petite physique » de Spinoza nous en donne tous les éléments[1]. Abandonner l'anthropocentrisme, c'est cesser de projeter spontanément dans le corps politique, et sans même s'en rendre compte, des figurations du corps humain, c'est-à-dire de le « penser » d'après des images particulières, celles d'un corps particulier, ce qui, à proprement parler, n'est pas penser mais imaginer, quand il n'y a pas d'autre moyen, la figuration étant impossible, que de penser le corps politique (comme Dieu d'ailleurs) *dans l'ordre des concepts*.

Rien de ceci évidemment ne dit comment l'effort – ne supposant aucune instance « consciente » ou « volontaire » – de l'individu collectif pour persévérer dans son être se trouve effectué par des individus « individuels ». S'il y faudrait un supplément théorique considérable, peu importe ici. Ne compte que la perspective objective de la décomposition du groupe s'il voit détruits ses ancrages axiologiques, et l'alternative qui s'ouvre alors : ou bien une réaction se sera fait connaître de l'intérieur, ou bien le groupe aura cessé d'exister. À un patricien qui ne voit pas plus loin que la dangerosité immédiate du tyran (« Il veut notre mort à tous[2] »), Chéréa répond dans la perspective de la persévérance collective : « Il met son pouvoir au service d'une passion plus haute et plus mortelle, il nous menace dans ce que nous avons de plus profond. Sans doute ce n'est pas la première fois que, chez nous, un homme dispose d'un pouvoir sans limite, mais c'est la première fois qu'il s'en sert sans limite, jusqu'à nier l'homme et le monde [...]. Voir se dissiper le sens de la vie, disparaître notre raison d'exister, voilà ce qui est insupportable. On ne peut pas vivre sans raison [...]. Mais comprenez que ce n'est pas pour prendre le parti de vos petites humiliations. C'est pour

1. On nomme « petite physique » la section insérée entre les propositions *Éth.*, II, 13 et 14. Pour des développements plus complets sur cette question, voir Frédéric Lordon, *Imperium. Structures et affects des corps politiques*, *op. cit.*, notamment le chapitre V.

2. Albert Camus, *Caligula*, *op. cit.*, acte II, scène II.

lutter contre une grande idée dont la victoire signifierait la fin du monde[1]. » Ici, évidemment, on voudrait pouvoir faire le tri – conserver la vue pénétrante du problème de la condition anarchique, oublier les reliquats d'humanisme. Caligula n'est certainement pas un ami commode, mais il ne nie pas l'homme et encore moins le monde. Il se contente de dire que le monde ne dit rien, et du point de vue de la raison, qui n'est pas davantage agressée, on aura du mal à le contredire.

La raison, les raisons. Ici, malheureusement, la raison dit qu'il n'y a pas de raisons. Chéréa a pris le parti des raisons, Caligula l'autre. Chéréa ne l'ignore pas tout à fait, il reconnaît lui-même qu'il a affaire à « une grande idée », et davantage : « Il [Caligula] transforme sa philosophie en cadavres et, pour notre malheur, c'est une philosophie sans objections[2]. » Au vrai, c'est trop créditer Caligula que de lui accorder sans autre réserve « la raison ». Car sa raison est une raison incomplète – donc pas tout à fait la raison : la raison complète, c'est celle qui s'étend jusqu'aux conditions de la persévérance du corps collectif. Caligula, c'est donc seulement la demi-raison du demi-habile – en plus effrayant : un demi-habile devenu tyran. Quant à Chéréa, lui aussi est dans un entre-deux – symétrique : « Il faut bien frapper quand on ne peut réfuter. » Pas de raison, et cependant on agira.

On songe ici à la lettre 78, qui n'est éloignée de notre sujet qu'en apparence, où Spinoza répond, une fois encore, à propos de la négation du libre arbitre qui ôterait toute idée de responsabilité et saperait toute possibilité de justice : « Qui devient enragé par la morsure d'un chien doit être excusé à la vérité, et cependant on a le droit de l'étrangler[3]. » Celui que quelque affection a déterminé à la rage n'a en effet aucune *responsabilité* dans ce que cette rage lui fait commettre – il

1. *Id.*
2. *Ibid.*
3. Lettre 78 à Oldenburg, *Traité politique. Lettres*, *op. cit.*, p. 347.

en a juste l'agentivité. C'est tout à fait suffisant pour que le groupe « s'autorise » à lui faire quelque chose : l'étrangler (au sens propre ou à tous les sens figurés possibles). Mais quels sont cette autorisation et ce droit (« on a le droit de l'étrangler ») dont « on », c'est-à-dire le groupe, se prévaut, sinon le droit immanent du conatus, le droit, non pas juridique mais onto-anthropologique, de s'efforcer en vue de sa persévérance. Quand le groupe sent qu'il pourrait y aller de sa pure et simple existence dans les menées des enragés, il les étrangle[1]. Et de même pour Chéréa : la raison pratique de la persévérance justifiera tout ce que la raison théorique (incomplète en l'occurrence) ne justifiera pas : à défaut de pouvoir réfuter, on frappera donc. Mais à la fin qu'importe celui qui tient le glaive : la puissance réactive du conatus collectif se reconnaît à ce qu'il a engendré en son sein des individus prêts à effectuer ses réquisits. Ne les aurait-il pas engendrés, le groupe aurait péri. C'est tout.

Les ambivalences de l'autonomie

Si la société ne vit qu'auto-sustentée, alors tout ce qui attente à l'auto-sustentation attente à son existence même – rappel : la coutume est l'unique fondement (« mystique ») de l'autorité ; qui ramène cette dernière à son principe *l'anéantit*. Voilà pourquoi le jeu axiomachique est un jeu dangereux : chaque fois qu'un ancrage est remis en question, n'est-ce pas l'inconsistance de *tout* ancrage qui menace d'être révélée ? « L'art de fronder, bouleverser les états est d'ébranler les coutumes établies en sondant jusque dans leur source pour marquer leur défaut d'autorité et de justice[2]. » Qu'on ne s'y

1. Pour un développement plus complet sur ce thème, voir : Frédéric Lordon, *Les Affects de la politique*, *op. cit.*, « *Coda*. Comprendre, expliquer, excuser ».
2. Pascal, *Pensées*, *op. cit.*, fr. 60, p. 507.

avise pas, nous enjoint Pascal, on ne joue pas avec la croyance collective, au contraire on l'enchâsse : « Il est dangereux de dire au peuple que les lois ne sont pas justes, car il n'y obéit qu'à cause qu'il les croit justes. C'est pourquoi il faut lui dire en même temps qu'il faut y obéir parce qu'elles sont les lois, comme il faut obéir aux supérieurs non pas parce qu'ils sont justes, mais parce qu'ils sont supérieurs. Par là voilà toute sédition prévenue, si on peut faire entendre cela et que proprement c'est la définition de la justice[1]. »

Mais n'est-ce pas un combat dépassé, pour ne pas dire un combat d'arrière-garde, que mène Pascal, au moment précis d'ailleurs où toute une aire culturelle, l'Europe, s'apprête à basculer dans un nouveau régime axiologique : le régime de la réflexivité. Castoriadis, qui, lui aussi, a mis l'insignifiance du monde au cœur de sa pensée, et fait de l'imaginaire collectif instituant son unique solution de remplissage, insiste répétitivement sur ces deux moments de rupture que lui semblent dans l'histoire humaine la Grèce du Ve siècle et l'Europe du XVIIIe, les deux surgissements historiques de la réflexivité, qui voient les sociétés abattre toute limite à leur auto-questionnement. Moments terriblement ambivalents puisque, s'ils ouvrent les vastes perspectives de l'autonomie, ils libèrent également l'angoisse de la condition anarchique quand elle se réfléchit elle-même, quand elle se contemple elle-même sans voile, et par là se remet au contact de ses propres abysses. Les sociétés à faible réflexivité jouissaient au moins des bonheurs de l'hétéronomie : la certitude axiologique, méconnaissance heureuse de l'arbitraire des valeurs instituées et des processus réels de leur institution. Après Athènes, les Lumières européennes rendent impossible pareille félicité du sens. Sans doute le mouvement commence-t-il dans l'euphorie de la réappropriation. Mais comment ne serait-il pas tôt ou tard rendu à un point de vertige ? Car décréter l'affranchissement

1. *Ibid.*, fr. 66, p. 508.

d'avec toutes les significations et toutes les valeurs établies, en tout cas la possibilité permanente de leur remise en question, c'est du même mouvement affirmer notre souveraineté et l'arbitraire de ses œuvres – « Si Dieu n'existe pas... ». En découvrant l'autonomie, les sociétés grecque et européenne découvrent aussi combien elle est une voie étroite, bordée de deux précipices symétriques : l'imbécillité heureuse, qui prive de tout accès à la praxis, puisqu'une praxis qui s'ignore n'est pas vraiment une praxis ; la connaissance réflexive, qui est le principe de l'autonomie, mais l'affole aussitôt en lui ôtant tout ancrage objectif – en la précipitant dans la condition anarchique. Voilà donc l'aporie de l'autonomie : littéralement, nous ne savons pas ce que nous faisons si nous le faisons dans l'opacité à nous-mêmes, or une opacité minimale est une condition pour que nous puissions *croire* à ce que nous faisons. Comment nous tenir à nos valeurs en sachant qu'elles sont de part en part notre œuvre, et surtout qu'en principe, *à tout instant*, nous pourrions les refaire *autrement* ? Entre réfléchir et croire, aurions-nous à choisir ?

Le temps, ou le métabolisme des révisions axiologiques

Si dans son principe l'aporie de l'autonomie est sans solution, dans la pratique elle n'est pas dépourvue de moyens d'accommodation – mais la pratique, ça compte ! (c'est même tout ce qui compte, dirait peut-être Marx). Le premier d'entre eux : le temps. Qu'il y ait quelque chose comme une productivité passionnelle, et sociale, du temps, nous le savons au moins depuis Bourdieu, qui a montré quelle différence spécifique produisait le temps séparant un don de son contre-don, intervalle de latence, donc d'incertitude du retour, qui interdit, sauf au regard scolastique-objectiviste, d'en faire une version simplement déniée du donnant-donnant : le temps est l'élément d'une mise en forme par laquelle la réciprocité des contreparties devient tout autre chose qu'une hypocrisie d'échange économique[1]. Semblablement, le temps *produit* dans la condition anarchique : ici, il lui donne une histoire possible, une histoire viable, si elle n'est qu'un déséquilibre perpétuellement rattrapé. Il ne fallait donc surtout pas prendre au pied de la lettre l'idée qu'« à tout instant » nous pourrions refaire nos valeurs autrement – autre manière de dire que le pied de la lettre est précisément ce qui sépare la théorie de la pratique. Car, bien sûr, jamais les groupes n'exercent l'option de principe du renversement « à tout instant ». Seul Caligula peut vivre dans un monde où tout est toujours non seulement rejouable, mais rejoué. Lui est l'homme de la liquidité axiologique, l'homme de la condition anarchique prise au sérieux : comme rien ne vaut, tout peut valoir n'importe quoi à tout moment. Tout autre que lui y finirait *épuisé* – épuisé de l'incessant remaniement qui laisse les valeurs, c'est-à-dire la vie des hommes, sans repos. « J'ai le goût et le besoin de la sécurité, lui oppose Chéréa. La plupart des hommes sont comme moi. Ils sont incapables de vivre dans un univers où la pensée la plus bizarre peut en une seconde entrer dans la réalité[2]. »

La tension entre le principe de l'autonomie et les nécessités de la croyance trouve alors une première solution d'accommodation dans *la temporalité des révisions* : *lente*. Il faudrait sans doute parler de temporalités au pluriel, pour rejoindre quelque chose comme une hiérarchie des valeurs, certaines pouvant supporter d'être bousculées dans des horizons très courts – la mode par exemple –, d'autres engageant les ancrages moraux les plus profonds du groupe et ne supportant d'être bougées que dans le temps long. Encore la formule « ne supportant » est-elle inadéquate, comme un reliquat de pensée fonctionnaliste auquel Spinoza fait impitoyablement la

1. Pierre Bourdieu, *Le Sens pratique*, Paris, Minuit, « Le sens commun », 1980.
2. Albert Camus, *Caligula*, *op. cit.*, acte III, scène VI.

chasse (*Éth.*, I, appendice) : ce sont les valeurs à temporalité longue qui *par là* indiquent l'importance qu'elles revêtent aux yeux du groupe. À cet étage de la hiérarchie, la viscosité des remaniements axiologiques est une nécessité – *positive* : elle indique des formations passionnelles collectives très profondément incrustées, dont le déplacement demandera un long travail du groupe sur lui-même. Un long effort d'auto-affection donc. Il a fallu du temps pour que la société se convainque que les femmes avaient une âme, que les hommes, en principe du moins, naissent égaux, qu'il est autorisé de questionner l'existence de Dieu, ou que l'homosexualité n'est pas une pathologie – plus de temps que, plus tard, pour réviser la hauteur des ourlets ou remettre des chaussures passées au goût du jour. L'axiomachie générale s'étage donc selon une hiérarchie de temporalités. Si les lieux les plus futiles de la dispute axiologique tolèrent (se caractérisent par) les revirements rapides, à la limite même l'absence de tout moment d'inertie, faisant penser aux réorientations instantanées de la liquidité dans les marchés financiers (ainsi par exemple des notoriétés de réseaux sociaux, aussi soudaines que volatiles), dans les strates les plus élevées, le basculement de « la partie la moins forte » à « la partie la plus forte de la multitude » est l'affaire d'un long travail de sape avant d'arriver à maturité, un travail de plusieurs générations. Et, précisément, le renouvellement générationnel est le plus sûr allié des grandes transformations axiologiques : les nouveaux entrants prennent la dynamique en cours, c'est-à-dire à un moment où déjà les valeurs attaquées sont déstabilisées, si elles tiennent encore. La socialisation de ces nouveaux entrants sera à ce propos d'une moindre rigidité, enregistrant déjà les vacillations de la croyance collective quand, parmi les anciens, beaucoup mourront sans avoir rendu les armes, persuadés que « là » était bien le vrai, que la société est en train de se perdre, etc. – éternelle déploration de ceux que leur temps abandonne.

Aucune liquidité ici, mais au contraire la grande viscosité des auto-affections de longue période, avec tous les avantages et, symétriquement, les inconvénients de la chose. La progressivité du ripage axiologique permet à la société de le métaboliser sans casse, là où un abandon instantané, détruisant soudainement un de ses ancrages fondamentaux, emporterait des conséquences difficilement imaginables. Difficilement imaginable est bien le mot puisqu'il s'agit ici en vérité d'une scène impossible, scène de déstabilisation de la société entière si l'un de ses soutènements axiologiques majeurs lui est ôté d'un coup. « Personne, écrit Spinoza, ne peut céder sa faculté de juger : quelles récompenses, quelles menaces peuvent en effet amener un homme à croire que le tout n'est pas plus grand que la partie, que Dieu n'existe pas, à croire qu'un corps qu'il voit fini est infini, et, de manière générale, à croire quelque chose de contraire à ce qu'il sent ou à ce qu'il pense » (*TP*, III, 8). L'affect commun, dont *TP*, VI, 1 nous dit qu'il est le principe réel de la consistance des corps collectifs, emporte comme corrélats, indissolublement liés, des idées, c'est-à-dire des croyances (des idées-affects), donc de l'imaginaire, des valeurs, des significations, mais le tout agencé dans des *habitudes* et des *manières* – manières de sentir, de juger et de se comporter. Seul Caligula peut, à tort, croire possible de bousculer *d'un coup* de pareils massifs. Or aucune récompense, ni aucune menace, ne parviendra à soutenir une véridiction autoritaire qui, sans autre forme de procès, viendrait brutaliser l'habitude collective, prétendre l'annuler même, la refaire *instantanément*, au moins dans ses attaches les plus fondamentales : si Dieu existe, que le fini est infini ou l'inverse, ou qu'on va rétablir le sacrifice des enfants. Qu'on fasse de nouveau offrande des petits aux dieux, rien en principe ne permet de l'exclure – Pascal n'a-t-il pas reconnu que cette pratique-là, comme en fait n'importe quelle autre, avait trouvé, ou pouvait trouver sa place au nombre des vertus[1] ? Mais on ne rétablira pas le sacrifice *du jour au lendemain*, par exemple dans la société présente qui a fait de l'enfant l'être suprêmement intouchable. À ces étages de la valeur, il peut donc y avoir des crises mais pas des krachs axiologiques. Le remaniement ne survient pas, comme sur les marchés, par réorientation soudaine du banc de poissons, mais par lente subduction d'une plaque axiologique sous une autre. Sans doute connaît-il parfois un marquage qui fait césure : c'est en général la loi qui a ce pouvoir d'acter, et par là de faire date. Alors il est très officiellement déclaré que les femmes ont le droit de vote, ou les homosexuels le droit au mariage, un jour une loi d'un autre type, canon, dira peut-être que les femmes (encore – souvent…) ont accès à l'ordination comme prêtre, etc. Il y a aussi la possibilité de la révolution : à compter de ce jour, le souverain de droit divin, c'est fini. Mais s'il s'agit de questionner l'existence de Dieu ou bien de déclarer vil, ou au contraire honorable, le désir de fortune, qui peut dire, au milieu de ce long continuum, quand la chose exactement s'est faite ? – sans compter la possibilité que, plus tard encore, elle soit défaite.

Hystérésis des normes et désajustements

Si la temporalité lente offre ses conditions de possibilité aux remaniements axiologiques les plus fondamentaux, elle a aussi pour inconvénient symétrique de laisser parfois les individus désajustés dans l'entre-deux d'une transition étirée. Ainsi par exemple de la transformation des normes familiales. La condition anarchique, autre nom de l'arbitraire de la culture, nous dit bien que rien ne prescrit rien en cette matière, et qu'*a priori* le champ de la morphologie familiale est parfaitement isotrope : grand ouvert – *ex ante* –, tout y est possible *en*

1. Pascal, *Pensées*, *op. cit.*, fr. 60, p. 507.

principe. Seule la profondeur de *notre* habitude nous le fait oublier – grandeur de l'anthropologie comparative qui seule peut nous tirer de notre sommeil axiologique en nous mettant sous le nez des formes autres. Sommeil mais paradoxal, c'est bien le cas de le dire, car pendant que la communauté axiologique croit dormir, son activité est intense : la norme est travaillée. Elle va devoir bouger, ne serait-ce que sous la poussée de la pratique, qui la contourne au point où elle va devenir caduque. Alors oui, il va falloir organiser le divorce, le déstigmatiser, cesser de faire peser un lourd regard sur les couples qui se séparent et leurs enfants. Oui, plus tard, il faudra formaliser juridiquement les unions homosexuelles, et puis poser à leur propos la question des enfants, de l'adoption, de la procréation, etc. Combats axiologiques de longue haleine dans lesquels se lancent en premiers certains qui sont arrivés à un point dans leur vie où ils n'ont « plus le choix ». Mais envers et contre tout – ou plutôt contre tous, puisque aller contre la norme en place c'est aller contre le groupe. Seul le sentiment du désespoir, l'impossibilité de « continuer » plus longtemps, en tout cas des intensités affectives hors de l'ordinaire, permettent de comprendre que des individus fassent un choix aussi fou que celui d'ouvrir les hostilités contre le groupe. On peut s'autoriser à laisser de côté un instant les rigueurs du spinozisme pour dire que, s'il y a parfois un ridicule des commencements, il est aussi des enjeux plus graves où il y en a un héroïsme, ou plutôt un héroïsme des « commençants », ceux qui à un contre des millions assument la condition ultra-minoritaire, entament un combat dont ils savent qu'il a toutes chances de déboucher bien après eux, et que de leur vivant ils ne connaîtront pas la partie la plus forte de la multitude, au risque d'ailleurs d'en être écrasés, parce que le groupe écrase ceux qui s'en prennent à ses ancrages majeurs. Et ce sont des vagues successives de minoritaires, chaque fois un peu moins minoritaires, qui auront à se briser sur le rempart majoritaire, entamé moellon après moellon, jusqu'à le faire céder. Dans l'histoire des axiomachies fondamentales, il y a ainsi la longue cohorte des sacrifiés, qui ont payé pour qu'une autre norme voie le jour, accepté le risque de l'opprobre, usé leur vie dans des combats dont ils n'auront pas vu le bout, pour qu'un jour la partie la moins forte devienne la plus forte – abolition de la propriété privée de moyens de production, égalité des droits, etc.

Et puis il y a aussi tous les enrôlés de fait qui, sans être des militants comme tels, se trouvent pris dans le grand mouvement de la transition normative, et jetés dans le déséquilibre. Ainsi par exemple des enfants de divorcés des années 1960, exposés au regard de leurs camarades, voire simplement à la comparaison avec la situation de ces derniers, quand la pratique ultra-majoritaire est conforme à la norme de la famille unie pour toute la vie. Une expérience de pensée, pareille à celles que nous suggèrent les hétérotopies anthropologiques qui nous montrent des sociétés rigoureusement matriarcales où les hommes ne sont que des géniteurs de passage, une expérience de pensée, donc, pourrait parfaitement imaginer une morphologie sociale de la famille où la séparation des parents serait l'*habitude*, dont par conséquent les enfants souffriraient moins – pour le coup, eux n'ont aucun préjugé, ils sont l'incarnation de la condition anarchique, surfaces corporelles vierges en attente d'être tracées, prêts à faire leur l'état *quelconque* des normes qui leur sera proposé par la socialisation. Mais c'est l'hystérésis de la norme, et par suite le sentiment du désajustement, qui font souffrir : si n'importe quelle forme de la famille *ex ante* pouvait leur convenir, ils n'en ont pas moins grandi, et été pliés, dans une forme particulière, et celle-là maintenant est dans leur corps, en plus d'être dans leur tête : impossible de ne pas souffrir de se voir jeté hors de la norme, c'est-à-dire en porte-à-faux avec ses propres plis. Jeté hors *des* normes, faudrait-il dire : la norme sociale, mais aussi la norme immanente de la pratique familiale, habitude de la présence de deux parents sous le même toit, dont le bris ne peut pas ne pas être en soi une douleur, indépendamment de tout le reste – du dehors social. Bien sûr, du côté de ce dehors, les progrès de la transition axiologique n'ont que de bons effets : désingularisation, déstigmatisation, intégration dans ce qui est en train de devenir la nouvelle norme de fait – un topos pour film comique sociétal montre deux enfants dans la cour : « Quoi, tes parents sont pas divorcés ? », l'anomalie a changé de camp. Si la norme de fait devient favorable, il faut cependant compter avec la rémanence dans les corps-esprits de la norme attaquée, peut-être même déclassée, mais toujours pas *effacée*. La norme de fait n'est pour ainsi dire, et peut-être pour longtemps encore, qu'une vaste dérogation à une norme « de droit », qui continue de planer sur la culture. Et, partant, d'informer les pratiques – au moins « au début ». Les enfants ne peuvent pas ne pas en souffrir puisque, pour la plupart, ils ont commencé en l'expérimentant : ils ont grandi et été socialisés-tracés sous sa véridiction. C'est de *changer* qui est dur, d'être soudain pris à contre-pied de ses premiers plis, même si tout le mouvement de la société rend la chose de moins en moins dure. Pour que cette dureté ne soit plus qu'un souvenir, il faudrait être complètement sorti de l'hystérésis, que la norme ancienne ait cessé d'exister comme une possibilité, et surtout comme la possibilité qui s'impose aux commencements de la vie familiale, au minimum qu'elle existe simplement comme une possibilité parmi d'autres de même rang, pour que l'arbitraire de la culture puisse en avoir fini sans douleur avec la famille nucléaire pour toute la vie. Mais la transformation axiologique est combat, patience, et longueur de temps.

Providentielle impuissance de la raison (pour une fois)

Pour tous ses inconvénients, la temporalité étirée demeure l'un des moyens d'accommoder la tension entre l'autonomie et la croyance, l'arbitraire et l'adhésion. Pour autant, dira-t-on, la révélation demi habile n'a-t-elle pas déjà gagné ? Qui peut revenir en deçà même des premiers pas de l'aperception critique, faire rentrer le génie dans la bouteille, empêcher que la conscience de l'arbitraire ne se répande et finisse par emporter toute la société dans l'abîme de l'impossibilité de croire ? Pour Pascal, la course de vitesse est engagée : contre la marée demi habile qui s'étend, il faut répandre l'antidote du Christ, et que celui-ci gagne les esprits avant l'incroyance générale. Spinoza pourrait-il dire la même chose, en mettant la connaissance du troisième genre à la place du Christ sur la ligne de départ ? En principe oui, à ceci près qu'il ne se fait pas d'illusion : si cette course a lieu, elle est perdue d'avance – « Il faut bien que ce soit difficile, ce qu'on trouve si rarement. Car comment pourrait-il se faire, si le salut se trouvait sous la main, et que l'on pût le découvrir sans grand labeur, que tous ou presque le négligent ? Mais tout ce qui est remarquable est difficile autant que rare » (*Éth.*, V, 42, scolie). Par ces mots qui ferment son *Éthique*, et comme d'ailleurs il l'a explicitement démontré, Spinoza n'est pas prêt à parier beaucoup sur les capacités de l'humanité à trouver rapidement, peut-être même à trouver tout court, les voies du salut collectif par la raison. Mais alors comment endiguer l'œuvre corrosive de la demi-raison ? Ou alors comment s'installer dans la cécité volontaire ?

Organiser l'inconséquence, c'est précisément la solution que refuse Caligula. Hélicon veut bien essayer de suivre Caligula dans ses pentes, quoique avec surtout l'espoir de le retenir : « C'est un raisonnement qui se tient. Mais en général on ne peut pas le tenir jusqu'au bout. » La réponse tombe aussitôt : « Tu n'en sais rien. C'est parce qu'on ne tient jamais rien jusqu'au bout que rien n'est obtenu. Mais il suffit peut-être de rester logique jusqu'à la fin[1]. » C'est le problème avec la logique :

1. Albert Camus, *Caligula*, *op. cit.*, acte I, scène IV.

une fois qu'on en a trouvé l'entrée, il est difficile de ne pas suivre son fil. Et il est difficile de s'interdire décisoirement de le suivre. Heureusement, les problèmes de la pratique ne se posent pas à la manière des logiciens. Qui, si l'inconséquence est notre dernière solution, nous diraient évidemment l'absurdité – logique – de toute idée visant à la décréter. Or, il n'y a pas *à organiser* l'inconséquence : elle *s'organise* toute seule. Nous pouvons vivre dans le commencement de la révélation car nous avons « les moyens » de l'ignorer, ou du moins de la mettre à distance. Des moyens passionnels, qui jouent en nous, quoique nous n'en ayons aucun contrôle (comme d'ailleurs d'aucune de nos actions, auxquelles nous sommes déterminés), et qui jouent en nous précisément parce que nous n'en avons aucun contrôle – faute de quoi, bien sûr, nous retomberions dans toutes les apories de la cécité « volontaire » (au passage, les mêmes que celles de la servitude « volontaire »). Le « moyen », Spinoza nous l'indique : c'est l'impuissance de la raison. « La vraie connaissance du bien et du mal, en tant que vraie, ne peut contrarier aucun affect, mais seulement en tant qu'on la considère comme un affect » (*Éth.*, IV, 14). Le vrai en tant que vrai n'a aucun pouvoir d'affecter : voilà ce qui, d'ordinaire, fait notre misère éthique… et qui ici nous sauve. Misère éthique : nous voyons par les yeux de la connaissance vraie ce que nous devrions faire, ou ce que nous ne devrions pas faire, bref la voie à suivre – et cependant n'en pouvons mais. Spinoza cite Ovide : « *Video meliora proboque, deteriora sequor* » (*Éth.*, IV, 17, scolie). Je vois le meilleur et je l'approuve, je fais le pire. Aberration-type de l'impuissance de la raison. Je sais de connaissance vraie que fumer tue – je fume. Je me vois faire des choses dont je sais qu'elles vont mal finir – je les fais. Je les fais car *c'est plus fort que moi*. Qu'est-ce qui est plus fort que moi ? Mes affects. Mes affects sont plus forts que le vrai de ma connaissance vraie. Qu'est-ce que l'*Éthique*, la voie de l'*Éthique* ? L'enrichissement du vrai en affects – pour qu'enfin il puisse l'emporter, et nous tirer de la servitude passionnelle, par l'exercice de la raison.

Cependant, dans le régime de la servitude passionnelle, il arrive que l'impuissance de la raison ne joue pas toujours pour le pire. Parfois, elle aide à nous laisser « bienheureux » – bienheureux comme des imbéciles heureux, s'entend. Ici, au demeurant, il ne s'agit pas simplement du confort des imbéciles heureux : il s'agit ni plus ni moins que de la possibilité de la vie sociale. Pour supporter la condition anarchique, il ne faut pas la voir. Davantage même, il faut ne pas la voir, spécialement quand on l'a déjà vue. Cette occultation « volontaire » n'est une performance impossible que pour ceux qui conçoivent l'action humaine comme le produit d'un esprit souverain qui, commandant à la fois de voir et de ne pas voir, se mettrait en porte-à-faux avec lui-même, en faute logique. Mais l'homme n'est ni un esprit souverain ni un arbitre libre : il est un champ de processus. Il est traversé par des intensités affectives dont l'éventuel conflit se réglera selon la loi élémentaire de l'affect le plus fort. Or, en matière de soutien passionnel, l'ordre axiologique peut envoyer du lourd pour faire oublier son arbitraire – même à ceux qui en ont l'idée vraie : la *potentia multitudinis*. Les individus sont-ils de temps à autre tourmentés par les fondations friables, en fait inexistantes, sur lesquelles tout est élevé ? Sont-ils saisis de vertige, si l'idée les traverse, que rien ne tient à rien ? Et si oui, alors comment font-ils pour continuer de vivre ? Est-il possible de faire avec la seule ressource habile de « la pensée de derrière » ? Si Pascal était inquiet, c'est sans doute parce qu'il percevait que l'arme d'une sorte de « comme si » pouvait difficilement être suffisante. Quatre siècles plus tard pourtant, les ordres axiologiques tiennent toujours. C'est donc qu'ils ont pu compter sur d'autres moyens pour durer. Un double moyen en fait : l'impuissance de la raison et la puissance de la multitude, ou encore : la débilité de la raison écrasée par la puissance de l'affect commun.

Les auto-sustentations passionnelles de l'ordre axiologique

Heureux écrasement ? En tout cas, il permet, sachant l'absence de valeur des valeurs, de continuer à vivre selon des valeurs. Ceci parce qu'à nos valeurs, nous adhérons, non selon les attendus de la raison, mais par l'intensité de nos affects. On aura beau me dire que « rien ne vaut », le spectacle d'une injustice, quand bien même je sais l'idée de justice sans « rien de positif », jugée seulement « selon mon affect », ne laissera pas la moindre chance aux commentaires de la raison : je serai scandalisé, peut-être hors de moi, déterminé à joindre quelque geste à la parole, et je le serai précisément par la force de l'affect. Et pas de n'importe quel affect : car les contenus dont j'investis ici l'idée de « justice » ne me sont pas propres ; ils ont derrière eux une certaine multitude, une histoire même. L'impuissance de la raison est constatée – le plus souvent pour le pire – dès l'échelle de nos affects individuels. Qu'en dire, *a fortiori*, lorsqu'elle a à lutter contre des formations passionnelles collectives affermies dans la longue période ? Si, comme il n'a cessé d'en être question, le ressort de l'adhésion aux valeurs est passionnel, et que la raison est impuissante face aux affects, alors, soutenues par l'affect commun, les valeurs conservent leur pouvoir de valoir même si elles ne valent pas. Le monde continue de tenir, et les hommes à leurs valeurs, parce que seul un affect peut « contrarier ou réprimer » un autre affect (*Éth.*, IV, 7), que le vrai en tant que vrai n'a pas la force d'un affect, et qu'il s'ensuit que le jeu des affects les uns contre les autres ne résultera que dans le jeu des valeurs les unes contre les autres, donc ne consistera qu'en remaniements internes à l'ordre de la valeur. Sans que l'ordre de la valeur lui-même ne soit sérieusement questionné, questionné en tant que tel :

comme une idée des plus problématiques. Mais que voudrait dire « questionner sérieusement » ? Deux choses emboîtées. D'abord, questionner selon un ordre pour l'entendement, c'est-à-dire selon la norme du vrai – et voir dans toute sa radicalité la condition anarchique. Ensuite, prendre au sérieux ce que la raison a fait apercevoir. Mais prendre au sérieux, c'est prendre en soi, littéralement com-prendre, c'est-à-dire comprendre par ses affects, comprendre en refaisant les plis de son corps. Or ici, cela n'arrivera pas puisque précisément le vrai qui fait comprendre selon la raison ne suffit pas à faire com-prendre par le corps passionné. Redisons-le, dans le cas présent, c'est tant mieux : il y va de la possibilité même de la vie sociale, qui ne peut être qu'une vie selon des valeurs. La condition anarchique est une idée qu'il vaut mieux ne pas com-prendre – ou sinon : Caligula.

Heureusement, par construction, derrière les valeurs communes, il y a l'affect commun. Les individus ne sont donc pas laissés à composer chacun par-devers soi avec les apories de la condition anarchique. Toute la force passionnelle du groupe est engagée derrière eux pour les tenir à la valeur quoi qu'ils en aient. L'effet Münchhausen, l'auto-sustentation axiologique de la société, supposent un certain rapport de la multitude à ses propres productions, un rapport d'étrangeté relative et de méconnaissance. Où l'on retrouve l'aporie de l'autonomie : la transparence à soi du collectif, qui en est l'idéal, est un point d'effondrement du collectif. Ceux qui croient pouvoir poursuivre *jusqu'au bout* cet idéal, l'idéal de la praxis défaite de toute opacité, accomplie sans reste, ceux-là ne perçoivent pas l'abîme de la condition anarchique ou, le plus souvent, ne perçoivent pas combien en fait leur délibération « transparente » n'en continuerait pas moins de prendre appui sur des fondements tellement « évidents » qu'ils en sont inaperçus comme fondements – contingents. Et inquestionnés. Mais dont la remise en question précipiterait cette fois le groupe dans la déréliction – dans l'*an-arkhé*. Les raisonneurs de la praxis et de l'autonomie ne voient pas la masse des postulats, des prémisses, des axiomes, des cela-va-de-soi et de tous les présupposés à caractère axiologique qui se tiennent dans l'ombre, en arrière-plan de leurs raisonnements justificateurs, et sans lesquels toutes leurs constructions s'écrouleraient aussitôt. C'est qu'il faut bien préserver quelque part au moins un ancrage auquel tout raccrocher, quelque chose à partir de quoi on enchaînera les déductions justificatrices. Mais surtout : un ancrage qu'on *laisse tranquille*. Si vraiment *tout* est *tout le temps* discutable, alors la discussion n'est plus susceptible d'aucun arrêt, même temporaire – instabilisable.

Le religieux général
(mettre au-dehors l'ancrage endogène)

L'anarchie rigoureusement comprise nous montre qu'il n'y a aucun ancrage, d'aucune sorte. Et maintenant nous savons également qu'en dernière analyse, *nous* sommes les producteurs de l'ancrage, que les sociétés se sauvent de l'anarchie par l'ancrage endogène. Mais précisément, à plus forte raison même, pour que l'ancrage endogène ancre, il faut le laisser tranquille. Au moins un moment. Et pour le laisser tranquille, il faut le mettre au-dehors. La vie du groupe tient donc à un expulsé – littéralement une certaine chose qu'il a fallu *sortir*, rendre, au moins momentanément, inquestionnable, disons même, plus littéralement : *hors de question*. C'est le dedans qui est le règne de la question. Mais, précisément, il faut fabriquer un dehors auquel accrocher tout le dedans, un hors de question auquel suspendre toutes les questions – et par là les rendre possibles. En soi, l'idée de l'ancrage endogène est insupportable, elle est même autodestructrice. Par un mouvement d'anti-métabolisme, il faut donc transformer de l'intérieur en extérieur, l'ancrage endogène en ancrage exogène, bref : faire de l'immanence une transcendance, condition *sine qua non* de l'auto-sustentation, qui ne peut pas se regarder en face – sauf à choir aussitôt. Ainsi, la vie du groupe tient au quadruple geste de produire l'ancre, expulser l'ancre, méconnaître qu'on l'a produite, et méconnaître qu'on l'a expulsée – c'est-à-dire sanctuarisée. La viabilité de la société dans la condition anarchique tient donc à la reproduction d'un sacré – d'un *sacer*, d'un séparé. Dans la modernité demi habile, modernité des réflexifs qui se sont mis en tête de tout interroger, il n'y a pas *le* sacré au singulier, sinon pour désigner l'ordre général de l'expulsion. Il y a *des* sacrés qui se succèdent dans la fonction d'ancre, au fil des grands remaniements axiologiques. Si les sociétés modernes croient s'être affranchies par la sécularisation, elles sont pourtant loin d'en avoir fini avec le religieux – pourvu qu'on comprenne « le religieux » au niveau d'abstraction adéquat, non plus par ses contenus substantiels, mais comme religieux *général*, selon une définition a-religieuse, ou dé-théologisée, du religieux. Quelque chose comme un religieux formel, qu'on peut alors voir au principe du soutènement des sociétés. N'est-ce pas d'ailleurs cette idée que Durkheim avait en tête quand, étudiant les formes élémentaires de la vie religieuse, il était assez clair qu'il poursuivait en fait les formes élémentaires de la vie *sociale* ? Hubert et Mauss disent les choses encore plus clairement : « Si les dieux chacun à leur heure sortent du temple et deviennent profanes, nous voyons par contre des choses humaines mais sociales, la patrie, la propriété, le travail, la personne humaine, y entrer l'une après l'autre[1]. » Ce temple d'où sortent les dieux, remplacés par des choses humaines mais sociales, c'est-à-dire par des contenus axiologiques fussent-ils séculiers, quel peut-il être sinon celui de ce religieux formel, dé-théologisé, le temple du social même,

1. Henri Hubert et Marcel Mauss, « Introduction à l'analyse de quelques phénomènes religieux », in Marcel Mauss, *Œuvres*, t. 1, *Les Fonctions sociales du sacré*, Paris, Minuit, 1997.

du social comme religieux générique ? On peut alors franchir une étape de plus et laisser tomber l'enveloppe vide du religieux : ce temple, c'est le lieu de la *potentia multitudinis*. Le temple, vide, n'est en définitive rempli que de la force générique qu'y mettent les hommes : la force de l'affect commun, telle qu'elle se propose pour soutenir les contenus successifs qui viennent provisoirement trouver leur place dans l'ordre du sacré, et comme réalisations temporaires du sacré.

On peut tout à la fois accorder leur inquiétude et rassurer ceux qui ont pris la mesure de la période « réflexive », et redoutent de voir se défaire la possibilité même de la croyance, c'est-à-dire de la vie. C'est que la vue ordinaire des choses de l'axiologie, dont ils continuent de participer, fait tout marcher sur la tête en pensant pour ainsi dire le fait de croyance comme contingent, et en craignant qu'on puisse « ne plus croire ». Douleur existentielle de Des Esseintes : « Seigneur, prenez pitié du chrétien qui doute, de l'incrédule qui voudrait croire, du forçat de la vie qui s'embarque seul, dans la nuit, sous un firmament que n'éclairent plus les consolants fanaux du vieil espoir[1] ! » Si les ancrages qu'on croyait externes, transcendants même, sont détruits, alors l'anomie est consommée. Et la vie sera bientôt impossible. Mais Spinoza remet le monde de la valeur sur ses pieds en nous montrant que *nous* sommes les producteurs de la valeur, donc de la croyance, que valeurs et croyances sont les produits de puissances humaines-sociales qui s'exercent *nécessairement* – et qu'il n'y a par conséquent aucune inquiétude à avoir quant à leur présence. Les corps-esprits humains nécessairement, et pour une très large part collectivement, forment des complexes idées-affects – c'est cela qu'on appelle des croyances. Ce qui change cependant, car il y a bien quelque chose qui change avec l'époque réflexive, c'est le *régime* de la croyance – et

1. Joris-Karl Huysmans, *À rebours*, Paris, Gallimard, « Folio classique », 1977, p. 318.

aussi sans doute ses intensités. Comme les conservateurs se trompent en prenant la crise d'un régime de l'autorité pour la crise « de l'autorité », Des Esseintes croit voir l'effacement « de la croyance » quand seule une certaine manière de croire est atteinte : la manière de l'adhésion sans réserve, c'est-à-dire de la méconnaissance heureuse. Pascal déjà semblait conscient de ce qu'on ne pourra tendanciellement plus compter sur ce môle de stabilité axiologique qu'offraient les « opinions saines du peuple » : c'est là la trace du régime ancien de la croyance, le régime de l'irréflexivité et, comme telle, elle est vouée à s'effacer. On ne procédera plus par *organisation* – à quelques-uns – de la méconnaissance, à la manière dont il l'imaginait encore : « Il ne faut pas que [le peuple] sente la vérité de l'usurpation, elle a été introduite autrefois sans raison, elle est devenue raisonnable. Il faut la faire regarder comme authentique, éternelle et en cacher le commencement, si on ne veut qu'elle ne prenne bientôt fin[1]. »

Il y a ici quelque chose d'à la fois profond et intenable. Profond, comme l'a vu Bourdieu, qui, tout autant pascalien que spinoziste, n'a cessé de dire le coup de force des commencements, la fondation assertorique des institutions, et tout leur travail pour ensuite effacer les traces. Avec elles-mêmes, les institutions instituent l'oubli des conditions de leur institution. Instituer est asserter – asserter une certaine manière. C'est un acte de position. Mais d'une position qui tranche arbitrairement dans la multiplicité *ex ante* des positions possibles, qu'il faut par après rejeter toutes dans l'oubli pour entourer l'élue contingente d'une aura de nécessité – et « la faire regarder comme éternelle ». C'est que la position élue n'a rien d'innocent. Certains avaient intérêt à son élection, y ont activement œuvré parfois. Il va bien falloir faire oublier tout ce qu'elle leur a dû, pour qu'ils puissent vivre paisiblement tout ce qu'ils lui devront. La seule chose qui

1. Pascal, *Pensées*, *op. cit.*, fr. 60, p. 508.

soit réellement nécessaire n'est donc pas du tout la position instituée : c'est que l'ordre des positions institutionnelles fonctionne à l'amnésie et à la méconnaissance. « *Pudenda origo* », rappelait Nietzsche : les origines sont impures. Or il importe que, sitôt originée, la chose institutionnelle prenne tous les airs de la pureté. On n'y parviendra guère sans quelque opération de transfiguration, où la raison exacte des choses ne trouvera pas son compte : car il aura fallu retrancher.

Les croyants et les autres

Tout ceci est vrai et cependant, du seul fait d'être vu, et dit, ne peut plus soutenir l'ancien plain-pied de la croyance. Tel est bien l'effet du moment historique de l'autonomie qui réclame la souveraineté véridictionnelle mais dans le même mouvement, par son travail réflexif, découvre l'arbitraire dans lequel elle se meut. Il est certain que dans ce nouveau régime, on ne croit plus tout à fait de la même manière que dans le précédent : y passe toujours comme « l'ombre d'un doute », le doute qu'on pourrait croire à autre chose. Toutes choses égales par ailleurs, les intensités doxiques en sont modifiées. Diminuées ? C'est ce que croit Houria Bouteldja qui, dans un étrange dialogue à distance, rejoint, mais par le bord opposé, le Houellebecq de *Soumission* : « La [créature des Lumières] sait comme personne la fragilité du moderne et la solidité de l'archaïque[1]. » C'est bien le sentiment également du héros huysmanien de Houellebecq qui envie le côté des « solides », contemplé depuis celui des « fragiles ». Et doit composer avec le fait qu'on ne passe pas d'un bord à l'autre par un acte de volonté, qu'on ne se met pas à croire

1. Houria Bouteldja, *Les Blancs, les Juifs et nous. Vers une politique de l'amour révolutionnaire*, Paris, La Fabrique, 2016, p. 128 ; Michel Houellebecq, *Soumission*, Paris, Flammarion, 2015.

décisoirement : les affects de la croyance sont là ou ils n'y sont pas. Il est certain que ceux pour qui ils « y sont » connaissent des intensités désirantes supérieures, qui laissent dans un sentiment déficitaire ceux qui ne connaissent que des intensités moindres.

Mais que veut dire exactement le partage des « solides » (archaïques) et des « fragiles » (modernes) ? – pour ne rien dire du fait que, dans ces deux discours symétriques, ces catégories fonctionnent à l'évidence pour référer à des formations sociales empiriques, identifiables, mais données en bloc, en faisant bon marché de leur diversité interne. Les intensités des « fragiles », réputées plus basses, ont quand même de beaux restes, le XXe siècle en témoigne encore. Le même siècle pourtant témoigne également de cette relative facilité avec laquelle les mêmes corps politiques seront passés d'une adhésion majoritaire à une autre : nazis puis sociaux-démocrates, communistes puis libéraux-capitalistes, antisémites puis voués aux droits de l'homme, c'est peu dire que des « grands ancrages » ont bougé. Ces deux traits ne sont contradictoires qu'à un regard de logicien. Leur conciliation s'effectue dynamiquement, car la clause de « révision » ouverte par l'autonomie fait se *succéder* des phases de croyance en régime, séparées par des intervalles de croyance contestée – mais n'installe pas quelque chose comme une contestation continue de tout. Quand elle est installée, la croyance ne manque pas de force. Dira-t-on qu'elle n'a pas la force de la transcendance – celle desdits archaïques-solides ? Mais ce serait une erreur : il n'y a pas de transcendance, ou s'il y en a ça n'est que dans l'imagination de ceux qui y croient. Il n'y a que de la transcendance immanente : l'auto-transcendance du social, c'est-à-dire la transcendance de la multitude à elle-même, ou plutôt à chacune de ses parties, la « quasi-transcendance » de l'ancrage endogène extériorisé. Toutes les valeurs, toutes les croyances, même celle à la pure transcendance, sont des produits de la transcendance immanente, et d'elle seule – car il n'y en a pas d'autre. De ce point de vue, génétique, objectif, les « archaïques » et les « modernes » sont logés à la même enseigne. La différence tient à la différence de régime dynamique qu'instaure chacune de ces configurations, au fait de réguler une possibilité de variation ou de fixer irrévocablement. Pour les raisons qu'on a dites, la variation, dans le régime qui l'autorise, n'opère que par intermittence. Et pour le reste, l'affect commun domine. Bref, la valeur vaut « comme si » – et les « modernes-fragiles », dans leurs « bonnes périodes », peuvent bien être aussi sauvages que les autres.

Ils le sont parce qu'eux aussi s'auto-sustentent. Eux aussi s'auto-affectent, donc mobilisent la même force de la *potentia multitudinis*. Du reste, la valeur d'autonomie elle-même est soutenue par une croyance, c'est-à-dire par une formation passionnelle exactement de même nature que celle des croyants en l'hétéronomie de la transcendance – ce qui n'enlève pas que l'autonomie ait ses affects spécifiques : l'*habitude* de la rediscussion, par exemple, rend plus probable l'apprentissage (passionnel) de l'argumentation, et puis aussi, peut-être, de la tolérance. Mais jusqu'à une certaine limite : car les modernes voudront bien discuter de beaucoup de choses *dans le cadre* de l'autonomie, mais pas du cadre lui-même – où l'on retrouve que tout ordre axiologique tient à un « expulsé », un « hors de question ». Les « modernes », comme les autres, ont leur sanctuaire, qui fait la force de leur croyance si elle ne s'applique qu'à une sorte de méta-valeur : la valeur de la discussion des valeurs. En tout cas, sans doute se battraient-ils avec beaucoup de vigueur pour préserver leur ancrage à eux. Certes, rien ne permet d'exclure que l'histoire connaisse de formidables involutions et que tout un collectif désapprenne la critique et l'autonomie – que ce soit sous la forme totalitaire ou dans l'avachissement marchand. Mais, symétriquement, rien non plus que les « archaïques » contemporains s'ouvrent un jour à l'autonomie, comme les « modernes » l'ont découverte. Des translations pareilles font simplement partie de la vie passionnelle des collectifs, elles sont rendues aux déterminations qui font l'histoire. Il n'est d'ailleurs pas du tout certain qu'une situation d'affrontement entre les « fragiles » et les « solides » soit aussi aisément prédictible que ces étiquettes, décidément imparfaites, le suggèrent d'elles-mêmes – en 1940, l'entropie démocratique était supposée ne pas résister à la cohérence des totalitarismes, on a vu ce qu'il en a été : l'histoire répond quand même à des causalités moins simples.

Ramenés à ces idéaux-types passablement sommaires, il est bien évident que les paysages passionnels d'ensemble des « modernes » et des « archaïques » diffèrent, mais les conclusions à tirer de cette différence ne vont pas de soi. La méta-valeur de l'autonomie et, tant qu'elles sont installées, les valeurs de second rang tiennent par la même force que les valeurs fixes de la transcendance. Le propre de l'autonomie, assurément, c'est, par construction, qu'elle est accessible aux moments de doute, de remise en question, à l'idée qu'il est possible de faire autrement. Mais, contrairement à ce que croit l'antinomie des « fragiles » et des « solides », cette idée ne plonge pas *uniment* la société « autonome » dans la déréliction : elle y détermine des *camps*, mais des camps de *croyants*, elle impulse une axiomachie qui fait le dynamisme interne de la société. De ce point de vue d'ailleurs, c'était peut-être trop dire que l'autonomie est accessible aux moments de doute, ou bien c'était le point de vue trop globalisant, de Sirius. Si la société existe comme totalité axiologique unifiée, c'est autour de méta-valeurs dont elle ne doute nullement. Pour le reste, c'est-à-dire pour les valeurs de second rang, elle n'existe qu'à l'état d'ensemble fragmenté, mais dont aucun des fragments ne doute : simplement ils s'opposent. Et ils s'opposent chacun fermement installé dans *son* idée de la valeur. L'autonomie, ça n'est pas toute la société qui doute de tout, tout le temps. Ce sont des vitalités axiologiques en lutte. C'est donc par erreur qu'on ferait d'un Des Esseintes le *type* de la société de l'autonomie – Des Esseintes, c'est Caligula sans le pouvoir : dévitalisé, là où l'autre a les moyens de s'adonner sans réserve à la liquidité axiologique. Mais Des Esseintes, c'est celui qui, positivement, confond crise de la valeur et crise d'un régime historique de la valeur. Il est vrai que sa valeur à lui est en train de lui être retirée. Ne pouvant ni en imaginer ni en rejoindre aucune autre, il en conclut que le monde est déserté de toute valeur – à tort. Des Esseintes est celui qui, ne pouvant plus croire à ce à quoi il croyait, déclare non seulement qu'il ne peut plus croire à rien, ce qui est probablement vrai dans son cas, mais par extension qu'il est devenu impossible de croire à quoi que ce soit – ce qui ne l'est pas. Égocentrisme de la crise personnelle extrapolée en crise générale. Or, ce que l'autonomie détermine n'est pas l'effondrement de toute valeur, mais la multiplicité conflictuelle des valeurs. Qu'il y ait plusieurs affirmations en lutte n'empêche nullement, peut-être même au contraire, qu'elles soient toutes très vigoureuses. Et d'une vigueur toujours la même : *potentia multitudinis* (une partie).

6

NE PLUS SAVOIR QU'EN PENSER

(Crises axiologiques – crises de crédit)

S'il y a de l'axiomachie et qu'à l'issue des luttes il y a des remplacements, donc des transitions, c'est qu'il y a des crises – puisque, très généralement, c'est bien cela qu'on peut appeler « crise » : une transition. Une crise, c'est le passage d'un régime à un autre, d'un agencement à un autre, d'une manière à une autre – d'une valeur-croyance à une autre. Au croisement de la condition anarchique et de la réflexivité des modernes, il y a donc la possibilité de la crise axiologique – l'autonomie, comme puissance de requestionnement, est un dynamisme, elle ouvre une histoire.

Ce qu'il y a lieu d'en penser

On a maintenant compris que le propre de la condition anarchique est d'interdire *ex ante* de savoir ce que les choses valent, ce qu'elles signifient et, somme toute, ce qu'il y a lieu d'en penser, puisqu'en elles-mêmes elles reposent dans un néant de sens. Par une sorte d'inversion qui n'est pas sans faire penser à celle qui installe la structure – l'imaginaire – téléologique du désir, les individus produisent eux-mêmes le sens (ils sont des automates herméneutiques), mais, inconscients d'en être les producteurs réels, finissent par vivre « le sens » comme une sorte de donnée extérieure, présente parfois sur le mode de l'injonction à le trouver, à le discerner, voire de l'angoisse à l'idée qu'il pourrait venir à manquer – catastrophe imaginaire contre laquelle lutte la contre-catastrophe spinoziste. La catastrophe, c'est que seuls les hommes prêtent le sens aux choses, et puis contemplent le sens comme s'il émanait des choses. S'il y a lieu, conceptuellement, de nommer institution tout effet d'autorité, en tant qu'il est une manifestation de la puissance du social, alors le sens qui fait autorité est un fait institutionnel. C'est bien en ce point que se rend Castoriadis qui, partant de la prémisse de l'insignifiance fondamentale, arrive à l'idée qu'elle n'est surmontée que par un travail d'institution imaginaire[1], par l'érection de ce que Vincent Descombes nomme « les institutions du sens[2] ». Mais Bourdieu ne dit pas autre chose non plus lorsqu'il fait du pouvoir symbolique le pouvoir « de dire ce qui est, ou mieux, de dire ce qu'il en est de ce qui est[3] », et c'est cette formule même – « dire ce qu'il en est de ce qui est » – que Luc Boltanski reprend à son tour pour en faire par excellence la prérogative des institutions, si ce n'est même leur concept[4]. Ici, nous ne dirons pas qu'on tient avec ce dire efficace le *concept* de l'institution, mais seulement l'une des propriétés dérivées de son essence – une capture de la puissance de la multitude – sans laquelle le pouvoir institutionnel de véridire demeure incompréhensible[5]. Reste que, sans tautologie, l'institution du sens est bien l'affaire des institutions, au point, en effet, que les institutions peuvent être très généralement présentées comme les institutions du

1. Cornelius Castoriadis, *L'Institution imaginaire de la société, op. cit.*
2. Vincent Descombes, *Les Institutions du sens*, Paris, Minuit, 1996.
3. Pierre Bourdieu, *Méditations pascaliennes*, Paris, Seuil, « Liber », 1997, p. 285.
4. Luc Boltanski, *De la critique. Précis de sociologie de l'émancipation*, Paris, Gallimard, « NRF Essais », 2009, chap. III.
5. Voir Frédéric Lordon, « La puissance des institutions », *La Société des affects. Pour un structuralisme des passions*, Paris, Seuil, « L'ordre philosophique », 2013, chap. 6.

sens. Institutions en général et institution du sens, c'est tout un. Dans toute institution, il y a une institution de sens. De là qu'une crise institutionnelle tourne immanquablement en crise axiologique, et que derrière toute crise axiologique il y ait la crise de certaine institution. L'ordre du sens est *porté* – par des institutions. Par conséquent, crise du porteur et crise du sens porté s'assimilent l'une à l'autre – ce n'est même pas qu'on puisse dire que l'une *conduit* à l'autre : une seule et même chose.

Comme destruction de significations et de valorisations établies, une crise institutionnelle est alors une résurgence locale de la condition anarchique puisque ce qui a été mis en crise, c'est la réponse institutionnelle à la question de savoir ce qu'« il y a lieu d'en penser ». La chose passe le plus souvent inaperçue pour la raison qu'on a dite : phénoménologiquement parlant, les crises axiologiques sont bien davantage le choc de vérités en lutte et la résolution de leur conflit par le triomphe de l'une d'elles, venant en quelque sorte immédiatement occuper la place de l'autre, si bien que par-delà le changement de son contenu il y a comme une continuité de la « vérité », et non des moments de déréliction générale, où plus personne ne saurait quoi croire. Si de tels moments d'interruption de la vérité axiologique ne peuvent pas exister à l'échelle macroscopique sans qu'il y aille d'un péril majeur pour le groupe même, on peut cependant les observer plus localement, dans des microcosmes sociaux qui expérimentent par accident le retrait de la valeur en un bref moment de désorientation axiologique, mais radicale. Nul conflit véridictionnel pour réaliser la soudure de la valeur, mais une certaine croyance qui s'effondre sans crier gare, et sans qu'aucune remplaçante n'ait été préparée de longue date pour prendre sa place. Dans ces moments de suspension axiologique, le groupe se trouve alors reconduit au bord de la condition anarchique – aussitôt d'ailleurs il lutte pour s'en éloigner, pour se soustraire au vertige et, de lui-même, refabrique du contenu susceptible de venir occuper la place désertée de la valeur, qu'il lui est insupportable de contempler ainsi vacante.

Scène de crise

Comment définir Line Up ? C'est une sorte de galerie d'art contemporain de l'époque du numérique, spécialisée dans l'organisation d'« événements » ou de performances, à la fois conçus et diffusés à partir des réseaux. C'est surtout le lieu d'où officient deux esprits pervers, Guillaume Thévenin et Agathe Denner, prétendant conduire une critique radicale des réseaux sociaux tout en y prospérant – et en s'y adonnant surtout, depuis les différentes strates des comptes de réseaux, des messageries piratables et des messageries cryptées, à leurs compulsions de manipulation, *Les Liaisons dangereuses* depuis le nouveau régime épistolaire de l'Internet en quelque sorte. Tout est inventé ici, sorti de *La Toile* de Sandra Lucbert[1], mais comme il est dit vrai depuis le faux de la fiction et que celle-ci concentre tout de ce qu'il y a à voir de la crise axiologique, il faut s'en servir sans hésiter. Line Up est un pouvoir symbolique, c'est-à-dire une institution. Sa capture est installée, ce qu'elle déclare valoir est reconnu comme valant. Ses dirigeants jouissent pleinement de leur pouvoir démagogique, ou plutôt pléthogogique, pouvoir de *conduire* une certaine multitude (*plethos*), en l'occurrence de l'amener à une certaine idée de la valeur. Dans les conditions d'installation de son pouvoir véridictionnel, les propositions axiologiques de Line Up, si perturbantes soient-elles, seront validées car la capacité générique de Line Up à identifier la valeur est elle-même déjà validée. Alors les propositions s'enchaînent, nouvelles installations, nouvelles performances,

1. Sandra Lucbert, *La Toile*, Paris, Gallimard, « NRF », 2017.

nouveaux artistes offerts au jugement de son public, et qui toujours rencontrent la consécration puisque l'offreur est génériquement consacré. Confirmé épreuve après épreuve, le pouvoir véridictionnel jouit de repousser sans cesse ses limites – en fait ne les connait plus. Celui-ci tout particulièrement, conscient des provocations dont il obtient la validation, c'est-à-dire finalement du vide axiologique dont il arrive à faire du plein, opération de magie sociale qui, au commencement, l'étonne lui-même, puis lui devient comme une évidence, la fausse évidence de l'effet d'élection reconsidéré par l'élu comme un attribut personnel, une propriété substantielle, par conséquent une ressource intangible. Pourtant, comme tout pouvoir en proie au désir de sa propre extension, donc porté à l'abus par ses succès mêmes, le pouvoir véridictionnel est attendu en un point critique qu'il ignore, le point, précisément, où l'élection se défait, et en même temps qu'elle l'illusion substantielle. Comment le pouvoir – tout pouvoir – détériore-t-il sa propre position ? Comme toujours, en affectant de travers. Ici, le sous-sol de manipulation de Thévenin et Denner commence à remonter à la surface, affects contraires parasites qui dégradent le bilan passionnel d'ensemble d'où leur pouvoir tire ses véritables conditions de possibilité. Mais cela, Thévenin et Denner l'ignorent, comme ils ignorent « qu'appartient le moins au droit de la Cité ce qui indigne le plus grand nombre » (*TP*, III, 9). Nouvel affect commun en croissance, l'indignation déstabilise la balance passionnelle qui fait l'*imperium* local de la Cité axiologique, « dont la puissance et le droit sont amoindris dans la mesure exacte où elle offre elle-même à un plus grand nombre de sujets des raisons de se liguer » (*id.*). Car véridire avec succès, c'est bien avoir pour soi l'affect commun axiologique, donc avec soi la plus grande partie de la multitude. Mais, de la multitude, les affects contraires, ceux qui offrent des raisons de se liguer, affaiblissent les courants d'investissement, possiblement jusqu'au point de reflux.

C'est bien ce qui va se passer avec l'épreuve de trop, celle qui tend le pouvoir véridictionnel au-delà de sa limite élastique, dans des conditions d'indignation rampante qui modifient les données passionnelles de la reconfirmation : le coup d'audace de trop au milieu de l'abus de trop. C'est qu'ici le performeur invité, artiste stambouliote sollicité pour un aller-retour express depuis l'émeute de Taksim, fait défection au tout dernier moment. Sa venue, organisée dans l'urgence, a été incertaine jusqu'au bout, mais qu'à cela ne tienne : l'impossibilité, dans ces conditions, de communiquer à l'avance a déjà été reconvertie en un événement délibérément restreint, réservé à une élite de happy few, dûment sélectionnés pour leurs capitaux symboliques secondaires, c'est-à-dire pour leur pouvoir de rendre plus tard publique la chose quasi privée. Ici, le pouvoir symbolique est encore en régime qui a la capacité de faire valider socialement sa conversion de la nécessité en vertu : la valeur était menacée par un défaut de publicité, elle est déclarée rehaussée par cela même qui allait lui manquer. Mais l'obstacle d'après est autrement redoutable : car il va falloir faire avec l'absence réelle de l'artiste, impossible à avouer comme telle sauf à mettre en doute le pouvoir de convocation de Line Up, et impossible à cacher également – puisque les invités sont là. Dans cette situation sans issue pour tout agent ordinaire, il reste une carte à jouer, mais la dernière, pour le pouvoir symbolique : engager tout son crédit axiogénique pour transfigurer la déconfiture. C'est l'ultime ressource que trouve Thévenin pour surmonter et sa propre angoisse du désastre et le trouble qui commence à se répandre dans l'assistance puisque performeur et performance restent invisibles – et pour cause. « Depuis deux heures, il ne se passe strictement rien, et vous êtes quand même restés. Vous êtes l'œuvre. C'est dans votre corps que cette leçon s'inscrit[1]. » Comme Duchamp et Cage qui, chacun dans leur genre, avaient porté l'œuvre

1. *Ibid.*, p. 440.

jusqu'à son point d'évanouissement, Thévenin croit pouvoir accomplir la méta-performance qui consiste à convertir en performance une absence de performance, quitte ou double véridictionnel cependant engagé au plus mauvais moment, quand ses conditions passionnelles de réussite sont en train de se détériorer – ici on pense immanquablement à la phrase de Marx sur « le saut périlleux de la marchandise », qui ne demande qu'à être étendue à la « marchandise symbolique », moment en effet délicat entre tous de la validation sociale des propositions privées. Dans d'autres circonstances, le capital symbolique de Line Up encore intègre, le geste transfigurateur pouvait éventuellement réussir, la magie axiogénique opérer une fois encore, et Thévenin retomber du saut périlleux sur ses pieds. Mais pour toute une série de perturbations passionnelles parasites, la petite multitude renâcle maintenant à se laisser conduire par ce pouvoir-là.

Ici, la scène de crise est d'une inestimable valeur, car elle déplie méthodiquement les enchaînements d'une ruine : voici comment tombe un pouvoir symbolique. Il tombe quand fait résurgence l'indétermination qu'il était venu lui-même résoudre. Il s'était établi, et reconduit, comme institution en venant lever l'indétermination fondamentale : en venant en soulager la multitude de ses sujets. Aussi le retour de l'indétermination atteint-il directement la qualité institutionnelle. C'est ce poison qui commence à circuler dans les locaux de Line Up au pire moment, quand il faudrait que tout le pouvoir symbolique de l'institution puisse être engagé pour produire une détermination vitale – à l'institution même. Ici, l'institution devrait pouvoir compter sur toute sa capacité à asserter la valeur pour se reconduire dans le pouvoir véridictionnel qui fait sa qualité institutionnelle. Mais il est déjà trop tard, les courants d'affects sont en pleine réorientation. Ce que montre alors la scène de crise, c'est comment, au point critique, tout se défait à une vitesse fulgurante.

On sait que la partie est perdue au moment où revient la question taraudante, celle dont l'institution en régime avait précisément pour effet de relever ses sujets, la question de savoir ce qu'il y a lieu « d'en penser ». À la rigueur l'institution pouvait-elle tolérer, parfois même rechercher, ce léger moment de suspens propre à récréer la tension de l'angoisse qu'elle allait venir aussitôt résoudre par sa véridiction souveraine. L'inefficacité de la réponse axiogénique, son incapacité à lever l'indétermination, est alors le synonyme parfait de l'effondrement institutionnel – puisque le fait véridictionnel et le fait institutionnel sont la doublure l'un de l'autre. Or Line Up ne lève plus rien. Il pouvait entrer dans une stratégie de la déconcertation bien conduite de produire un moment de stase afin d'en magnifier la résolution par l'institution, mais ici le ratage se pressent à ce que la stase dure bien plus longtemps qu'il ne faudrait. Un journaliste, prescripteur secondaire ordinairement voué à relayer les assertions des prescripteurs primaires, livre dans un billet de blog, sans même s'en rendre compte, la vérité de sa situation de prescripteur : « Pas loin de moi, j'ai reconnu Marion Pisani, la célèbre réalisatrice. Je lui ai demandé ce qu'elle pensait de cette "œuvre"[1]. » Et telle est bien la question de la prescription secondaire en situation de crise de la prescription primaire – ou plutôt la *réponse* de la prescription secondaire *à* la crise de la prescription primaire : chercher dans l'urgence l'appui d'une puissance assertive de rechange, se tourner le cas échéant vers la première venue, celle d'une « célèbre réalisatrice » par exemple. Tout va aller très vite maintenant, dans cette situation où Line Up ne parvient plus à contenir l'incertitude axiologique qui se répand partout. Tout va aller très vite et par les voies de fluctuations microscopiques, ordinairement insignifiantes, mais qui, *aux points critiques*, acquièrent un pouvoir de détermination macroscopique. Car tel est bien

1. *Id.*

le propre d'une situation critique dans les mondes de l'opinion : un accident local peut y prendre une portée globale. Une cause adverse de second ordre, que l'institution installée aurait absorbée sans difficulté, peut revêtir un pouvoir déterminant hors de proportion. C'est, précisément, que le point critique axiologique, comme résurgence de l'indétermination, ramène par là l'indifférenciation, l'isotropie de la condition anarchique, et la possibilité que n'importe quoi fasse germe pour cristalliser l'opinion collective en suspension, en quête de ce qui pourra la soulager de son angoisse, et prête pour ce faire à jeter son dévolu sur une assertion quelconque, pourvu qu'il s'ensuive la restauration du sens. Qu'on ne puisse plus savoir ce qu'il faut en penser, ce qu'il en est de ce qui est, c'est insupportable, et la qualité indifférente de ce dont la multitude pourra faire un cas de solution pour se sortir de là est par excellence l'attestation du règne de la condition anarchique.

Ici, la micro-fluctuation macro-déterminante est donc une « célèbre réalisatrice ». Ou plutôt son humeur. Car une haine recuite la monte contre Thévenin. L'occasion est trop belle pour la laisser s'épancher, en lui donnant la forme d'un jugement relatif à la chose à juger : la performance ou la non-performance. Ce qui aurait été retenu dans une autre circonstance, quand le pouvoir symbolique de l'institution, bien installé, était impossible à défier, se sent libre de se laisser aller, aussi l'humeur va-t-elle commander l'opinion – en effet, chacun juge selon son affect... Dans la situation critique, la rencontre fortuite du journaliste sous-prescripteur et de la célèbre réalisatrice à humeur va suffire à produire la détermination globale. Le premier ne savait plus quoi penser, la seconde, entièrement guidée par une vindicte sans rapport avec la chose même, lui fournit une réponse possible, candidate à faire réponse tout court lorsque tous souffrent qu'il n'y ait plus de réponse du tout. Pour Line Up, c'est terminé. Le propre de la crise, c'est l'instabilité structurelle, et le fait que n'importe quoi puisse redéterminer la situation dans n'importe quelle direction – ici le hasard d'une proximité mondaine (« Pas loin de moi, j'ai reconnu Marion Pisani… »). Indétermination, isotropie, instabilité structurelle, équiprobabilité : la crise fait revenir en direction de la fiction du modèle de genèse conceptuelle, qui révèle ici l'un de ses rapports possibles avec le réel. La fiction conceptuelle n'est pas le point alpha d'une histoire empirique puisqu'elle est, par construction, étrangère à tout projet d'histoire empirique. Cependant, elle n'est pas radicalement hétérogène à toute phénoménalité, et ce sont précisément les moments de crise qui rétablissent une sorte de connexion entre les deux plans, sans jamais bien sûr pouvoir annuler leur distance, annulation qui ne pourrait correspondre qu'à une crise terminale, un état-limite du social, celui de sa décomposition quasi complète – et si la fiction conceptuelle n'est nullement le point alpha de l'histoire, elle en est en revanche comme un point oméga, un horizon d'effondrement. En tout cas, la crise fracture l'enveloppe de la phénoménalité ordinaire, et laisse à nouveau apparaître « la nature des choses » de Rousseau, et « les causes toujours présentes » de Durkheim : des mécanismes *élémentaires*, débarrassés de toutes les déterminations secondaires apportées par l'histoire empirique. Ce qui ré-émerge, peu ou prou, à la faveur d'une crise, c'est le néant fondamental d'où est issue toute forme sociale, et les mécanismes élémentaires par lesquels le groupe – tout groupe – s'en extrait, par le travail de sa propre puissance qui, en dernière analyse, produit le comblement morphogénétique de son propre vide, dans et par l'affect commun.

Bien sûr, ces mécanismes élémentaires, s'ils sont par définition les mêmes partout, ne se montrent jamais que dans des situations particulières, donc sous des modulations historiques particulières – les observer dans leur universelle *pureté* signifierait qu'on est retourné à un état terminal de décomposition du social. Sauf cette extrémité, toutes les institutions ne sont pas à terre, et l'on ne verra donc jamais que des efforts axiogéniques réactionnels appuyés sur des ressources institutionnelles encore disponibles. Si Line Up vient de chuter, tous les autres pouvoirs véridictionnels alentour sont encore debout – il leur faut juste une nouvelle prescription pour continuer d'opérer puisque la tête de ce système véridictionnel local vient de s'effondrer. Et cette nouvelle prescription s'est fait connaître : la célèbre réalisatrice. Dont un mot d'acrimonie assassine tombé de sa bouche, quelque extrinsèques que soient ses déterminations, acquiert un plein pouvoir d'orientation dans une situation qui a perdu tout sens de l'orientation. Les pouvoirs prescripteurs secondaires, qui étaient eux aussi en état de suspension du fait de la destitution du pouvoir principal, peuvent alors aussitôt réembrayer et propager la nouvelle prescription dans l'espoir de la voir s'imposer – avec les meilleures chances de succès en fait puisqu'il n'y a que du vide à remplir, et que le premier qui fait mouvement est à peu près sûr de rafler la mise. Sur la base d'une aigreur de réalisatrice célèbre reconvertie en jugement esthétique, le journaliste branché se lance. Et ses moyens propres de diffusion, les moyens de puissance de son institution, son journal, qui est une concentration de *potentia multitudinis* établie, s'ébranlent à leur tour, ensuite relayés par tous ceux qui lui emboîtent mimétiquement le pas : le gouffre anarchique qui s'était momentanément rouvert est refermé.

Crises de crédit (la multitude comme grand Autre et comme grand Créditeur)

Reprenons : la destitution d'un pouvoir véridictionnel installé ouvre une crise d'incertitude axiologique, une crise anarchique qui fait revenir l'insignifiance fondamentale, celle même que l'institution en régime tenait en lisière par ses véridictions socialement validées ; l'indétermination résurgente est si angoissante, et le groupe si tendu dans le désir de la repousser, qu'une détermination quelconque, même adventice, même microscopique, suffit au point critique à précipiter autour d'elle une nouvelle cristallisation de la valeur. La réalisatrice célèbre résume parfaitement : « Eberg, complètement éberlué par ce qui venait de se passer (rien), s'est alors agrippé à moi pour savoir quoi écrire dans la chronique mondaine de son magazine. Fallait-il applaudir ? Fallait-il s'insurger ? Puisqu'on me tendait enfin le poignard, j'ai frappé Line Up à la tête. La viralité du Web fera le reste[1]. » Par effets de levier successifs tout au long de la structure hiérarchique des formations de *potentia multitudinis*, structure des prescripteurs secondaires, tertiaires, etc., l'ordre de la valeur, un instant ébranlé, retrouve son assise autour de quelques nouveaux énoncés tenus pour fiables : la performance n'en était pas une ; il ne faut plus écouter Line Up ; d'ailleurs Line Up n'existe plus. Line Up n'existe plus car Line Up n'existait que comme pouvoir véridictionnel, et si sa capacité à véridire est annulée alors Line Up est annulé. Comme on dit, Line Up n'a plus aucun crédit. Mais ici « on » dit très à propos, il faut même prêter la plus grande attention à ce qu'il dit, puisqu'il s'y trouve ni plus ni moins que la vérité dernière du pouvoir véridictionnel, comme en fait de tout pouvoir. Cette vérité dernière, c'est qu'en effet le pouvoir (véridictionnel, institutionnel) vit toujours *à crédit*. Il ne possède en fonds propres aucune des ressources dont il fait son pouvoir, celles-ci lui viennent toujours du dehors, et par conséquent elles peuvent toujours lui être retirées. La puissance dont le pouvoir fait son pouvoir est toujours *d'emprunt* : c'est toujours la puissance d'un autre, et même d'un grand Autre, l'unique grand Autre, la seule instance de puissance, dont toutes les puissances institutionnelles ne sont que des dérivées et des débitrices : la multitude. Des débitrices temporaires, et parfois des faillies. En fait même des débitrices

1. *Ibid.*, p. 445.

vouées à la faillite, puisqu'il faut donner très généralement le nom d'« institution » aux débiteurs de la multitude, et que les institutions finissent toutes par passer avec l'histoire, par quoi il faut comprendre qu'il vient toujours un moment où leur crédit de puissance leur est retiré. La seule chose qui reste, c'est le grand Créditeur, le grand Autre, la Banque centrale de la puissance dans le monde social : la *multitudo*, dont la redirection des prêts anime l'ordre de la valeur et des institutions, lui donne une *histoire* : l'histoire des investissements de la multitude – c'est bien ainsi d'ailleurs qu'on pourrait caractériser l'histoire tout court.

Le prêteur axiologique en dernier ressort, c'est la multitude, et non l'État comme le dit Bourdieu[1], faute d'avoir cerné le principe fondamental de l'État – de tout État : l'*État général*, l'*imperium*, c'est-à-dire la boucle d'auto-affection de la multitude, l'effet de transcendance immanente de la *potentia multitudinis*. Dans le champ de l'axiologie sociale comme dans celui de l'économie, il y a des banques justement dites « de second rang », adosseurs de valeur mais qui ne possèdent pas le principe de leur pouvoir d'adosser – les institutions ordinaires. Comme on l'a maintenant suffisamment vu, la stratégie véridictionnelle la plus facilement à portée de main pour des agents ordinaires consiste à passer par des institutions dont le pouvoir véridictionnel est déjà établi, reconnu. Mais l'agent ne peut dériver son propre pouvoir véridictionnel de celui de l'institution qu'à la condition de pouvoir se prévaloir d'elle, et d'avoir été reconnu par elle comme l'un de ses autorisés, par là capable de se présenter en délégataire de son autorité. Et c'est dans cette recommandation que gît l'acte de crédit opéré par l'institution-banque de second rang, le petit producteur de valeur se trouvant crédité par l'institution déjà reconnue comme productrice de valeur. Mais celle-ci elle-même, d'où a-t-elle tiré son propre crédit,

1. Voir Pierre Bourdieu, *Raisons pratiques*, *op. cit.*

sinon d'une institution de rang supérieur, située plus haut dans les étages de la structure véridictionnelle d'ensemble, désormais susceptible d'être regardée comme une structure hiérarchique des instances de crédit – le système bancaire-axiologique en quelque sorte ? Placer l'État tout en haut de cette structure n'ôte en rien que ce créditeur « ultime » soit lui-même crédité. Mais alors par qui ? Au-dessus du dernier étage de la structure, qu'y a-t-il qui crédite la totalité de la structure ? Rien, cela aussi nous le savons maintenant. Ou plutôt nous savons que le dernier ressort du crédit symbolique n'est autre que la multitude elle-même – vérité innommable de l'auto-sustentation dans la condition anarchique. La Banque centrale de la valeur, c'est la multitude, à part quoi il n'y a rien. Le grand Créditeur, cette autre figure possible du grand Autre, c'est elle. Ce ne pouvait pas être l'État qui, comme toute entité *empirique* du système axiologique général, est à la fois créditeur et crédité (créditeur *parce que* crédité), et ne saurait donc prétendre au statut de *causa sui* dans l'ordre général du crédit. La *causa sui*, c'est Dieu ; mais « Dieu », dirait Durkheim, c'est la société. Alors, si l'on va par là, la multitude, emboîterait Spinoza. Et puis, que l'idée de *causa sui* aille bien avec celle de l'auto-sustentation, ce ne devrait pas être fait non plus pour nous surprendre. En tout cas, toutes les banques de second rang du système axiologique – les institutions, État compris – sont suspendues à la multitude, ne se refinancent *en dernière analyse* qu'auprès d'elle. Toute la chaîne hiérarchique du crédit remonte à elle – et « au-delà », plus rien, sinon son auto-accrochage. Et comme le système bancaire économique, le système bancaire axiologique a une histoire, dont le dynamisme est manifesté dans ses crises. La vérité générale des crises institutionnelles, des crises axiologiques, des crises de l'autorité véridictionnelle, c'est que ce sont des *crises de crédit*.

En tout cas, pour les destitués du crédit, la faillite est terrible. Comme s'ils devaient payer d'avoir réexposé la multitude à son propre vide, l'effet de lecture rétrospective est impitoyable – Line Up va sentir sa douleur. Tout était donc frelaté, comment avons-nous pu suivre pareils margoulins de la valeur ? Mais cet opprobre est doublement injuste. D'abord parce que, dans le monde de la véridiction, il n'y a que des margoulins (dont la plupart s'ignorent) ; ensuite parce que ces margoulins, la multitude les investit elle-même, elle en fait en quelque sorte ses fonctionnaires axiologiques, précisément pour se masquer que l'ordre général de la valeur n'est qu'une gigantesque tromperie collective – et s'aider à vivre avec ça. C'est bien pourquoi on a d'abord aimé les margoulins : parce qu'on aimait à croire leurs propositions, et ceci du seul fait qu'elles venaient nous relever du tourment anarchique. Et c'est pourquoi également, destitués, on les hait à proportion de ce qu'on les avait aimés, très généralement parce que « si quelqu'un a commencé à avoir en haine une chose aimée, en sorte que l'amour soit tout à fait aboli, il la poursuivra d'une haine plus grande, à cause égale, que s'il ne l'avait jamais aimée, et d'autant plus grande que l'amour était plus grand[1] », mais plus encore ici du fait que leur tromperie particulière nous a reconduits à la tromperie générale, et que cette vérité à laquelle leur destitution nous a momentanément reconfrontés est intolérable.

Les mondes de l'opinion (quand la croyance s'absente)

Il est intolérable en effet de ne plus savoir ce qu'il y a lieu de penser des choses, et l'on en voudra à l'institution qui avait jusqu'ici pour effet de nous soulager de cette angoisse – quitte à ce que ce fût en nous donnant des appuis pour penser au contraire d'elle, mais au moins pour « en penser » *quelque chose* – et, par sa faillite, nous abandonne dans un

1. *Éth.*, III, 38.

néant d'indétermination. Que ces abandons soient des moments de désarroi collectif profond, tous les mondes de l'opinion l'attestent homologiquement. Mais l'idée de mondes de l'opinion peut-elle faire sens autrement que comme quelques départements du monde social tout court ? Oui, elle le peut. Pascal nous a bien avertis que « l'imagination dispose de *tout*[1] », il s'enthousiasme même pour le titre d'un livre italien, *dell'opinione regina del mondo*[2], tendant ainsi en quelque sorte la main à Durkheim à deux siècles et demi de distance. De l'un à l'autre, et par transitivité, nous pouvons donc convenir que « *l'opinion* dispose de *tout* » et, par conséquent, que *le* monde *est* monde d'opinions. Il reste que la chose est plus facile à voir dans certains mondes à l'intérieur du monde, par exemple : les médias et les marchés financiers.

Que ces univers-là fonctionnent très directement à l'opinion, on l'envisage sans peine. Le comblement de l'indétermination y est un impératif catégorique. Il est inconcevable de ne pas savoir « qu'en penser » – des « faits » en général ici, des faits économiques là. Le propre de l'univers médiatique, c'est d'avoir « son idée » sur tout – le point d'honneur éditorialiste, qui revendique la capacité à former un jugement à propos de toute chose et en toute circonstance. C'est pourquoi, pour peu qu'il soit un peu saillant, un fait sans commentaire se distingue du flux ordinaire. Le fait est rapporté *a minima*, ne serait-ce que par les simples reprises de dépêches d'agence, mais sans autre élaboration, suspension remarquable quand on sait à quelle vitesse la machine axiologique-médiatique s'emballe ordinairement en n'importe quelle occasion. Or, fût-ce rarement, il arrive que la machine n'embraye pas et qu'un fait, qu'on aurait pensé très suffisant à déchaîner du commentaire, demeure dans un état de suspension étrange : tout devrait conduire à ce qu'« on » en parle, mais rien n'en

1. C'est moi qui souligne.
2. Pascal, *Pensées*, *op. cit.*, fr. 44, p. 505.

est dit. Les commentateurs autorisés, qui constituent le « on », demeurent étonnamment silencieux. À l'évidence, ils ne savent pas qu'en penser. Le fait, tout juste émis, plane alors quelques jours dans les esprits, mais séparé de tout jugement, moment de latence qui est un dérangement tant qu'il n'a pas trouvé sa résolution, parmi les deux qui s'offrent : soit le fait disparaît dans l'oubli, il ne se sera rien passé ; soit, s'il se maintient dans la conscience publique, il va falloir fermer au plus vite cette trappe rouverte de l'indétermination anarchique. Que se passe-t-il alors pendant ce moment de latence ? C'est la convergence qui se cherche, la redétermination qui s'élabore. Tout ça est du dernier concret : « on » s'appelle. Pour se poser *la* question : « Et toi, qu'est-ce que tu en penses ? » Envisagé du point de vue individuel, il n'y a pas d'autre ressource : si soi-même on ne sait qu'en penser, il n'y a plus qu'à se tourner vers les autres. Mais les autres sont dans le même état d'incapacité. La question devient alors : comment une multitude d'indéterminés parvient-elle malgré tout à produire à nouveau de la détermination ? Et la réponse est : par ses interactions. Bien sûr, *ex nihilo nihil* : si, rigoureusement parlant, il n'y avait *rien* – rien que des individus radicalement indéterminés –, quelle que soit la forme de leurs interactions, il n'en sortirait rien. Mais il n'y a jamais rien. Le propre de ces retours anarchiques à l'isotropie, à l'indéterminé, c'est d'abord qu'ils sont toujours incomplets (locaux), et ensuite qu'il suffit de *très peu* pour faire germe et précipiter une reconvergence, d'autant plus fulgurante qu'elle vient comme un soulagement général, comme la méta-réponse collectivement, intensément, désirée, la méta-réponse d'une réponse *quelconque* : pour boucher le trou.

Or, il traîne toujours un petit quelque chose, une virgule de sens, même éloignée, même apparemment sans rapport, à laquelle, par approximations successives, on va tout raccrocher. Mais ici, il faudrait écouter les conversations dans leur menu détail – « qu'est-ce que tu en penses ? ». Hésitations, bafouillements pour cacher l'absence d'avis (inconcevable pour des commentateurs professionnels), tâtonnements de concert jusqu'à ce qu'émerge le commencement d'une accroche fortuite, alors la réciprocité mimétique s'enclenche, les deux ont trouvé leur planche de salut, ou plutôt ils viennent de créer leur planche de salut, c'est peut-être bien là qu'est le sens, ils s'y jettent, c'est-à-dire la font grossir en s'y confortant l'un l'autre, mais oui c'est évident, c'est ça qu'il fallait en penser – d'ailleurs c'est ce que nous avons toujours pensé. Ici encore, les effets de levier associés aux positions prescriptrices ont pour effet de donner un pouvoir de détermination macroscopique aux causes microscopiques de quelques interactions très localisées. À structure véridictionnelle invariante, il suffit que le problème de l'indétermination se règle aux étages supérieurs, fût-ce dans les colloques les plus étroits, les plus désorientés, pour que la redétermination s'opère globalement. Pas forcément d'ailleurs en livrant du jugement saturant, mais au moins en reconstituant des coordonnées problématiques sous lesquelles ressaisir le « fait », c'est-à-dire recréer la simple possibilité d'en *discuter*, abolie tant qu'on n'était même pas en état de dire quel « problème » il posait.

Perte de la croyance financière, perte de la croyance monétaire

À leur manière, les marchés financiers ne fonctionnent pas autrement. Pour le coup, s'il est un domaine où la nécessité de savoir « qu'en penser » est *collectivement* impérieuse, c'est bien celui-ci. L'indétermination y fait des ravages. Dans les marchés de capitaux, la crise est une rupture de l'opinion – de la croyance collective. D'une croyance suffisamment profonde, et partagée, pour avoir soutenu antérieurement un mouvement de hausse des prix dans une certaine classe d'actifs. Il faut avoir été nombreux, à *croire* intensément, pour que de nombreuses start-up se soient retrouvées valorisées à des sommets alors que la plupart n'avaient pas de profits et même, pour certaines, de chiffre d'affaires. Mais c'était l'époque où, loin qu'on se préoccupe de l'accumulation interne, on trouvait une entreprise d'autant plus prometteuse que le rythme de son *cash burning* (la vitesse avec laquelle elle *dépensait* les fonds levés auprès des premiers financeurs) était élevé. Pareils renversements de sens attestent assez l'arbitraire des déterminations capables de lever la condition anarchique. De la lever momentanément, bien sûr, puisque aucune croyance ne peut prétendre durer indéfiniment, encore moins dans cet univers relativement démédiatisé que sont les marchés de capitaux, non pas qu'il ne s'y trouve aucune forme institutionnelle (il ne peut pas ne pas y en avoir là où il y a du collectif), mais parce que le face-à-face (multilatéral) des agents y est beaucoup plus intense. Là où, généralement, les institutions imposent une structure d'interactions radiales – tous regardent l'institution –, les marchés maintiennent un haut degré d'interactions réticulaires – les agents se regardent entre eux. Ou plutôt : lorsque la croyance collective est fermement installée, c'est son épiphénomène, la dynamique même des cours, qui se constitue comme pôle d'une structure radiale ; à l'inverse, le fait que les agents recommencent à se regarder entre eux est l'indice d'une détérioration de l'ancrage cognitif – la croyance collective qui *en tant que telle* est une forme institutionnelle – et d'une remontée de l'incertitude : le retour de la question de savoir ce qu'il faut « en penser ». Se regarder de nouveau, c'est ne plus pouvoir se fier à ce « qu'on en pensait », tel qu'il s'inscrivait dans une dynamique des cours localement stable sur laquelle tout le monde se réglait, et se voir en proie à la nécessité de ré-initier le tâtonnement susceptible de converger vers une croyance de remplacement. C'est qu'il en faut une et de toute urgence, quelle qu'elle soit. Une croyance, ici, c'est au minimum l'identification d'un actif dit « sans risque » vers lequel diriger ce que les opérateurs des marchés nomment le *fly-to-quality* lorsque la bulle éclate. C'est que la suspension du jugement, dans la finance, signifie le retour à la liquidité – le cash, en quelque sorte, c'est l'*époché* des marchés : la position qu'on rejoint lorsque le jugement s'est retiré de tout, n'identifie plus rien, ne valorise plus rien, sinon la liquidité elle-même, l'autre nom du *désinvestissement*. Être liquide, c'est rester sur la rive, ne plus vouloir s'engager dans rien. Mais cette abstention généralisée signifie que tous les compartiments du marché sont à fuir, tous les actifs à abandonner. Or, si tout le monde pense cette même chose en même temps, la ruée vers la sortie est générale – et l'effondrement des cours avec elle. Ne plus savoir quoi penser en matière d'actifs financiers est une situation de crise gravissime – les marchés ont horreur de l'anarchie… Et pourtant, ils y vivent constamment, et la conjurent avec les mêmes moyens que partout ailleurs dans le monde social, les moyens de la croyance et des affects collectifs.

La suspension du jugement en tout cas n'y est pas du tout une vertu puisqu'ici elle signifie l'abstention, le retrait général et, partant, l'écroulement de toutes les valeurs financières. Car les marchés ne se tiennent que si les opérateurs y sont *investis*. Seules des anticipations, adossées à une croyance (en telle ou telle doctrine, tel ou tel schéma de prévision), peuvent les y conduire. Que la valeur des valeurs leur apparaisse profondément indécise, soustraite à tout schème un peu fiable d'appréciation, et c'est toute leur activité qui se trouve mise en panne – événement sans doute rare, puisqu'en général seul un compartiment, une classe d'actifs, se trouve en question, non d'ailleurs sans effets collatéraux de mise en crise sur des compartiments « proches », où le rapport de proximité peut procéder des associations les plus douteuses[1], mais sans

1. Ainsi, en 1994, l'effet « Tequila » avait conduit à réviser dramatiquement l'appréciation des situations du Brésil, de l'Argentine, et quasiment de tout le cône Sud à la suite… de la crise mexicaine.

abolir l'identification d'au moins un actif-refuge, c'est-à-dire d'une valeur valant. On a connu le degré de gravité de la crise financière de 2008 au moment où même le *Treasury bill* étasunien, par excellence considéré comme *l'*actif sans risque, s'est trouvé objet de défiance du fait des mesures hors normes que l'État et la Banque centrale avaient été contraints de prendre pour éviter la ruine complète du système financier. À cet instant, c'est l'ultime ancrage du système international, le dernier référent de la valeur financière, qui a menacé de céder, et la finance tout entière qui s'est vue au-dessus du gouffre de la condition anarchique.

Des crises financières aux crises monétaires, le tableau s'accuse encore puisque si, par construction, il y a toujours une pluralité de compartiments et d'actifs dans la finance, il n'y a qu'une monnaie – normalement[1] – offerte à l'usage, donc à l'appréciation. C'est pourquoi la crise axiologique, l'impossibilité de savoir quoi penser, est, dans le domaine monétaire, *immédiatement* gravissime. Qu'une monnaie s'évanouisse dans la créance collective, ce ne serait pas si grave si une autre, déjà identifiée, n'attendait que de la remplacer. Mais ce n'est pas ainsi que les choses se passent dans les crises monétaires. L'effondrement du numéraire en place ne laisse qu'un terrible vide. Ici, la condition anarchique fait résurgence de la plus violente des manières. La place de la méta-valeur économique – la monnaie est l'*opérateur* de la valeur économique – reste vide. Par conséquent, tout le système des valeurs économiques est à terre. Littéralement, on ne sait plus compter. Tel est bien le propre de la crise hyper-inflationniste, dont André Orléan analyse l'épisode allemand de 1923. Tel agent qui se croyait convenablement riche (de 68 000 marks) découvre que ses encaisses monétaires

1. À un « bruit de fond » de fragmentation monétaire près : dans les interstices de la monnaie officielle se développent toujours des enclaves de monnaies parallèles.

ne valent même plus les coûts de gestion de son compte. La banque l'informe de la clôture de ce dernier et de ce que, ne trouvant pas de coupure assez petite pour lui restituer ses avoirs, elle va procéder à l'arrondi… à un million de marks. L'enveloppe elle-même porte un timbre de cinq millions de marks[1]. Les entreprises, censément professionnelles du calcul économique, ne sont plus capables de dire si elles font des profits ou des pertes, du fait des écarts abyssaux que produisent les simples décalages temporels de leurs recettes et de leurs dépenses. L'hyperinflation, comme rejet violent de la monnaie officielle, et perte subséquente de toutes ses fonctions (unité de compte, réserve de valeur), est par excellence le moment où, dans l'ordre des choses économiques, on ne sait plus quoi penser. La dislocation du système des échanges qui s'ensuit entre, avec le risque de système du côté des crises financières, dans la catégorie de l'événement maximal en économie. La désorientation est totale. De là que, poussés par des enjeux de survie biologique quand la division du travail *exige* de parvenir à transacter, les agents se mettent fébrilement en quête de monnaies de remplacement. Des propositions en cette matière ne manquent pas de se faire connaître, mais dans le plus complet désordre, et surtout un état de fragmentation rédhibitoire, « monnaies privées partielles » comme dit Orléan, incapables de réunifier l'espace monétaire autour d'un équivalent général unique, c'est-à-dire susceptible de couvrir toute la division du travail. Alors les « monnaies de secours[2] » prolifèrent : *Notgeld* émis par des agents privés et trouvant une certaine circulation, papiers indexés sur des valeurs supposées intangibles, par exemple les *Rentenbriefe* libellées en livres de seigle, ou diverses autres matières premières, charbon, potasse, lignite. Les unités de compte les plus loufoques

1. André Orléan, « Crise de souveraineté et crise monétaire : l'hyperinflation allemande des années 1920 », art. cit., p. 198.
2. *Ibid.*, p. 198.

apparaissent : en certains endroits, on évalue en cigarettes. La crise anarchique dans l'ordre monétaire précipite la société dans le dernier degré de l'errance axiologique. Qu'est-ce qui vaut ? Qu'est-ce qui peut incarner une mesure de la valeur ? Telles sont les questions obsessionnelles qui guident le corps social porté au comble de la déréliction économique. « Savoir qu'en penser » est, en matière monétaire, un impératif où le groupe joue sa survie même.

L'indétermination intime et ses désastres

Ne pas savoir ce qu'il en est de ce qui est : la plaie vive. Et de même que la condition anarchique, on l'a vu, n'est pas seulement vécue dans l'élément du social mais également dans celui des existences personnelles, de même la crise axiologique ne frappe pas que les collectifs mais les individus aussi. Pour eux comme pour les groupes, ne plus savoir quoi penser de ce qu'il y a lieu de penser est un tourment. Envisagée au niveau individuel, la crise axiologique, c'est la crise d'une certaine idée de la valeur sur laquelle on a joué son existence. Sans doute cette forme personnelle de la crise axiologique concerne-t-elle plus spécialement ceux qui ont donné à leur vie la consistance d'une vocation, c'est-à-dire d'une affirmation de valeur pour toute la vie. Mais, comme pour toutes les valeurs, d'une affirmation dont le fondement reste entouré d'un halo de doute, et dont la remise en question peut, en principe, survenir à tout instant. J'ai consacré ma vie à l'accumulation monétaire et la jouissance des biens marchands, mais n'est-ce pas une catastrophique erreur ? Est-ce vraiment là le « sens de la vie » ? Ou bien : je me suis voué à Dieu et à son sacerdoce, j'ai consenti aux vœux les plus rigoureux, aux renoncements les plus exigeants pour prendre cette voie, accompli tant d'efforts pour y progresser – mais si ça n'était pas la bonne ? Si Dieu n'existait pas ?

Et encore : j'ai choisi de faire sens du monde par la compréhension théorique, par les voies de la science, mais peut-être l'existence bien conduite est-elle tout à fait ailleurs, dans le fait de nouer avec le monde un tout autre rapport, de fusion sensible par exemple – et je serai passé totalement à côté.

Nul, parmi ceux qui font des choix de cette sorte, ne peut exclure d'être un jour confronté à cette résurgence intime de l'anarchie, au vacillement de la position de valeur sur laquelle il a tout joué, et de devoir contempler la possible ruine de son existence, en tout cas de toutes les années qu'il a laissées derrière lui – pour ne rien dire de l'incertitude extrême qui plane alors sur la direction à donner aux années qui sont devant lui. Car si le choix antérieur se révèle n'avoir été d'aucune assurance, peut-être même n'avoir été qu'une gigantesque erreur, comment le choix à venir ne serait-il pas grevé de la même incertitude – et alors reprendre le risque d'un égarement semblable pour refaire des trente prochaines années un nouveau pari ? Et si c'était l'idée même du choix qui ne pouvait être soutenue ? Mais alors devoir abandonner son existence au non-sens ? La crise anarchique quand elle frappe les corps individuels n'y fait pas moins de dégâts qu'elle n'en fait dans les corps sociaux. Ne pas savoir, et même pire encore ne plus savoir, est une dévastation. Qui rend difficile jusqu'à réapprendre à « savoir » – c'est-à-dire à croire. Croire à nouveau, quand on a fait l'expérience de la croyance mise en doute, voire de la croyance abattue, est une épreuve. Car, en ces matières vocationnelles, la chute d'une croyance particulière atteint la croyance en général. La crise axiologique personnelle est la découverte angoissante de l'anarchie au cœur de soi. Sauf à demeurer abandonnés à eux-mêmes, les individus n'ont pas d'autre solution que de retourner vers le dehors du social pour tenter de remplir à nouveau le vide anarchique qu'ils ont aperçu en eux. C'est toujours de là que vient la solution – en tout cas dans le régime de la servitude passionnelle. Quoi savoir – quoi croire – à nouveau, c'est la société qui l'indiquera, car elle seule en a le pouvoir. C'est bien elle, au demeurant, qui l'avait eu au moment de contracter la première vocation, choix le plus souvent vécu par les individus comme profondément intime alors qu'il est profondément social : d'où peut venir l'idée que la reconnaissance se gagne avec la fortune, ou que la science fait une vie, ou que le service de Dieu donne sens à l'existence, ou l'idée de n'importe quelle autre vocation, sinon de la société elle-même ? Qui ne fournit pas que l'idée, mais les affects avec. Ceux-là mêmes qui, en temps ordinaires, permettent de « savoir qu'en penser », évitent de flotter, bref organisent, par la méconnaissance, le comblement provisoire du précipice anarchique, et auxquels il n'y aura pas d'autre solution que de se confier à nouveau si d'aventure passe l'ombre d'un doute.

7

Ce qui vaut vraiment

(La valeur au-delà de la valeur)

Y a-t-il la moindre chance d'une vie hors de la méconnaissance (en faisant entrer dans la méconnaissance la connaissance simplement intermittente, ordinairement recouverte par les autres affects) ? Tout porte à en douter. De la lucidité, nous ne voyons que des figures de malheur. Malheur collectif du corps politique à qui un tyran veut ôter toute œillère pour le forcer à regarder en face l'inregardable. Malheurs individuels aussi, celui de Des Esseintes, « embarqué seul dans la nuit ». Celui de l'« homme des foules », dont on ne sait pas trop s'il va plus loin ou moins loin dans la lucidité que Des Esseintes. Moins loin, si l'on considère qu'il n'est qu'un corps sensible qui ne cherche qu'à remonter les gradients de densité populeuse, sans former beaucoup d'idées claires à ce propos. Mais plus loin aussi puisque, quand Des Esseintes n'est qu'à son malheur de ne plus pouvoir croire, lui, d'une certaine manière, thématise que s'il n'y a rien, les hommes comblent le rien en se soutenant et en se remplissant les uns les autres. Cela, l'homme des foules le sait par son corps. Pour éviter de s'affaisser comme un rien, et dans le rien, il sent qu'il y a au moins la solution du contact des autres.

Misère et lucidité du Grand Inquisiteur

Et puis il y a l'homme du sous-sol – celui de Dostoïevski. C'est sans doute lui le plus avancé dans la connaissance de la condition anarchique. Par conséquent le plus malheureux. Sa conscience de ne vivre que soutenu par le regard des autres est totale. Et totalement insupportable à son désir d'autonomie. Vouloir n'être rempli que de soi-même quand on sait parfaitement ne pouvoir être rempli que par les autres est un conflit d'une telle violence qu'il n'admet ici pas d'autre issue que la haine universelle : haine de soi et de sa propre insuffisance, haine des autres qui rappellent sans cesse l'insuffisant à son insuffisance. L'homme du sous-sol ne peut exister que comme despote, dans la pulsion d'emprise sur quelque malheureux de passage – Lisa –, par renversement de la douleur de se voir sous l'emprise des autres.

Il était temps de parler de lui – Dostoïevski –, car tout de même, c'est sa grande affaire. La liberté chez Dostoïevski, c'est le nom de la position de l'homme face à la condition anarchique. De la position lucide, s'entend, celle qui voit le gouffre : « [...] rien, jamais, ni pour la société humaine, ni pour l'homme, n'a été plus insupportable que la liberté[1] ! ». La position pour laquelle, par conséquent, savoir comment faire pour vivre dans ces conditions est un problème tout à fait explicite – celui dont la méconnaissance heureuse fait faire l'économie. Le Grand Inquisiteur a son idée de la solution. En réalité, c'est la même que Pascal – celle qui conseille d'éviter fermement que le peuple « sente la vérité de l'usurpation », parce qu'« introduite autrefois sans raison, elle est devenue raisonnable », et que l'impératif est de « la faire regarder comme authentique, éternelle ». À l'image des habiles de

1. Fédor Dostoïevski, *Les Frères Karamazov*, trad. par André Markowicz, Arles, Acte Sud, « Babel », 2002, t. 1, p. 456.

Pascal, l'Inquisiteur penche pour la solution des *aristoï*, la solution d'une élite qui se juge seule capable de regarder en face la « liberté » (la condition anarchique), et seule capable également d'entretenir le peuple dans ses « opinions saines », c'est-à-dire dans la croyance heureuse, la confiante certitude de la valeur – la foi du charbonnier. Inutile de l'exposer à des vérités qu'il ne pourrait pas supporter. C'était bien l'erreur du Christ, et de son « élitisme démocratique », en tout cas de sa présupposition quant à la possibilité de tout dire à tous. Il est vrai que – comme Pascal, et pour cause ! – le Christ apporte une double révélation : l'inexistence de tous les ancrages exotériques, l'unicité du vrai ancrage de salut. On finit presque par se demander si ce dernier occupe encore les esprits du Grand Inquisiteur et de ses *aristoï*. En tout cas, l'idée de passer au bûcher le Christ revenu livre par implicite une hiérarchie des priorités : le maintien du peuple dans sa servitude axiologique est bien plus urgent que de lui donner accès à la double révélation christique. Au passage, à démocratique démocratique et demi : car c'est une fausse promesse – démagogique –, celle du Christ qui crédite tous de virtuosité. Prétendre faire leur salut quand ce salut requiert en fait d'être virtuose, c'est bien énoncer une fausse promesse. C'est ce que considère le Grand Inquisiteur qui, lui aussi, est allé au désert, mais en est revenu : « Je suis rentré et j'ai adhéré à la masse de ceux qui ont corrigé Ton œuvre. Oui, j'ai quitté les orgueilleux et je suis revenu chez les humbles, pour faire le bonheur des humbles. »

Le Grand Inquisiteur a tout pour offenser l'esprit moderne-démocratique, mais le problème, c'est quand même qu'il y voit profond. Il voit notamment l'écart béant entre les deux révélations. C'est qu'être jeté hors des ancrages familiers par la première révélation ne fait, par soi, nullement gagner la seconde. Mais alors l'entre-deux ne risque-t-il pas de n'être qu'un gigantesque chaos ? Les ancrages exotériques détruits étaient sans doute mensongers, mais ils « tenaient » quelque chose. Et si tous ceux qui se retrouvent « lâchés » ne sont pas des virtuoses de la seconde révélation ? Dans le schéma d'organisation du Grand Inquisiteur, de virtuoses, il n'y a que lui et ses *aristoï*, une élite qui prendra sur elle l'idée de la liberté dostoïevskienne pour qu'elle ne perde pas tous les autres, capables ni de la soutenir, ni de gagner l'autre rive. Mais une élite qui en portera le poids de souffrance, car les joies de la domination, joies de régner sur les esprits et de la conduite des peuples, ne viennent pas seules, elles pèsent leur contrepartie d'angoisse : « [...] tous seront heureux, tous ces millions de créatures, sauf les cent mille qui les dirigeront. Car nous, qui aurons la charge du secret, nous serons les seuls à être malheureux. Il y aura des milliers de millions d'enfants heureux, et cent mille hommes déchirés qui auront pris sur eux cette malédiction de connaître le bien et le mal[1]. Ils mourront doucement, ils s'éteindront doucement au nom de Toi et, dans la tombe, ils ne trouveront que la mort[2] ».

Comment tient-on la « pensée de derrière » sans la moindre ressource ? Difficilement, à l'évidence. Pour s'être fait à l'idée de se rendre à la tombe avec seul le néant à y trouver, c'est bien que les « cent mille » ont passé par pertes et profits la seconde révélation – c'est-à-dire n'ont plus rien. Si le Grand Inquisiteur a la même solution politique que Pascal, il n'a pas la même ressource que lui pour la soutenir. Ni celle de Spinoza. Les deux soutènements de la « pensée de derrière » : le Christ et la raison. Pour le Christ, il faut... y croire. Pour la raison, il faut l'expérimenter. La solution du Christ, c'est que tout se réglera « à la fin » – en attendant, il faut tenir. La solution de la raison, c'est qu'il faut cheminer au plus vite pour la trouver, tant que le corps est vivant – quand il sera mort : plus rien. Contrairement à ce qu'on pourrait penser

1. Resterait-il donc un bien et un mal à identifier ? Au moins ceux-ci : le bien du « bonheur des humbles », accordé à leurs moyens ; le mal, pour le faire, d'avoir à pactiser avec Satan.

2. *Ibid.*, p. 469.

d'ailleurs, dire qu'il faut expérimenter la raison ne rend pas le salut plus accessible que dire qu'il faut espérer en le Christ – le salut par l'éthique « est difficile autant que rare[1] » et, pour le coup, rien n'est caché des prérequis de « virtuosité ». Mais si elle est exigeante, la solution de Spinoza est surtout paradoxale. Car elle va ne nous sortir des apories de la valeur que par un saut dans un au-delà de la valeur.

La raison, méta-valeur au-delà de la valeur

Une lecture qui s'arrêterait à *Éth.*, III, 9, scolie – le scolie « catastrophique » – conclurait que le spinozisme est un relativisme radical. Autant de déclarations de la valeur qu'il y a de complexions affectives déclarantes – qu'elles soient individuelles ou communes à l'échelle de tel ou tel groupe. Spinoza ne « croit »-il vraiment à rien ? N'y a-t-il rien à quoi il accorde une valeur consistante, peut-être même une valeur absolue ? Si. Il existe un « bien véritable ». De cela il ne doute plus, davantage : il en est certain. Spinoza connaît son « mémorial » à lui, c'est le prologue du *Traité de la réforme de l'entendement* qui nous le raconte, récit d'une crise, d'une plongée au fond de la déréliction dont l'auteur ressort armé pour la vie : « Quand l'expérience m'eut enseigné que tout ce qui advient couramment dans la vie commune est vain et futile, comme je voyais que tous les objets de mes soins et de mes craintes n'avaient en eux-mêmes rien de bon ni de mauvais, si ce n'est dans la mesure où l'âme en était émue, je résolus finalement de chercher s'il y avait quelque chose qui serait un bien véritable [...][2] ». Toute la suite du prologue

1. *Éth.*, V, 42, scolie.
2. *Traité de la réforme de l'entendement*, texte établi par Filippo Mignini, trad. par Michelle Beyssade, in *Œuvres*, t. I, *Premiers écrits*, Paris, PUF, « Épiméthée », 2009, § 1, p. 65.

est le récit d'une crise existentielle ouverte par l'expérience de la déception des biens ordinaires, puis l'idée d'un possible « vrai bien », l'angoisse, s'il n'existe pas, de jouer sa vie à la poursuite d'un spectre, l'émerveillement résolutoire de le trouver, enfin d'en avoir l'idée claire et distincte. Mais la première phrase dit l'essentiel : il y a deux régimes de la valeur. Celui des affects passifs, qui valorisent du dehors des choses en elles-mêmes insignifiantes, en y important donc toute l'instabilité de la vie passionnelle. C'est le régime de l'égarement permanent, des illusions et des renversements imaginaires de la valeur : seule y règne la « mesure dont l'âme est émue », et celle-ci est d'une parfaite inconstance. Et puis il y a un autre régime de la valeur, celui du « bien véritable », « dont la découverte et l'acquisition [nous] feraient jouir pour l'éternité d'une joie suprême et continue[1] ». Qui pourra dire Spinoza relativiste après ça ?

Car, après l'épiphanie du *Traité de la réforme de l'entendement*, il y aura l'*Éthique*, c'est-à-dire une philosophie complète de ce « bien véritable », de ce en quoi il consiste, de ce qui nous en éloigne la plupart du temps, et de ce qui nous en rapprochera éventuellement. On ne saurait poser avec plus de force l'affirmation de la valeur absolue. Que nos vies ordinaires se perdent dans les dédales de la condition anarchique n'empêche pas qu'il y ait une vraie valeur, dont le point doit orienter la conduite de nos existences. De cette vraie valeur, l'*Éthique* nous donne le contenu : c'est la vie sous la conduite de la raison. La raison est donc la valeur supérieure, celle qui domine les valeurs ordinaires de la vie dans le régime de la servitude passionnelle, valeurs creuses, mensongères même, puisqu'elles dotent les choses « valant » d'un principe qui ne leur appartient pas. Une valeur supérieure, mais des plus paradoxales : car, en réalité, elle gouverne un dépassement de la valeur, une abolition du monde de la valeur,

1. *Id.*

de toute valeur. *Éth.*, IV, 68 : « Si les hommes naissaient libres, ils ne formeraient aucun concept du bien et du mal, aussi longtemps qu'ils resteraient libres. » La démonstration est suffisamment lapidaire pour qu'on la restitue ici : « J'ai dit qu'est libre celui que conduit la seule raison : qui donc naît libre, et demeure libre, n'a que des idées adéquates, et partant n'a aucun concept du mal, et par conséquent (car bien et mal sont corrélats) du bien non plus. » Est-ce donc qu'il est impossible d'avoir une idée autre qu'inadéquate du mal – et, à sa suite, du bien ? Oui. C'est ce que Spinoza a démontré dans la proposition 64 de la partie IV : « La connaissance du mal est une connaissance inadéquate. » Elle l'est car, explique-t-il, la connaissance du mal n'est autre chose que la conscience d'une tristesse (*Éth.*, IV, 8), et surtout elle advient nécessairement d'une cause extérieure, par conséquent, dit Spinoza, elle « ne peut pas se comprendre par l'essence de l'homme » – mais seulement par ses affections impuissantisantes. C'est que l'*essence* d'un mode est entière positivité. Il est exclu, en tant que telle, qu'elle se nuise à elle-même, ou se contredise elle-même, ce qui signifierait que l'idée qu'elle est existerait à l'état contradictoire dans l'entendement infini de Dieu – chose absurde par excellence. De là d'ailleurs que « nulle chose ne [puisse] être détruite, sinon par une cause extérieure » (*Éth.*, III, 4) puisque l'essence en tant qu'essence est effort *indéfini* de persévérer dans l'être (*Éth.*, III, 7 et 8). Ce qui est à l'œuvre dans ce qu'on nomme « autodestruction » (car il est bien vrai qu'on observe des hommes qui semblent « se détruire »), suicide, ou même simplement mort « naturelle », n'est rien d'autre que le travail d'affections extérieures adverses, décomposantes[1]. Contrairement à l'une de nos intuitions les plus ancrées, la mort n'est en aucun cas un processus endogène pour Spinoza – c'est sans doute

1. Celles par exemple des toxines produites par le simple effet du métabolisme en longue période.

en ce lieu que Deleuze lui trouvait toute sa grandeur : le conatus, *en lui-même*, est sans réplique, triomphant, la mort n'advient que du dehors. Si nous pouvions n'avoir aucune relation avec d'autres modes, nous ne mourrions pas. Mais cela, modes *finis*, précisément nous ne le pouvons pas. Donc, nécessairement, nous entrons en relation et puis, entre autres choses, nous mourons. Entre-temps, nous formons des idées inadéquates, en particulier celle du mal. Une idée inadéquate est une idée dont notre esprit n'est pas la seule cause, une idée donc qui a été formée dans le concours de notre esprit *et* de causes extérieures : à la suite de quelque affection. Mais ces idées-là sont sujettes à toutes sortes de distorsions, notamment du fait que c'est, à travers elles, notre corps singulièrement configuré qui « parle » – et fait de l'idéation dans ce régime une sorte de permanent test projectif, tout le contraire de l'universalité des idées vraies : « L'idée d'une quelconque manière dont le corps humain est affecté par les corps extérieurs doit envelopper la nature du corps humain, et en même temps la nature du corps extérieur » (*Éth.*, II, 16), d'où suit que « les idées que nous avons des corps extérieurs indiquent plus l'état de notre corps que la nature des corps extérieurs » (*Éth.*, II, 16, corollaire 2). Récapitulons : la positivité de l'essence voue la tristesse, donc la connaissance du mal, à ne venir que des causes extérieures ; mais, par construction, tout ce qui est connu sous l'effet d'affections extérieures l'est de connaissance inadéquate. Quand nous parlons du mal, nous ne parlons ni des choses ni… du mal : nous parlons de nous. Le mal, disait Deleuze, c'est le point de vue d'un mode sur « une mauvaise rencontre[1] ». Dans les scandales variés du spinozisme, il y a donc celui-ci, qui n'est pas le moindre : l'idée du mal n'y a aucun sens. Tous ceux qui s'interrogent sur « la question du mal », tous ceux que torture l'idée du « mal dans le monde », ne trouveront

1. Gilles Deleuze, *Spinoza. Philosophie pratique*, Paris, Minuit, 1981, p. 34.

rien chez Spinoza, sinon la démonstration de l'absurdité de leur problème. Et si d'aventure ils concluaient que Spinoza polit ses lentilles en rose, c'est qu'ils n'auraient pas compris grand-chose. Il sait toute la violence du monde – il a vu les frères de Witt dépecés par une foule lyncheuse. Que le monde soit enseveli des tristesses de la disconvenance passionnelle, il n'a besoin de personne pour en avoir l'idée. À ceci près que rien ne peut le convaincre d'y voir quelque chose comme « le mal », par impossibilité de lui donner quelque forme qui, conceptuellement, tiendrait debout. « En ce qui concerne le bien et le mal, ils ne désignent [...] rien de positif dans les choses » (*Éth.*, IV, préface).

Reprenons le fil : venant d'affections extérieures, la connaissance du mal est nécessairement inadéquate, partant celle du bien également ; or un homme libre, c'est-à-dire vivant sous la conduite de la raison, ne formerait que des idées adéquates, par conséquent ni celle du mal ni celle du bien – non sans continuer de voir que leur égale inconsistance comme *idées* n'en fait pas pour autant des affects équivalents : la joie est toujours préférable à la tristesse. En tout cas, voilà où il fallait en venir : sous la conduite de la raison, les hommes vivent hors la valeur, ou par-delà la valeur. Il y a certes la méta-valeur de la raison, qui leur est plus chère que tout, mais cette méta-valeur préside à une extinction de la valeur. Et, du reste, de tant de choses avec elle : les institutions, la loi, l'État ! « Si les hommes avaient été ainsi constitués par la nature que leurs désirs suivent toujours ce qu'indique la raison vraie, la société n'aurait nullement besoin de loi » (*TTP*, v, 8)[1]. Et en effet : s'ils vivent sous la conduite de la raison, et de la raison seulement, alors « les hommes nécessairement conviennent toujours en nature » (*Éth.*, IV, 35). Cette convenance parfaite, stable, nécessaire, des hommes entre eux, rend

1. *Traité théologico-politique*, trad. par Jacqueline Lagrée et Pierre-François Moreau, *Œuvres*, t. III, Paris, PUF, « Épiméthée », 1999, p. 219.

totalement inutile quelque institution commune de la faute, du péché, de l'infraction – c'est-à-dire l'établissement de la valeur. La seule chose qui vaille, ou peut-être faudrait-il dire qui méta-vaille, c'est la règle de vie offerte par la raison. Car seule les valeurs imaginaires et le nuage des passions qui tournent autour font disconvenir les hommes entre eux : valeurs désaccordées qui font se jeter les communautés les unes contre les autres, dans une rage prosélyte qui est encore, mais à l'échelle collective cette fois, le symptôme d'une incertitude axiologique fondamentale – seule semble pouvoir la combler la conversion des « autres » ; valeurs communes mais dont les objets deviennent aussitôt des enjeux agonistiques, et précipitent alors les hommes dans les pires luttes rivalitaires. Dans cet amoncellement de faux objets, et de vraies désorientations, la raison s'impose comme l'unique source de convenance nécessaire puisque non seulement elle offre une joie en soi inaltérable, mais elle ne peut être l'objet d'aucune lutte d'appropriation exclusive : tous peuvent en jouir sans jamais en entraver la jouissance pour autrui ; mieux même : plus nous en jouissons, plus nous favorisons que d'autres en jouissent également. Car « il n'y a pas, dans la nature des choses, de singulier qui soit à l'homme plus utile que l'homme qui vit sous la conduite de la raison » (*Éth.*, IV, 35, corollaire 1). Et telle est bien la solution que Spinoza avait entrevue dès le début du *Traité de la réforme de l'entendement* : « Voilà donc la fin vers laquelle je tends : acquérir une telle nature et tâcher que beaucoup d'autres l'acquièrent avec moi. Autrement dit, il appartient aussi à mon bonheur de faire que beaucoup d'autres partagent ma compréhension des choses[1] », geste qui n'a plus rien de celui du prosélyte puisque, visant « quelque chose qui [ferait] jouir pour l'éternité d'une joie suprême et continue[2] », qui même deviendrait

1. *Traité de la réforme de l'entendement*, *op. cit.*, § 14, p. 71.
2. *Ibid.*, § 1, p. 65.

« tout le reste rejeté […], l'unique affection de l'âme[1] », il n'exprime plus que la rationalité de la convenance en nature. Voilà ce qui vaut vraiment.

Les orientations imprécises de l'*exemplar*

Mais comment lui aménager une place concrète dans l'existence, et la faire croître ? Spinoza ne nous dit certainement pas rien à ce sujet. La manière dont il nous guide en cette matière est même l'objet d'un singulier revirement : car après avoir expliqué en longueur combien les idées de bien et de mal n'étaient que projections de nos affects et fabrications imaginaires, voilà que Spinoza les rétablit par une volte inattendue – mais bien sûr tout autrement reconstruites. « En ce qui concerne le bien et le mal, ils ne désignent rien de positif dans les choses […]. Pourtant, malgré cela, il nous faut conserver ces vocables. Car […] nous désirons former une idée de l'homme à titre de modèle de la nature humaine que nous puissions avoir en vue […]. Et donc, par bien, j'entendrai dans la suite ce que nous savons avec certitude être un moyen d'approcher toujours plus du modèle de la nature humaine que nous proposons. Et, par mal, ce que nous savons avec certitude être un obstacle à ce que nous reproduisions ce même modèle » (*Éth.*, IV, préface). Évidemment, Spinoza ne se contredit en rien : il défère, à sa manière réaliste, à un souci d'efficacité. C'est qu'il faut bien faire avec les hommes tels qu'ils sont. Or ils sont pour l'essentiel dans le monde des affects passifs, de l'imaginaire et de la connaissance du premier genre. Il faudra donc se contenter de cette « ressource » – il n'y en a pas d'autre. Si les hommes ne peuvent se passer des idées de bien et de mal – ce serait supposer qu'ils sont capables de passer d'un coup d'un seul dans la vie *ex ductu*

1. *Id.*

rationis et les affects actifs –, autant faire travailler ces idées pour le mieux : comme critères d'orientation subordonnés au « véritable bien ». Spinoza semble donc rétablir le système même dont sa philosophie de l'immanence n'a cessé de faire la critique : le système de la norme et des écarts, de l'*exemplar* (le modèle de la nature humaine à avoir en vue) et de ce qui nous en sépare (« mal ») ou nous en rapproche (« bien »). S'il y a un seul lieu « dialectique » dans toute l'*Éthique*, qui par ailleurs exclut radicalement tout ce qui pourrait être de l'ordre d'un « travail de la contradiction » (sans exclure le moins du monde le changement), c'est bien là : il faut rétablir le bien et le mal pour construire un accès au dépassement du bien et du mal, proposer une norme de vie pour se libérer de toute norme, ou disons pour ne plus connaître que la norme immanente du conatus. Et la *norma vitae*, Spinoza nous la met sous le nez : c'est l'*exemplar*. Voilà ce qu'est un homme puissant, un homme guidé par la raison, voilà comment il se conduit – face au péril, face à la pitié, face au mensonge, face à la mort (*Éth.*, IV, 41-73).

Ça n'est donc pas d'identifier l'*exemplar* qui nous manque – il prend forme sous nos yeux. C'est plutôt le moyen de juger si ce que nous faisons concrètement dans l'existence nous en rapproche ou nous en éloigne – c'est-à-dire finalement d'identifier avec certitude le bien et le mal ainsi redéfinis. Et que dire quand nous passons du plan de l'éthique individuelle à celui des choix collectifs ? La question s'y pose avec tout autant d'acuité et les réponses y sont moins précises encore. Cheminons-nous dans la bonne ou dans la mauvaise direction quand nous élisons telle valeur morale, ou quand nous faisons tel choix politique ? Avons-nous les moyens de discriminer dans une alternative ? Flottons-nous en pleine condition anarchique quand nous regardons telle œuvre comme grande, ou avons-nous quelque titre mieux assuré pour la juger ainsi ? Pour dire le vrai, les réponses ne sont pas exactement à portée de main… C'est là sans doute le principal problème d'une axiologie spinoziste : elle est certes munie d'un principe directeur clair, mais dont le pouvoir de résolution est insuffisant – et les applications incertaines. Nous savons qu'il faut viser l'augmentation de nos puissances et la gouverne de la raison, mais quant à dire en situation si ce que nous nous proposons de faire, ou de valoriser, nous fait viser juste, c'est une tout autre histoire. Par là d'ailleurs exposée au risque de l'abus : faire parler Spinoza au-delà de ce qu'il peut dire. Lui-même d'ailleurs n'a pas manqué de faire quelques faux pas. Que n'a-t-il vécu plus longtemps pour ne pas laisser son *Traité politique* inachevé sur un article excluant les femmes et les serviteurs de la citoyenneté démocratique[1]... Pour le coup, *dans sa logique même*, on devait les y intégrer : la puissance du corps démocratique est proportionnelle au nombre de ceux qui y prennent part. Et si la « nature est une et commune à tous » (*TP*, VII, 27), alors rien ne justifiait d'écarter personne. Ici, Spinoza n'a pas su sauter par-dessus son époque – mais peut-être cette faillibilité le rend-elle plus humain, en tout cas nous sauve-t-elle de l'adoration.

Des œuvres : valeur esthétique ou valeur de puissance ?

S'il est un domaine où, au moins autant qu'en politique, l'esprit renâcle à abandonner l'idée de « vraie valeur », c'est celui des œuvres. Toute mise en cause est vouée à y être reçue comme une offense personnellement vécue par les croyants – qui, précisément, se refusent à s'envisager comme de simples croyants. Ici, plus peut-être que partout ailleurs, la valeur est révérée comme une substance et, partant, considérée dans sa

1. *TP*, XI, 3. Certes, Alexandre Matheron s'est lancé dans un exercice de haute voltige pour tenter de sauver malgré tout le passage disgracieux : « Femmes et serviteurs dans la démocratie spinoziste », in *Études sur Spinoza et les philosophies de l'âge classique*, Lyon, ENS Éditions, 2011.

nécessité, qu'il ne saurait être question de mettre en balance avec la contingence des élections collectives. Mais c'est l'idée même d'un savoir positif sur la valeur qui est jugée essentiellement attentatoire. Attentatoire à quoi, au juste ? À l'idée de valeur bien sûr, mais au travers de l'*expérience* à laquelle elle donne lieu. Questionner la valeur, c'est comme détruire l'expérience qu'il est permis d'en faire – et son enchantement. Voilà pourquoi *expliquer*, en matière de valeur, est systématiquement exposé à un rejet outragé au motif de « relativisme ». Par construction, expliquer, c'est attenter à l'ineffable, et tel est bien le fond de l'expérience à laquelle veut s'adonner le croyant de la valeur. La condition de la félicité axiologique, c'est de ne jamais atteindre son propre fin mot. C'est pourquoi elle fait de toute connaissance socio-génétique son ennemie personnelle : en partant de l'idée que reconstituer les déterminations de la valeur ne peut conduire qu'à la destitution des choses valant – et de la merveilleuse expérience qu'on en a faite.

Il faut prendre au sérieux le spasme antirelativiste, d'abord parce qu'il offre une parfaite porte d'entrée sur les mythologies de la valeur, sur les arcanes de son sentiment propre, ensuite parce qu'il est possible de lui faire plusieurs réponses. La première, toujours la même, suggère de faire confiance aux affects communs axiologiques pour, en situation, oublier l'analyse et vivre de nouveau avec bonheur la rencontre des œuvres. La seconde, qui va plus loin, accorde à l'esprit de résister à tout laisser dissoudre dans le scolie d'*Éth.*, III, 9, et d'aspirer, ici, à la restauration d'un sol assuré de la valeur. N'y a-t-il pas, d'ailleurs à l'épreuve du temps, des œuvres que nous puissions « indiscutablement » dire grandes, et celles qui font l'accord à ce propos ne peuvent-elles alors revendiquer une base plus ferme qu'un affect commun même durable ? Inversement, le temps long peut-il à lui seul être un argument suffisant ? – non, bien sûr. Mais s'il y a, à part les déterminations passionnelles ordinaires du jugement commun (fussent-elles étirées et confirmées dans le temps), un principe de la vraie valeur des œuvres, quel peut-il être ? Disons les choses franchement, la question de l'art n'est pas celle où Spinoza est à son meilleur – on pourrait même dire qu'elle n'est chez lui pas loin de la tache aveugle[1]. Pas loin mais pas tout à fait non plus, ce qui signifie quand même qu'il l'évoque, et aussi qu'il offre de quoi amorcer une reconstruction de la question de « la valeur des œuvres ». Il y a d'abord que l'art est bon, d'emblée, en tant qu'il entre dans cette riche diététique qu'appelle la complexité du corps humain pour sa restauration : « Car le corps humain se compose d'un très grand nombre de parties de nature différente, qui ont continuellement besoin d'une alimentation nouvelle et *variée* pour que le corps *tout entier* soit partout également apte à tout ce qui peut suivre de sa nature[2]. » C'est pourquoi « il est d'un homme sage de se refaire et recréer en mangeant et buvant de bonnes choses modérément, ainsi qu'en usant des odeurs, de l'agrément des plantes vertes, de la parure, de la musique, des jeux qui exercent le corps, des théâtres, et des autres choses de ce genre dont chacun peut user sans aucun dommage pour autrui[3] ». La musique et le théâtre donc, à côté des plantes vertes, des odeurs agréables et des parures plaisir des yeux… On ne se sent pas exactement partis pour une Grande Esthétique ou une majestueuse philosophie de l'art.

Le paradoxe pourtant, c'est que cette entame des plus modestes pourrait livrer accès à une complète reconstruction de la question esthétique, ou plutôt de la question de l'œuvre, car, précisément, il s'agit de ne plus égaler l'une à l'autre. Philippe Drieux, qui souligne cette distinction, note à raison que, sur la question du beau, on ne fera pas bouger

1. C'est cette tache aveugle que s'emploient d'ailleurs à éclairer les contributions réunies par Pierre-François Moreau et Lorenzo Vinciguerra : *Spinoza et les arts*, Paris, L'Harmattan, 2018.

2. *Éth.*, IV, 45, scolie, c'est moi qui souligne.

3. *Id.*

Spinoza[1]. Le beau/le laid, le juste/l'injuste, l'ordre/le désordre, le parfait/l'imparfait : tous comme le bien/le mal – rien de positif. Pour autant, récuser sans appel le jugement proprement esthétique n'interdit nullement de parler des œuvres, et même d'en juger, mais alors sous un tout autre rapport. Auquel précisément nous introduit le scolie diététique, faussement prosaïque. Car dans ce scolie, il est bien question de ce qui, entretenant le corps, concourt à sa puissance. On n'assimilera pas sans autre précaution le théâtre et les plantes vertes, simplement on notera, et le scolie ne dit rien d'autre, que toutes ces choses, si leur rapprochement peut paraître incongru, n'en ont pas moins en commun d'entrer dans une diététique générale de la puissance humaine. Ce que sont leurs contributions variées, c'est une autre affaire. Mais nous savons que les œuvres y ont la leur : elles concourent à la puissance de l'individu. Et voilà le bout par lequel les attraper de nouveau, abandonnées les catégories de l'esthétique. Qu'on ne puisse plus dire que les œuvres sont « belles », puisque la définition du beau demeurera introuvable, davantage : chimérique, n'empêche en rien qu'on puisse en dire autre chose, et notamment ceci : elles nous empuissantisent – à des degrés variés bien sûr, chacune le sien.

Il faut savoir reconnaître ici le mouvement général de la pensée de Spinoza sur la question normative : d'abord se débarrasser de toutes les fabrications de l'imaginaire de la transcendance, qui pose des normes extérieures (inventées par lui mais il ne s'en rend pas compte) comme des idéaux objectifs qu'il nous incombe de rejoindre, sauf à nous avouer déficitaires, insuffisants, contrevenants, pécheurs ; ensuite se souvenir que, ces normes délirantes écartées, il en reste une qui vraiment fait sens, mais d'une tout autre nature : la norme

1. Philippe Drieux, « Y a-t-il une construction sociale du beau selon Spinoza ? », in Pierre-François Moreau et Lorenzo Vinciguerra (dir.), *Spinoza et les arts*, *op. cit.*

immanente du conatus, la norme immanente de la puissance modale. Pour le coup cette norme-là est radicalement étrangère à toute transcendance puisqu'elle se tient au plus près du procès d'engendrement des choses et de l'activité des choses engendrées – en réalité elle en est l'expression même –, et peut assurément être dite immanente, aussi vrai que « Dieu est de toutes choses cause immanente » (*Éth.*, I, 18). C'est bien d'ailleurs de cette norme du conatus que se prévaut implicitement Spinoza quand il rétablit les catégories du bien et du mal comme critères du mouvement d'empuissantisation vers la raison. Partis des plantes vertes, voilà alors une tout autre question à poser aux œuvres. Nous avions compris qu'elles entrent dans le réquisit de variété de notre alimentation générale eu égard à la complexité d'organisation du corps. C'était le premier pas pour leur demander maintenant dans quelle mesure elles augmentent nos puissances, et déclarer que c'est désormais sous cette norme-là, la norme immanente du conatus, que nous les interrogerons, et les jugerons.

Nous n'avons plus à douter qu'à défaut de pouvoir le dire beau, l'art soit bon : il est une possibilité d'empuissantisation. Mais par quelles voies exactement les œuvres nous font-elles contracter ces augmentations ? Pour le savoir, il faut d'abord être un peu plus au clair sur le contenu des puissances humaines. Or, de cela, le scolie d'*Éth.*, II, 13 nous donne une indication : « [...] plus un corps l'emporte sur les autres par son aptitude à agir et pâtir de plus de manières *à la fois*, plus son esprit l'emporte sur les autres par son aptitude à percevoir plus de choses *à la fois*[1] ». Que la chose nous soit dite dans le registre comparatif n'empêche nullement que sa teneur en soit livrée : la puissance a à voir avec l'aptitude à *lier*. Aptitude du corps à lier ses affections, et de l'esprit à lier ses pensées : voilà l'indice de la puissance. *Éth.*, IV, 38 confirme : « Ce qui dispose le corps humain à être affecté

1. C'est moi qui souligne.

de plus de manières, ou ce qui le rend apte à affecter les corps extérieurs de plus de manières, est utile à l'homme [...]. » La démonstration n'omet pas d'y joindre l'esprit : « Plus le corps y est rendu apte, plus l'esprit est rendu apte à percevoir [...]. » Le corps-esprit puissant est bien celui qui éprouve et pense beaucoup de choses *à la fois* (*simul*). À quoi alors pourrait-on mesurer la puissance d'une œuvre, et partant sa valeur, sa vraie valeur de puissance, indépendamment des issues axiomachiques institutionnelles ou des véridictions esthétiques douteuses ? À la manière dont elles induisent en nous plus de *liaisons*, dont elles nous aident à tenir plus de choses ensemble. Au passage, on comprend mieux que ce paradigme de la puissance comme aptitude à lier beaucoup et loin culmine dans la vie sous la conduite de la raison puisque, sous cette gouverne, l'esprit devient capable de rapporter *toutes choses* à l'idée de Dieu (*Éth.*, V, 14), clé de voûte du système achevé de la liaison. Aussi, tout ce qui, de cela, nous rapproche est bon à prendre. Notamment les œuvres. Auxquelles nous pouvons à nouveau poser la question judicative, mais entièrement reconstruite d'après la norme immanente du conatus. Et, sans tautologie, nous pouvons dire une œuvre puissante si elle invite à des développements de la puissance : *si elle induit des liaisons*. Indépendamment des jeux de l'axiologie institutionnelle et des combats d'affects pour le succès véridictionnel, là est sa vraie valeur, sa valeur de puissance. N'est-ce pas là d'ailleurs retrouver sous une autre forme une idée bien connue : la grande œuvre se mesure à sa surface projective, ou inductrice – elle invite à voir en elle beaucoup de choses, à sentir et à penser par elle beaucoup de choses, chacun les siennes au demeurant (comme toujours). Beaucoup de choses qui certainement n'entraient pas toutes dans l'intention de l'auteur – et peut-être cet excès est-il le signe le plus caractéristique de la puissance de l'œuvre. Insistons pour qu'on n'aille pas limiter ces « choses » liées à l'ordre du voir et du penser, qui enfermerait la définition de la puissance de l'œuvre dans le registre de la représentation, et qu'on les étende bien à l'ordre du sentir : conformément au scolie d'*Éth.*, II, 13, *toutes* les affections *du corps* sont matière à liaison. En tout cas, si l'œuvre est grande : beaucoup de choses liées – par elle, forcément (à partir d'elle), mais selon la manière « concaténante » du récepteur. Si le « vrai bien » est ce qui augmente la puissance liante de notre corps aussi bien que de notre esprit et, partant, tout ce qui redispose notre corps favorablement à cette augmentation, alors les œuvres y concourent manifestement, qui étendent nos liaisons, nous font faire de nouvelles liaisons – et tel est le critère de puissance sous lequel elles doivent être regardées.

Encore faut-il songer à poser la question de savoir qui est ce « nous » quand il est dit que les œuvres « nous » empuissantisent. Car si c'est le « nous » universel d'une philosophie majestueuse, c'est peu dire qu'on va oublier des choses en route. Les choses de la sociologie et de l'histoire notamment – force particulière de la philosophie spinoziste qui, elle, ne les oublie pas. Comme toute chose, une œuvre n'affecte que ceux qui y sont affectables. L'énoncé n'a rien d'une tautologie, il renvoie même à de redoutables problèmes. En particulier celui-ci : puissance et affect, qu'on associe si souvent, sont-ils des concepts homogènes sous tous les rapports ? Certainement pas, et au moins sous celui-ci : affect est un concept relationnel, puissance ne l'est pas. C'est bien pourquoi il faut se méfier de la réduction de « puissance » à « pouvoir d'affecter ». En fait, il faut se méfier de « puissance » tout court, ou plutôt nous méfier de nous quand nous disons « puissance » : comme le rappelle très à propos Charles Ramond, « le terme *potentia* ne fait l'objet, dans l'*Éthique*, d'aucune définition directe mais seulement d'une série de rapprochements ou d'identifications[1] ». « Affect »,

1. Charles Ramond, *Dictionnaire Spinoza*, Paris, Ellipses, 2007, p. 147.

lui, est très précisément défini (*Éth.*, III, définition 3). Mais la théorie des corps et celle des affects vont inéluctablement conduire à la variété des effets d'une même chose, en *sa* puissance, sur d'autres choses : « Des hommes différents peuvent être affectés par un seul et même objet de manière différente » (*Éth.*, III, 51). C'est qu'entre la chose affectante et l'affect qu'elle produit, il y a le terme intermédiaire de la complexion particulière (*ingenium*) de la chose affectée. Et que, celui-ci variant, l'affect résultant par réfraction varie aussi – de nouveau la musique : bonne pour le mélancolique, mauvaise pour l'affligé ; pour le sourd, ni bonne ni mauvaise (*Éth.*, IV, préface). Si l'on assimile la puissance de la musique à l'affect qu'elle produit, on va au-devant de quelques problèmes : puissante dans les deux premiers cas (quoique dans des effets opposés), impuissante dans le troisième… Le rabattement de la puissance sur l'affect produit conduit alors à importer la qualité relationnelle de l'affect dans la puissance. Or cela n'est pas admissible : au plus près que Spinoza nous approche d'une définition de la puissance, elle est sans ambiguïté la propriété du mode. En fait même, elle coïncide avec son essence singulière : « […] la puissance ou effort par lequel elle s'efforce de persévérer dans son être, n'est rien à part l'essence donnée, autrement dit actuelle, de cette chose » (*Éth.*, III, 7, démonstration). On ne peut donc pas dire tout à trac que la puissance est pouvoir de produire des effets quand les effets sont en réalité *coproduits* par la chose affectante et la chose affectée. Une même puissance peut animer certaines personnes, en laisser d'autres inertes – variabilité des *ingenia*. Conformément à la définition 1 des affects[1], et par rapprochement (bien fondé) de la puissance et de l'essence, on pourra dire sans

1. « Le désir est l'essence même de l'homme, en tant qu'on la conçoit comme déterminée, par suite d'une quelconque affection d'elle-même à faire quelque chose » (*Éth.*, III, définition 1 des affects).

trop de risque de se tromper que la puissance est le pouvoir de *faire quelque chose*. Quant à ce que ce quelque chose affecte effectivement, et qui, c'est une autre affaire, qui fait revenir ici toute la dimension relationnelle – donc sociale et historique – de l'affect. Alors, on peut envisager à bon droit qu'il y ait quand même une puissance là où il n'y a pas d'effet (autre que le faire fait), sans retomber dans l'aristotélisme de « l'en-puissance » (*vs.* « l'en-acte »). Le principe de l'immanence, qui barre rigoureusement le « potentialisme » de l'en-puissance, n'est pas offensé puisque, indépendamment des effets, la puissance est manifestée (entièrement) dans l'acte – le « faire quelque chose ».

On commence peut-être à entrevoir à quoi rime un tel détour s'il s'agit de cerner la « puissance de l'œuvre ». Si on laissait la puissance strictement mesurée à ses effets sur les autres choses, le heurt avec toute la sociologie et l'histoire de l'art serait inévitable. Car ce sont la sociologie et l'histoire qui nous restituent la part relationnelle des affects de l'art, en leur extrême variabilité. Ce sont la sociologie et l'histoire qui nous racontent la fabrication des *ingenia* – des affectabilités, des sensibilités – qui viennent réfracter la puissance de l'œuvre et déterminer ses effets. Qu'il se trouve des œuvres puissantes qui laissent bon nombre de personnes indifférentes, inaffectées, c'est une évidence parfaitement connue. Comme avec la musique de la préface d'*Éth.*, IV, on pourrait dire que ce sont des questions de surdité ou de cécité générales. On a l'œil, ou l'oreille, pour certaines choses, et pas pour d'autres. Or l'œil et l'oreille n'existent pas à l'état natif mais *s'acquièrent*, *s'éduquent* même – et dans des conditions socio-historiques particulières. De *La Distinction* aux *Règles de l'art*, toute la sociologie de Bourdieu est là pour nous montrer ce que l'affectabilité aux œuvres doit aux conditions sociales dans lesquelles l'*ingenium* individuel est formé : profondeur oubliée du travail d'affections socio-biographiques qui donnent ses conditions de possibilité à la réception des œuvres, conditions de la possibilité qu'elles « nous parlent », comme on dit, donc pour que nous n'y soyons pas sourds. Ces conditions absentes, nous n'y entendons rien. L'œuvre est là, dans sa puissance, mais nous passons à côté.

Ce que la sociologie détaille au niveau des individus et des groupes sociaux, l'histoire l'étend à des formations culturelles entières. Comme toujours, c'est l'expérience du dessillement qui nous fait prendre conscience de notre cécité antérieure. L'histoire de l'art connaît bien ces moments où une époque soudain ouvre les yeux sur les œuvres d'une autre, ou bien se met à éclairer ses propres taches aveugles : ici l'art médiéval, longtemps relégué, est redécouvert d'un œil neuf ; là l'art africain traditionnel fait une irruption fracassante ; ailleurs l'art brut s'extrait de la condition aliénée. Des productions sortent de la dévalorisation pour d'un coup prendre la qualité d'œuvres. Mais cette sortie ne s'effectue pas *sponte sua*, par l'effet de quelque mystérieux ressort, mystérieusement resté inactif, et puis mystérieusement détendu – c'est-à-dire par la seule force intrinsèque des œuvres, longtemps comprimée sans qu'on sache pourquoi. Il y a fallu un intense travail externe d'affections sociales, le travail des « découvreurs » ou des « redécouvreurs », c'est-à-dire d'agents que leurs propres affectabilités prédisposaient à la (re)découverte, mais qui au surplus sont porteurs d'un capital symbolique, et prêts à l'engager pour produire une nouvelle véridiction de la valeur artistique. C'est pourquoi il ne fallait pas aller trop vite en besogne en célébrant la puissance de l'œuvre indépendamment des jeux axiomachiques, du moins si on entendait rapporter trop directement cette puissance à ses effets. Il n'y aurait eu aucun effet sans le travail de ces autres puissances – sociales – dont la contribution propre aura été de modifier les affectabilités et, partant, de créer les conditions de possibilités passionnelles de la réception, conditions de possibilité de la manifestation de la puissance de l'œuvre dans des effets. On peut alors retourner utilement à la démonstration d'*Éth.*,

III, 7 qui caractérise « la puissance d'une chose quelconque » comme « l'effort par lequel, seule *ou avec d'autres*, elle fait ou s'efforce de faire quelque chose »[1]. Si, dans le cas des œuvres, ce « faire quelque chose » s'étend à la production d'affects artistiques, alors il est bien certain que « d'autres choses » sont requises – toutes celles qui font simplement entrer les œuvres dans le champ de perception d'un public, qui les portent à sa connaissance, et puis, moins trivialement, qui « travaillent » ce public pour en modifier adéquatement les affectabilités.

Ce travail latéral des « autres choses » n'interdit pas pour autant de parler d'une puissance propre de l'œuvre, indépendamment de ses effets. Pour s'en convaincre, on pourrait rapporter le cas de l'œuvre à celui du sage. Spinoza a beau démontrer que rien n'est plus utile à un homme qu'un autre homme sous la conduite de la raison (*Éth.*, IV, 35, corollaire 1), il n'en sait pas moins que les ignorants, précisément, sont la plupart du temps incapables de reconnaître leur utile propre. C'est pourquoi ils peuvent croiser un sage sans rien en éprouver. Il est des masses entières d'ignorants que le sage laissera inaffectés. Ici, le sage n'a pas d'effets. Lui contestera-t-on pour autant la qualité de sage, et la puissance qui va avec ? Évidemment non. De même s'il y a une puissance de la raison, elle ne suffit pas à s'emparer des individus, et n'y réussira qu'avec le concours de causes extérieures, institutionnelles, politiques, qui disposeront plus favorablement les individus à cet emparement. De même les mathématiques, qui demandent une affectabilité aux mathématiques – on sait qu'elle n'est pas la chose du monde la mieux partagée… De même les œuvres.

On peut alors rejoindre, par d'autres voies, l'idée familière de « la décantation par le temps ». Une œuvre qui dure, c'est une œuvre qui n'en finit pas d'induire les hommes à lier, dont

1. C'est moi qui souligne.

la puissance inductrice-liante continue d'irradier, dont la mesure des effets n'est toujours pas achevée et, dans ce triangle de la durée, de l'induction à lier, et de l'extension des effets, ce sont toutes les coordonnées spinozistes de la puissance qui se trouvent récapitulées. Mais qu'elle dure est aussi, par le fait, le signe d'autre chose, et doublement. D'abord qu'elle a traversé des configurations passionnelles très variées, par-delà l'espace et les générations, donc qu'elle a triomphé de la double épreuve de la variation historique et géographique des *ingenia*, attestant par là qu'elle est capable de les affecter tous, c'est-à-dire qu'elle touche à « la nature une et commune à tous » (*TP*, VII, 27). Ensuite que cette démonstration de puissance faite par l'œuvre « décantée », au travers du dépassement des conditions passionnelles (ingéniales) particulières de l'origine, ne peut lui être entièrement attribuée, et qu'elle requérait le concours « d'autres choses », les puissances auxiliaires des « revisiteurs » qui viennent remplir la condition élémentaire du « faire connaître », et puis celle du « faire aimer », préparant par là l'œuvre à se confirmer elle-même, dans la relance de la production de ses effets.

Mais ce travail des puissances auxiliaires, nécessaire à l'exhumation des œuvres passées, l'est peut-être à plus forte raison lorsque se présente une œuvre contemporaine qui fait rupture, c'est-à-dire qui propose une manière inédite de lier – d'après une forme nouvelle, dans d'autres directions, etc. Car, précisément, cette œuvre propose des liaisons qui sortent radicalement de l'habitude concaténatrice du moment, contrariement des manières établies voué à d'abord rencontrer l'incompréhension, la déconcertation, donc à produire l'affect triste de l'inconfort, aussi celui de l'insuffisance à se porter à la hauteur d'une proposition qui fait manifestement sens (liaison) pour son auteur, mais dans laquelle on ne parvient pas à entrer soi-même – l'« humilité » dit Spinoza, cette « tristesse qui naît de ce qu'un homme contemple son impuissance ou faiblesse » (*Éth.*, III, définition des affects 26). Il faudra donc sans doute le spectacle préalable d'autres qui parviennent à aimer pour apprendre à notre tour à aimer, et apprendre comment aimer – peut-être en émulant leurs liaisons avant de déployer les nôtres propres. On voit par là combien les révolutions symboliques pareilles à celle que décrit Bourdieu à propos de Manet supposent la disposition particulière qui fait les premiers aimants, disposition paradoxale qui trouve un certain confort dans l'inconfort, une joie dans le dérangement, donc qui valorise la surprise en tant que surprise, qui non seulement ne craint pas d'être déconcertée mais le réclame – disposition bien sûr socialement et historiquement produite par un état du champ qui, dans certaines de ses régions, a maintenant prodigieusement accéléré les rythmes de sa propre dynamique, et ancré le renouvellement permanent comme son *nomos*. Et l'on voit également, cette fois du côté du créateur, combien la disposition à la rupture, si du moins elle entend aller au-delà de ceux qui ont élu la rupture comme valeur générique et presque intransitive, combien cette disposition, donc, suppose de savoir renoncer à une notoriété établie puisque, précisément, il s'agit de venir contrarier l'habitude associée à la notoriété – on pense ici peut-être plus spécialement à la littérature qui, à l'inverse des arts plastiques, ne dispose pas, ou beaucoup moins, d'un univers de convertis à la valeur du renouvellement générique garantissant une réception minimale aux œuvres de renouvellement. Relancer la création, proposer des liaisons déconcertantes, incompréhensibles, demande donc de vaincre la peur de perdre l'amour de la multitude, une cause de joie que le conatus a d'abord pour pente de chercher à conserver, mais à laquelle il faut trouver la force de renoncer pour faire droit à une autre nécessité, celle de se rendre ailleurs et de tenter autre chose – la notoriété, ce fléau de la création.

De la valeur politique (et de son pouvoir de résolution limité)

À grand-peine on parvient à dire une ou deux choses de la valeur des œuvres. Mais qu'espérer pouvoir dire alors de celle des choix politiques, autrement controversés et incertains ? Pour le coup – à la différence de l'art – c'est un sujet dont Spinoza a traité. Sans pourtant qu'on puisse le tenir pour la boussole à nous orienter partout. Sans non plus qu'il nous laisse entièrement démunis – mais dans l'entre-deux d'un pouvoir de résolution limité. En matière d'organisation sociale, il nous donne quand même quelques indications : travailler à sa raison appelle des conditions de possibilités qui sont d'ordre biotopique. D'abord, que les conditions générales de la survie matérielle soient remplies *a minima*. On ne développe rien quand on est entièrement happé par les urgences de la survie – par parenthèse, à l'autre extrémité, on ne développe pas grand-chose non plus enseveli sous les marchandises et en proie à l'affect tenace consumériste. Ensuite, que l'État laisse ses citoyens en paix, et non dans l'apeurement constant de la tyrannie. On songe bien sûr à des cas historiques où de tels critères parleraient sans ambiguïté, mais des cas suffisamment « typés » sans doute, hors desquels refaire des différences restera délicat – le problème du pouvoir de résolution.

Cependant, on peut faire parler Spinoza plus avant, car après tout son *Traité politique* est fait pour exposer des *préférences*, des *valorisations* revendiquées comme soutenues par la raison. Pourquoi les architectures institutionnelles déployées dans les chapitres VI à XI lui semblent-elles objectivement les meilleures ? Parce qu'elles sont, dans chaque genre (monarchie, aristocratie, démocratie), les plus propres à *faire durer* l'État ainsi configuré – et durer, c'est le premier critère de la persévérance. Les États monarchiques ont existé sous bien des formes, mais celui-là, dit Spinoza, celui des chapitres VI et VII, persévérera le mieux. Or, persévérer, c'est bien l'objectif que la Cité doit viser avant tout autre, puisque tout, pense Spinoza, même le pire des régimes, est préférable à la décomposition qui fait revenir vers l'état de nature. Alors durer, pour le corps politique, devient désirable par soi. À cela pourtant ne doit pas s'arrêter son désir. Car il y a différentes manières de durer, et certaines *valent* mieux que d'autres : « Une Cité dont la paix dépend de l'inertie de sujets conduits comme du bétail pour n'apprendre rien que l'esclavage mérite le nom de “solitude” mieux encore que celui de “Cité”. Par conséquent, lorsque nous disons que l'État le meilleur est celui où les hommes passent leur vie dans la concorde, j'entends par là une vie humaine, qui se définit non par la seule circulation du sang et par les autres fonctions communes aux animaux, mais avant toute chose par la raison, véritable vertu de l'âme, et sa vraie vie » (*TP*, V, 4 et 5). « L'État le meilleur »... On ne pourra pas dire que Spinoza ne pose pas des préférences, c'est-à-dire de la valeur. Il dit même en quoi consiste cet « État le meilleur » : c'est la démocratie. Enfin, il commence juste à le dire... Et puis il s'absente. Mais le peu qu'il dit est déjà suffisant pour frapper l'esprit : la démocratie est « *omino absolutum imperium* » – État absolu en tout (*TP*, XI, 1). Ainsi, non seulement les architectures qu'il indique successivement sont revendiquées comme les meilleures, chacune dans son type d'État, mais une préférence de rang supérieur est indiquée entre ces types mêmes. Dans son commentaire, Charles Ramond rappelle l'argument qui fait *valoir* la démocratie, tel que Spinoza l'avait déjà formulé dans le *Traité théologico-politique* : « Je pense par là avoir établi avec une clarté suffisante les fondements de l'État démocratique, dont je voulais traiter le premier parce qu'il paraissait le plus naturel et le plus proche de la liberté que la nature accorde à chacun. Car, dans cet État, nul ne transfère son droit naturel à autrui au point d'être exclu de toute délibération à l'avenir ; chacun au contraire le transfère à la majorité de la société tout entière dont il constitue une partie. Et de cette façon tous demeurent égaux, comme auparavant dans l'état de nature » (*TTP*, XVI, 11)[1]. Et voilà, dit par l'intéressé lui-même, pourquoi il ne fallait pas perdre dans un virage les femmes et les serviteurs : pour que « tous demeurent égaux comme dans l'état de nature », dont on apprend au passage qu'il n'est pas *que* violence hors de toute régulation, mais aussi égalité de tous dans la souveraineté individuelle – ce qui ne fait certes pas une forme politique, mais désigne ce qui, dans toute forme politique, devrait être conservé, et maximisé.

Mais on voudrait aussi pouvoir faire parler Spinoza sur d'autres matières que constitutionnelles. Qu'aurait-il à nous dire sur nos choix politiques ? Il faut se donner un cas pour tenter de se figurer à quoi pourrait ressembler le raisonnement spinozien « en situation », un cas si possible extrême, ou choquant, pour savoir si Spinoza nous aiderait, ou nous abandonnerait, face à ce qui nous semble d'innommables transgressions, pour savoir ce qu'il dirait de la valeur de ce qui nous semble valoir absolument. Que penserait-il, par exemple, suivant l'évocation de Pascal, d'une société qui, du « meurtre des enfants », restaurerait « la place entre les actions vertueuses » ? Qu'elle l'ait déjà eue, il nous suffit de lire Homère pour le savoir, et nous convaincre que Pascal ne délire pas. Dans « meurtre rituel » ou « sacrificiel », il y a quand même « meurtre ». Des sociétés, et pas seulement l'Athènes de l'*Iliade*, ont pratiqué la mise à mort propitiatoire des enfants. Qu'en dirait Spinoza ? – exercice toujours périlleux de la ventriloquie. Il ne faut pas douter que, même face au meurtre d'enfants, il maintiendrait que le juste et l'injuste sont des catégories qui n'ont rien de positif, par conséquent qu'elles

1. Voir Charles Ramond, *Traité politique*, *op. cit.*, n. 1, p. 310.

ne nous seront d'aucune aide ici, qu'on ne s'en tirera pas de ce cas, comme d'aucun autre, en en appelant aux normes de la justice. Il est possible qu'il en dirait ensuite ceci : qu'il n'y a pas d'atomisme des formes institutionnelles – car ici la pratique sociale, rituelle, admise, du sacrifice est une forme institutionnelle. Une forme institutionnelle ne vaut pas *en soi*. Elle vaut par les rapports de compatibilité, de cohérence et de complémentarité qu'elle entretient avec les autres formes de la configuration institutionnelle d'ensemble où elle-même vient prendre place. Il y a donc quelque chose comme un holisme de la valeur, ou de la valence, institutionnelle : ce sont des configurations d'ensemble qui se donnent à juger, et non leurs éléments séparément. Ainsi par exemple de la forme « propriété foncière privée » dans le *Traité politique*, qui joue vertueusement dans la configuration institutionnelle de l'aristocratie (*TP*, VIII, 10), mais pas dans celle de la monarchie – où Spinoza propose, par conséquent, de l'exclure pour la remplacer par une grande propriété publique louée par parcelles (*TP*, VI, 12) : il n'y a pas de valeur *en soi* de la propriété privée, il y a la valence qu'elle prend dans et par les rapports qui la composent avec les autres formes institutionnelles. Pour continuer de choquer le point de vue moral, après avoir dénié toute pertinence aux catégories de justice, Spinoza commencerait donc par regarder le meurtre rituel des enfants du même œil froid que les formes de la propriété foncière. Et s'il constatait que cette forme-là joue un rôle crucial dans la cohérence, donc dans la *viabilité*, du système d'ensemble, il en prendrait son parti, considérant que tout est préférable à la ruine de la Cité, donc qu'il vaut mieux encore une Cité meurtrière d'enfants que pas de Cité du tout – oui, il y a des moments où la vue spinozienne est un peu rude. Si donc il en prendrait son parti, eu égard au critère princeps du maintien dans l'existence, on ne peut cependant pas douter que ce serait un parti désolé. Comment pourrait-il en aller autrement du philosophe de la puissance et de l'activité, c'est-à-dire de la vie ? Une multitude libre, dit-il, se distingue d'une multitude soumise en ce qu'elle « s'applique à cultiver la vie, l'autre seulement à éviter la mort » (*TP*, V, 6). On en infère sans risque de se tromper ce qu'il pourrait penser des multitudes qui ont, elles, le culte de la mort – des enfants, des femmes, des homosexuels, des Juifs, ou de n'importe quelle catégorie de population. Des sociétés pareilles sont bien à plaindre, si dans leurs manières tordues elles trouvent néanmoins à persévérer : elles se condamnent à l'impuissance, et de nouveau le contournement des normes transcendantes du juste et de l'injuste par la norme immanente de la puissance – ici de la puissance du corps collectif.

Et c'est ce même argument, l'argument des manières sous lesquelles un corps collectif organise sa persévérance, c'est-à-dire d'abord son maintien dans la durée, qui ferait la différence des conservatismes de Pascal et de Spinoza. Car si pour Spinoza, comme pour Pascal, tout vaut toujours mieux que la ruine *totale* de l'ordre institutionnel, il ne s'ensuit donc pas, pour le premier, que tous les ordres se vaillent, ni que tout doive être sacrifié aux institutions *particulières* en place. Préserver « les institutions » ou bien « le chaos », n'est-ce pas d'ailleurs l'argument typique des pouvoirs abusifs ? Pourquoi Dreyfus doit-il être encore coupable quand on le sait innocent ? Parce qu'« il faut » maintenir l'institution militaire et l'institution judiciaire dans leur dignité impressionnante – quand bien même elles sont indignes[1]. À force d'abuser des « raisons » de l'ordre social, l'argument institutionnel perd dans le même mouvement tout discernement et toute transitivité : à la fin des fins, il faut maintenir les institutions pour les institutions, quelles qu'elles soient. Et une

1. Toute cette discussion sur la mise à l'épreuve du conservatisme pascalien par le cas de l'affaire Dreyfus doit à une conversation avec Benoît Petiet, à l'occasion du séminaire « Structuralisme des passions, institutions, pouvoirs » à l'EHESS.

lecture pascalienne peu précautionneuse y consentirait. Pas une lecture spinoziste. Pascal est abandonné par son temps : il pressent mais sans l'admettre que le rapport à l'autorité des valeurs est en voie de détérioration et que, comme souvent, le poisson pourrit par la tête – la tête des demi-habiles. S'il est encore temps de sauver le corps, ce sera d'un côté par la consolidation du peuple dans ses « opinions saines », et de l'autre par les reprises de la « pensée de derrière ». Mais ce sont des chiffons pour boucher d'irrattrapables voies d'eau. Car l'époque axiologique fuit de toutes parts, et pour cause : elle est en train de négocier un changement de régime. On ne maintiendra donc pas l'ordre ancien avec des emplâtres. Ni par quoi que ce soit d'autre : il est perdu, autre chose pousse pour advenir. La réflexivité et l'autorisation générale du questionnement s'apprêtent à déborder irrésistiblement, on ne leur opposera plus les contentions de la « double pensée » ni n'empêchera que tôt ou tard la masse du « peuple » y bascule à son tour. Ce que la lecture pascalienne ne voit pas ici, c'est que le corps politique est en train de modifier ses *manières*. En libérant la question, il ne met pas en péril sa propre persévérance : il s'apprête à l'organiser autrement. Dans ce nouveau régime où il entre, la question n'est pas seulement possible, elle s'intègre à la forme générale de la persévérance, en devient constitutive. C'est de ne plus pouvoir questionner qui, bientôt, deviendra un problème : car, précisément, la nouvelle manière collective est questionneuse, et y attenter est cela qui, maintenant, désorganise le corps. La viabilité de l'existence collective demandait le silence, elle s'effectue désormais dans l'élément de la question et par la question. Ne pas prendre la mesure de ces nouvelles données, c'est en rester à une raison incomplète des choses : le demi-habile n'est plus celui qui questionne, mais celui qui ne voit pas la positivité du questionnement, qui ne voit pas que la reproduction du corps collectif dans la viabilité *demande* les latitudes de la question. Pour juger de ce qui maintient ou de ce qui détériore la persévérance du groupe – quand celui-ci est entré dans l'autonomie –, le nouvel habile n'oublie pas de prendre en considération la place qu'y prend de questionner. Aussi ne donne-t-il plus blanc-seing aux institutions du seul fait qu'elles seraient des assertions de valeur dont toute mise en doute conduirait à la déstabilisation générale : car ça n'est plus le cas. Au contraire : le dynamisme de l'existence collective s'éprouve dans la remise en cause. Maintenir à toute force l'institution militaire et l'institution judiciaire dans leur état, et dans leur mensonge, au prétexte que l'ordre social le requiert, et que cet impérieux réquisit vaut bien une injustice, est devenu un égarement de la raison incomplète – et dans le champ de ce qu'on appelle maintenant le « débat public », un argument inadmissible, offensant même, bref attentatoire à la stabilité collective. Comment le corps politique s'y prend-il pour durer, et comment s'y prend-il pour augmenter ses puissances ? Voilà des questions que la pensée de Spinoza pose peut-être plus facilement que celle de Pascal, à plus forte raison quand vient la question complémentaire de la variation des *réponses* à la question principale, la question complémentaire de la variation des manières. Risquons cette conjecture : pour des raisons qui ont toutes à voir avec la raison, avec la raison complète des choses, Spinoza n'aurait pas pu être antidreyfusard.

La résurgence des meurtres sacrificiels d'enfants, comme éventualité prochaine, nous parlait peu. Le déni de justice institutionnel davantage. La question de la valeur d'égalité sans doute plus encore – n'est-elle pas la grande affaire des modernes ? Leur valeur cardinale même. On voudrait beaucoup ici ne pas être laissés démunis de tout appui. Mais nous en savons déjà beaucoup à ce sujet. Ce qu'en dit Spinoza traitant des propriétés comparées des régimes politiques, et de l'éminence de la démocratie, laisse peu de doutes. On doit à Laurent Bove en particulier d'avoir méthodiquement déplié l'argument démocratique spinozien[1]. La démocratie, qui autorise, requiert même, au plus haut point l'engagement des puissances individuelles, est l'évidente stratégie de maximisation de la puissance du corps politique. Désassociés, écartés, tenus dans la seule obéissance à ce qui a été décidé pour eux, et qui détermine l'activité collective, les individus ne contribuent plus maximalement à la puissance du tout qu'ils forment ensemble. On n'a jamais su très bien dire ce qu'était l'« intérêt général » et, pour de nombreuses raisons, c'est bien une catégorie qu'on ne trouvera pas dans le spinozisme. En revanche, l'intérêt du corps politique, *en tant que tel*, chose d'ailleurs plus malaisée à se figurer qu'il n'y paraît, est une idée qui y fait parfaitement sens : car le corps politique, on l'a vu, est, comme tous les corps du reste, un corps composé, composé d'une multitude de parties tenues ensemble sous un certain rapport, c'est-à-dire un individu, au sens de Spinoza. Donc un mode, une entité conative. L'intérêt du corps politique, c'est son conatus, à savoir son aptitude à persévérer dans son être et, plus, à y réaliser le maximum de puissance. Ce dont on ne peut pas douter, c'est que le régime démocratique réalise cette maximisation et qu'elle a pour instrument l'égalité politique.

Mais on pourrait prendre l'égalité par un autre côté aussi, un côté plus anthropologique, en fait celui-là même de toute l'*Éthique* : le côté de « la nature une et commune à tous ». On sait que Spinoza, s'il affirme catégoriquement l'égalité ontologique de tous les modes – pas un ne peut revendiquer quelque éminence ontologique dans le plan des choses (pas plus l'homme qu'un autre) –, n'hésite pas davantage à dire leur inégalité ontique : les modes diffèrent en puissance. On a même déjà croisé le critère de cette inégalité : l'aptitude des corps à lier simultanément *beaucoup* d'affections, et celle des esprits à lier *beaucoup* d'idées. Sous ce critère,

1. Laurent Bove, *La Stratégie du conatus*, *op. cit.*, notamment chap. IX.

il est entièrement légitime à Spinoza de dire qu'« un corps l'emporte sur les autres [et qu']un esprit l'emporte sur les autres » (*Éth.*, II, 13, scolie). Cependant sur le fond d'égalité de la nature humaine une et commune à tous. Mais quel type d'égalité alors ? Égalité dans la modifiabilité. Comme tous les modes, en fait plus que tous les autres modes du fait de la complexité de son organisation corporelle, le mode humain est modifiable – rigoureusement parlant, « l'homme » étant ce que Spinoza nomme (pour le critiquer) un « universel », il faudrait dire : *les* modes humains sont modifiables. Ils le sont tous également *en principe*. C'est ce fond d'égalité qui adresse l'*Éthique* à tous. Spinoza écrit l'*Éthique* pour tous car il considère que nul n'est par essence et *a priori* écarté de ce que Pascal Sévérac nomme le devenir-actif[1]. Les modifications concrètes, bien sûr c'est une autre affaire. Elles, sont abandonnées à la grande loterie des affections, très majoritairement sociales, qui vont toucher différemment les corps individuels et les prédisposer à se rapprocher de l'*exemplar* ou au contraire à s'en éloigner. Ici, l'inégalité règne, inégalité sociale qui contredit une égalité anthropologique, et dont la réduction se désigne aussitôt comme une autre valeur politique valant vraiment – toujours au nom de la norme immanente de la puissance, aussi bien individuelle que collective : un « plus sage », un « moins ignorant », est utile à tous les autres autant qu'à lui-même.

Quand la valeur sociale est incertaine : le décisionnisme des affects

Voilà donc à quoi pourraient ressembler quelques discussions spinozistes de ce qui vaut vraiment. Il reste qu'en de

1. Pascal Sévérac, *Le Devenir actif chez Spinoza*, Paris, Honoré Champion, 2005.

nombreuses situations où nous cherchons les ancrages du jugement, les critères du « vrai bien » ne s'appliquent pas facilement : ils laissent une grande plage d'indétermination et ne tranchent pas précisément. Hors d'une indication claire et distincte, nous sommes rendus à nous-mêmes – avec les seules ressources de la servitude passionnelle. Comme le Christ de Pascal, la raison de Spinoza finit par sembler un raccrochage à un hors-monde – encore une figure d'expulsion ? Gardons quand même le sens de quelques différences : le caractère extra-mondain de la solution pascalienne est manifeste ; Spinoza, lui, affirme l'immanence, et qu'il n'y a qu'un seul monde. Un seul monde, donc, mais deux régimes de vie dans le monde. Deux régimes de désir et d'affects : la vie dans les affects passifs (ces « affects qui sont des passions[1] »), ou la vie sous la conduite de la raison – dans les affects actifs, les affects dont nous sommes cause adéquate. Un seul monde, deux régimes de vie dans le monde. Et de nouveau la figure du deux, du dédoublement, si ce n'est tout à fait celle de l'expulsion. Deux régimes dont l'un semble d'ailleurs tellement lointain qu'il en devient comme un autre monde dans le monde – trop difficile, trop rare ?

Il ne manquerait plus que de compliquer encore le problème en venant à questionner le « vrai bien ». Ou plutôt son universalité. Interrogation pourtant devenue inévitable, depuis au moins Hegel, qui nous avertit que l'idée d'universel est vouée à immédiatement se pluraliser. Toute énonciation de l'universel est intrinsèquement conflictuelle, n'existant réellement que sous la forme d'universalités en conflit – le *logos* et la foi, ou Spinoza et Pascal ; le légal et le « légitime », ou Créon et Antigone, etc. Étienne Balibar nous rappelle combien aporétique est l'universel marxiste du prolétariat, normalement indiscutable candidat à être sujet de l'histoire faisant advenir

1. *Éth.*, IV, 34.

l'universel communiste[1]. Mais que peut être cette « classe paradoxale[2] », réputée « sans intérêt particulier », et pourtant dotée, comme toute entité agissante, d'un intérêt à agir, en l'occurrence dans l'histoire ? Comme toujours : l'intérêt conatif de rechercher la joie et d'éloigner la tristesse. Et revient sans cesse le soupçon que s'envelopper dans l'universel n'est que le mouvement passionnel qui fait prendre le groupe à témoin, pour le faire passer de son côté par la répudiation ostentatoire de la particularité, et la profession d'universalité. Opposera-t-on alors, sinon ce soupçon, du moins l'inévitable pluralité des universels au *verum bonum* spinoziste ? Il n'y a qu'une seule phrase, mais une seule suffit, où Spinoza, avec une avance considérable sur ces débats, anticipe l'objection, et la déjoue. À Albert Burgh, qui lui écrit avec toute la violence du converti de fraîche date, l'accuse ni plus ni moins que d'être aux mains du Malin, et lui demande d'où il peut bien tenir la certitude de disposer de la doctrine « la meilleure parmi toutes celles qui ont été proposées dans le monde ou qui peuvent l'être dans l'avenir[3] », Spinoza répond très tranquillement : « Je ne prétends pas avoir trouvé la philosophie la meilleure, mais je sais que j'ai connaissance de la vraie[4]. » Voilà, très exactement mesurée, la prétention qu'exprime Spinoza : sa philosophie est vraie. D'où le sait-il ? De toute sa conception du vrai – il est *index sui* –, développée depuis le *Traité de la réforme de l'entendement*, et de toute la construction de son *Éthique* qui, mises ensemble, l'attestent[5]. Quant à la question, à part la ferme revendication du vrai, de savoir si sa philosophie est « la meilleure », il se gardera bien d'y répondre

1. Étienne Balibar, *Des universels. Essais et conférences*, Paris, Galilée, 2016.
2. L'expression est de Jean-Claude Milner, *Les Noms indistincts* (1983), Lagrasse, Verdier, « Poche », 2007.
3. Albert Burgh, Lettre 67, in *Traité politique. Lettres*, *op. cit.*, p. 318.
4. Lettre 76, *ibid.*, p. 343.
5. Voir Marcos Gleizer, *Vérité et certitude chez Spinoza*, Paris, Garnier, « Classiques », 2017.

– il n'est pas certain d'ailleurs que ça l'intéresse beaucoup. Par le fait, en tout cas, il laisse ouverte une possibilité, s'il ne la formule pas dans les termes des universels pluriels : qu'une autre intervention se fasse connaître, ou se soit déjà fait connaître, qui puisse elle aussi revendiquer quelque chose dans l'ordre des propositions les « meilleures ».

Placer sa vie sous la conduite de la raison, c'est atteindre, par le troisième genre de connaissance, « la plus haute satisfaction de l'esprit qu'il puisse y avoir » (*Éth.*, V, 27), une joie stable, inaltérable même, en fait l'expérience d'une « certaine espèce d'éternité » – et cela est *vrai*. Mais ce « placement » n'est pas simple, et entre-temps il faut essayer d'errer le moins mal possible. Or nous errerons. Tant que nous ne sommes pas dans « l'autre monde » à l'intérieur de ce monde, le monde des affects actifs – et Spinoza nous dit que nous n'y serons jamais complètement –, nos adhérences axiologiques continueront d'avoir tous les caractères usuels de l'anarchie. C'est-à-dire la même impossibilité de se prévaloir d'un fondement, la même exposition au risque d'une menée axiomachique adverse, la même instabilité. Toutes les fois où l'affect commun axiologique ne parviendra pas à calmer complètement l'aperception rationnelle du vide, toutes les fois où l'absence de l'ancrage absolu se fera de nouveau mordante, il faudra assumer le décisionnisme des affects. À la fin des fins, dans le monde de la servitude passionnelle, et sur un grand nombre de sujets (tous ceux où l'*exemplar* ne suffit pas à nous aider à nous orienter), à la question « pourquoi ? », il faudra assumer qu'il n'y a pas de réponse. Pas de réponse ultime autre que : « Parce que ! » « Parce que ! » est le fond de la réponse conative. Car c'est ainsi que procède le conatus : par affirmation. Plus même : il *est* affirmation[1]. Après avoir beaucoup argumenté, beaucoup justifié, présenté

1. Laurent Bove, *La Stratégie du conatus. Affirmation et résistance chez Spinoza*, *op. cit.*

des principes, accepté de discuter la valeur des principes en invoquant des principes supérieurs, et puis remis en question la valeur des principes supérieurs à leur tour, remonté toute la chaîne des généralités, on devra se rendre à la butée de la parole terminale, et consentir à ce qu'elle soit ce qu'elle est : « Pour moi, pour nous, *c'est comme ça.* » « Pour nous », c'est-à-dire d'après notre affect, d'après notre *ingenium*. Quand toutes les raisons ont été épuisées, quand aucune n'est parvenue à conduire dans une ultime et inexpugnable redoute, il ne reste que cela : le dernier mot, affirmatif, de notre conatus en son pli particulier.

Par exemple, comment tranche-t-on finalement entre la dette odieuse et la dette due, entre la dette à payer et celle qu'on ne repayera pas ? Bien sûr, au début, on *argumente* : il y a le principe de l'odieux et le principe de l'obligation, l'offense inadmissible aux peuples et les contrats qui nous lient. On oppose des justifications à des justifications, des généralités à des généralités – à ceci près qu'*en vérité* l'entrechoc est indécidable. En réalité, maintenant nous le savons, on fait autre chose : on tente, par la généralité, de se porter à la hauteur du groupe, qui est la figure du général, et de l'emmener avec soi. Il ne faut pas se méprendre quant aux réquisits de cet effort : les luttes d'arguments supposent de l'emporter sur un terrain de l'argumentation qui n'a rien de l'idéal discursif habermassien. Spécialement s'il s'agit de la dette, il faudra triompher de toutes les asymétries : les médias qui en tiennent le discours depuis des décennies, les groupes sociaux mieux armés que les autres en ressources institutionnelles qui ont intérêt au remboursement, etc. Gagner l'affect commun est non seulement un combat mais un combat inégal. En tout cas, le parti qui y parvient pourra alors imposer son « c'est ainsi » dans des conditions appropriées de validation collective, toujours les mêmes : avoir mis la puissance de la multitude (sa plus grande partie) de son côté. Si finalement la dette n'est pas remboursée, ce n'est pas parce que dans le ciel des idées un principe l'aura emporté sur l'autre, mais parce que, sur terre, il se sera formé un rassemblement de puissance majoritaire qui *ne veut pas*, et aura imposé son non-vouloir.

Et c'est ainsi que se décrète la légitimité. Qui ne procède d'aucun principe abstrait posé *ex ante* et commandant ce qui doit être fait, mais vient *ex post* consacrer ce qui a été fait – et, toujours, dit l'état contemporain de l'affect commun. En janvier 2002, l'Argentine révoque d'un trait de plume le *currency board*[1] qui était pourtant inscrit dans la constitution, et opposait ainsi la norme juridique la plus haute – la plus « légitime » – à tout désir de changer les orientations de la politique économique. Fidèles sans le savoir au jeu de la généralité, les protagonistes s'enveloppent *ex ante* dans les arguments de la « légitimité » sans voir qu'elle n'existe pas en tant que telle, qu'elle n'est que l'expression de leur valorisation des choses – le bien, vu par eux, c'est cela qu'ils disent « légitime » –, et qu'en définitive si quelque chose se fait reconnaître comme légitime à l'échelle de la société entière, ça n'est qu'*ex post*, d'après l'état final de la croyance majoritaire, gagné au terme de la lutte véridictionnelle. Constitutionnalisé, le *currency board* était légitime ; destitué, sa révocation l'est tout autant ; entre les deux, c'est l'affect commun qui s'est déplacé. Ça a été ainsi, désormais ce sera ainsi (autrement).

Alors il restera toujours comme un bougé, une légère brume d'incertitude, même autour des choses auxquelles nous croyons le plus profondément, dont nous risquerons toujours de nous dire qu'à la fin des fins nous ne savons pas exactement ce qu'elles valent. Le drame de l'autonomie, c'est-à-dire de la réflexivité, c'est qu'elle nous interdit la félicité axiologique sans mélange. Heureusement, les laps momentanés où le doute

1. Dispositif de politique monétaire à visée anti-inflationniste qui asservissait le peso au dollar, et indexait la création monétaire interne sur les entrées nettes de devises.

fait résurgence sont vite recouverts par l'effet de la puissance de la multitude : notre savoir de la condition anarchique passe à l'arrière-plan, les affects occupent le devant de la scène, la croyance axiologique est soutenue.

Périls de la transition éthique

Mais une nouvelle difficulté ne surgit-elle pas à ce moment précis ? Que les affects fassent tenir l'ordre général de la valeur envers et contre les aperceptions de la condition anarchique, on l'admet tant que celles-ci demeurent de l'ordre de l'intermittence, c'est-à-dire finalement tant que la raison n'a pas trop gagné en puissance. À l'opposé, nous savons également qu'au moment où celle-ci l'aura emporté, nous serons libérés des illusions de la valeur et entrés dans un régime d'action orthogonal au bien et au mal. Mais entre les deux ? – de nouveau la question pascalienne-dostoïevskienne. Ou plus exactement : s'il y a, non pas deux mondes, mais deux régimes de vie dans le monde, et qu'il nous apparaît désirable de passer de l'un à l'autre, la transition n'est-elle pas doublement difficile, d'une part en soi, mais d'autre part, plus encore, du fait que chaque progrès qu'on y fait n'est pas qu'un gain (de « rapprochement ») mais aussi un accroissement des périls ? Car, alors que nous n'avons pas encore rejoint l'autre rive, chaque progrès dans sa direction a pour mauvais effet de saper ce qui rendait vivable celle dont nous venons : nous ne possédons pas encore complètement la raison et ne sommes pas affranchis de la valeur, mais à mesure que nous avançons, nous la possédons quand même de plus en plus et, par conséquent… détruisons progressivement l'affect commun auto-sustentateur. C'est que celui-ci ne remplissait son office qu'à proportion de ce qu'il l'emportait sur le vrai de la connaissance vraie. Ici, l'impuissance de la raison était – pour une fois – providentielle : elle laissait dominer les affects communs, seuls capables de tenir l'ordre axiologique. Mais si les hommes commencent à cheminer dans la voie éthique, s'ils gagnent en raison, l'idée de la condition anarchique, l'idée du vide, de l'insignifiant, de l'arbitraire, va se former de manière de plus en plus insistante dans leur esprit, de moins en moins intermittente, de plus en plus résistante au recouvrement par les affects axiologiques. Et cela, alors même que la raison achevée, celle qui affranchit vraiment de l'illusion axiologique, est encore loin. Bref, nous n'avons pas encore gagné ce qui nous sauve, mais, du seul fait de cheminer, nous détruisons ce qui nous tenait. Alors, à nous avancer ainsi, ne courons-nous pas le risque de l'effondrement avant d'avoir atteint le salut ? Le régime de la servitude passionnelle d'où nous voulons nous extraire avait sans doute tous les défauts du monde, mais il avait au moins l'avantage de produire de lui-même de quoi rendre vivable la condition anarchique. Est-ce bien… raisonnable de faire sauter les étais les uns après les autres quand on n'est pas encore sorti du tunnel ? N'est-ce pas s'engager dans une sorte de course de vitesse à l'issue des plus aléatoires ?

En fait, Spinoza ne méconnaît nullement la difficulté, il la mentionne même très explicitement quand il s'agit du cheminement éthique individuel : il y a un mauvais moment à passer. Celui qui suit d'apercevoir les *dictamina* de la raison sans avoir encore les moyens de s'y conformer. Spinoza cite l'Ecclésiaste : « Qui augmente la science, augmente la douleur » (*Éth.*, IV, 17, scolie). C'est qu'« Un désir qui naît de la vraie connaissance du bien et du mal peut être éteint ou contrarié par beaucoup d'autres désirs qui naissent des affects auxquels nous sommes en proie » (*Éth.*, IV, 15). Impuissance première de la raison : il ne suffit pas d'identifier le vrai bien pour s'y rendre aussitôt. Les passions environnantes sont encore trop fortes. La souffrance naît alors d'apercevoir les réquisits de la raison mais de se trouver incapable de les rejoindre. Ce n'est pas la connaissance vraie par soi qui attriste, c'est qu'elle ne puisse être suivie d'effets. C'est pourquoi Spinoza, très conscient des difficultés de la transition, tente aussi délicatement que possible de nous prévenir sans nous décourager : « Si je dis cela, ce n'est pas afin d'en conclure qu'il vaut mieux ignorer que savoir, ou bien qu'il n'y a pas dans la maîtrise des affects de différence entre le sot et l'intelligent ; mais c'est parce qu'il nous faut connaître tant la puissance que l'impuissance de notre nature pour pouvoir déterminer ce que peut la raison dans la maîtrise des affects, et ce qu'elle ne peut pas » (*Éth.*, IV, 17, scolie). Partie IV pour nous avertir, mais partie V pour nous encourager : s'il n'est pas sans embûche, le cheminement est praticable, il vaut d'y persévérer. À mesure que la raison s'exerce, elle expérimente ses joies propres et les fait croître. Car c'est une joie, intrinsèquement, de comprendre, cela Spinoza nous le dit. Il est donc temps de se souvenir de la seconde partie d'*Éth.*, IV, 14 : « La vraie connaissance du bien et du mal, en tant que vraie, ne peut contrarier aucun affect, *mais seulement en tant qu'on la considère comme un affect*[1]. » C'est le vrai en tant que vrai qui est impuissant. Mais il n'emporte pas moins ses propres affects – ceux-là mêmes que Spinoza dit « actifs », joies propres de l'*intelligere* – et si, par l'exercice, on sait les augmenter, alors les passions finiront par trouver à qui parler. Et telle est bien la stratégie générale de l'*Éthique*, qui sait qu'on ne joue jamais que des affects contre d'autres affects – quand le vrai *en tant que vrai* n'a aucune chance contre les passions. Certes, contre les affects passifs : la raison, mais seulement en tant qu'elle développe ses propres affects – actifs.

Rien de tout ça cependant ne nous offre aucune certitude de salut et, du point de vue de nos entendements finis, nos devenirs demeurent contingents. Certains caleront devant la souffrance de l'Ecclésiaste, ne pourront plus supporter que

1. C'est moi qui souligne.

leur science accroisse leur douleur, refuseront d'aller plus loin si c'est pour souffrir davantage. Et retourneront à la « cohérence confortable » qu'ils avaient pris le risque de chahuter. D'autres, exposés à de meilleures affections, initieront la dynamique vertueuse qui, passé un certain cap, enrichit les joies actives de la raison plus vite que ne se développent les souffrances de la lucidité impuissante. Et, à la fin, le salut reconnaîtra les siens.

Il en va de même pour le corps collectif quand il commence à se confronter intellectuellement à la condition anarchique. Soumettre l'ordre des valeurs à une critique rationnelle *qui porte*, c'est-à-dire qui gagne en force contre les affects sustentateurs, c'est mettre en danger la vie collective même qui, pour l'heure, ne tient que soutenue par son ordre axiologique. Dans la transition éthique envisagée à l'échelle collective, le groupe engage potentiellement sa propre persévérance. Comme pour l'individu humain, l'issue de cette trajectoire demeure contingente – en fait exposée à la même alternative. Il se peut bien que le corps collectif refuse l'obstacle, que la critique des valeurs lui semble un dissolvant insupportable, même si on lui présente la perspective éthique d'un règne à venir de la raison. C'est que ce corps-là est un ensemble hétérogène. En son sein, certains sont prêts à prendre le risque de la réflexivité critique, d'autres vont considérer qu'elle va trop loin, qu'elle sape la possibilité même de la vie commune. C'est qu'ils ne voient pas les bénéfices du terme, mais seulement le coût des abandons présents. Forme supérieure de l'inquiétude axiologique, qui ne renâcle pas seulement au remplacement des valeurs anciennes par des valeurs nouvelles, mais à la perte de toute valeur – et qu'ici on ne peut pas simplement écarter d'un revers de main sous l'appellation de « conservatisme » : l'enjeu est très réel. La fraction allante du corps collectif fait un autre pari : si le moment intermédiaire est assurément délicat, il vaut d'être négocié, car ce qu'il y a à gagner à l'exercice généralisé de la raison nous promet des gains de puissance collective infiniment supérieurs à tous les coûts transitionnels – et un état social hautement préférable à celui dont nous venons.

Comme toujours, c'est l'histoire qui tranchera, et donnera par là une indication du degré de puissance de ce corps collectif : à la voie qu'il aura prise, on mesurera ce qu'il pouvait. S'il ne peut soutenir l'épreuve de la transition, on le saura à ce que se sera fait connaître une fraction inquiète suffisamment nombreuse pour refuser d'aller plus avant, et obtenir du corps entier de revenir en arrière : réaffirmation solennelle des « valeurs », restauration d'un ordre moral, condamnation des aventures de la critique – comme tous les autres, les mouvements réactionnaires sont d'abord des mouvements réactionnels, mais on sait combien ils peuvent être brutaux. Dans l'autre trajectoire, comme dans celle du devenir-actif individuel réussi, les empuissantisations par la raison font leur chemin, gagnent en force relative, confirment le plus grand nombre dans l'idée que ce côté-là est le plus intéressant et, ce faisant, parviennent à faire passer le moment de la déstabilisation axiologique, celui qui précède l'abandon de l'axiologie. En réalité, on ne passe pas instantanément à l'abandon, mais plutôt par une phase de retrait progressif. Dans l'entre-deux, le collectif se met peut-être à pratiquer quelque chose comme le rasoir d'Ockham axiologique : il déclare inutile d'avoir une opinion sur tout, étend le champ de la suspension du jugement, le champ des matières où il n'est pas requis de juger, et ce sont autant de domaines où l'absence axiologique n'est plus un problème (bien sûr il reste les autres). Et tout ça n'est pas affaire de « conviction » ou de « conscience », mais bien d'expérimentation par les individus d'un supplément de puissance trouvé à cette forme de vie, un supplément d'autant plus grand pour chacun qu'ils sont plus nombreux à l'expérimenter. Alors de même ici : à celle des branches de l'alternative que le groupe empruntera, on saura de quoi il a été capable.

Quand la valeur de soi est incertaine : le vide et les faux pleins

Vivre les valeurs dans la servitude passionnelle ou entreprendre d'en sortir sont donc des états qui se présentent assez semblablement pour l'individu « individuel » et pour l'individu collectif. Dans l'un et l'autre cas, « en sortir », c'est passer tout près du gouffre anarchique – et y risquer l'effondrement. Semblablement donc, mais à quelques variations près tout de même. Par exemple, arrêter la régression à l'infini du questionnement de la valeur des valeurs, et fixer décisoirement la valeur en posant un « c'est comme ça », est une solution à laquelle les individus n'ont pas accès pour leur propre compte. La société, elle, peut lever ses doutes axiologiques par les moyens de l'auto-sustentation. Les individus, eux, n'ont pas ce recours et demeurent suspendus aux verdicts du dehors. De là que, dans l'ensemble général des luttes axiologiques, les luttes individuelles pour la reconnaissance, si elles ne sont pas les moins violentes, sont aussi celles où l'incertitude anarchique est éprouvée le plus vivement. Sans doute parce qu'elles concernent en première personne, et que les intéressés sont aux premières loges pour connaître leurs propres vacillations, parfois leur propre vide – en tout cas pour expérimenter l'*abjectio*. Ici, leurs tristesses témoignent de leur proximité d'avec le vrai. Paradoxalement, la séquence anthropologique de l'individualisme, spécialement dans sa période contemporaine, la plus débridée, réalise la combinaison contradictoire du plus grand mensonge quant à l'autosuffisance individuelle proclamée et de la plus grande souffrance de l'insuffisance individuelle vécue. L'homme du sous-sol, déjà, était une victime de l'individualisme libéral, qui fait oublier aux individus qu'ils sont des modes finis, qu'ils ne peuvent par conséquent que vivre dans l'hétéronomie, parfois pour le meilleur – une hétéronomie de l'interrelation constituante –, en tout cas qu'ils sont condamnés à l'insuffisance, et qu'il vaut mieux s'y faire. Mais lui ne s'y fait pas. C'est qu'il a pris le message individualiste au sérieux, jusqu'au bout même : s'il est l'être autonome qu'on lui dit qu'il est, alors il doit détenir en lui-même la certitude de sa propre valeur. Or non seulement il voit que tout lui fait défaut sous ce rapport, mais il fait également cette expérience caractéristique du mensonge individualiste qui porte à prêter imaginairement aux autres (à certains autres) une puissance dont on se voit soi-même tragiquement dépourvu. Soi-même on n'est rien mais, pis, il y a ces autres, en face, qui sont tout. Zverkov – « ce môssieu Zverkov[1] » – est la figure même de l'être souverain, complet, la puissance à laquelle il ne manque rien, et pour l'homme du sous-sol qui sait tout ce qu'il lui manque à lui, c'est insupportable. L'asymétrie imaginaire qui crédite certains autres de tout et, comme par un effet de miroir inversé, se discrédite soi-même dans des proportions semblables, est peut-être l'effet le plus typique de l'*abjectio* à l'époque individualiste. Comment les individus n'y succomberaient-ils pas ? Toute l'époque, précisément, leur répète, sinon ce qu'ils sont, du moins ce qu'ils doivent être, ce qu'ils doivent si impérativement être qu'il est à peu près impensable qu'ils ne le soient pas : libres, souverains, complets – soit une impossibilité ontologique pour des modes finis. Et l'impossible a été fait norme. La complétude est à la fois le pire des mensonges et la plus cruelle des injonctions. Elle a de quoi rendre fous ceux qui la prennent au pied de la lettre et entreprennent de la poursuivre jusqu'au bout. Sauf bien sûr à ce que la multitude les sauve – c'est-à-dire, les investisse, les remplisse, et par suite leur donne l'illusion tenace de leur plein. C'est bien pourquoi les reflux de l'affect commun, les évanouissements de la reconnaissance, laissent les

1. Fédor Dostoïevski, *Les Carnets du sous-sol*, trad. par André Markowicz, Arles, Actes Sud, « Babel », 1993, p. 83.

désinvestis à l'état de loque : ils se croyaient enfin parvenus à l'empyrée du plein et se voient renvoyés à leur condition ontologique réelle – modes finis. Mais cette expérience reste peu accessible du dehors. Quand un insuffisant rencontre un insuffisant investi, son premier mouvement n'est pas de questionner l'investissement, donc le dehors, mais de créditer l'investi d'une autonomie en pleine propriété.

Il est vrai qu'on rencontre aussi des individus dont la consistance semble d'une autre facture que celle des investissements volatiles de la multitude. Et, précisément, l'impression de cette consistance vient de ce qu'elle se tient, et se maintient, au loin des circulations de la *potentia multitudinis*, qu'elle ignore ses revirements – qu'on sache reconnaître cette consistance-là, qu'on ne s'y trompe pas même, n'est-ce pas d'ailleurs en creux l'indice de ce qu'est présente en chacun l'intuition que les « remplis » de la reconnaissance sont bien remplis… du dehors ? Alors, ceux qui jouissent de cette « autre » consistance, faut-il les dire autonomes ? Eux, en tout cas, semblent avoir toujours détenu en eux-mêmes le sentiment stable de leur propre valeur. Évidemment, il n'en est rien, il ne peut rien en être, comment se pourrait-il que, mode fini, on échappât à la condition ontologique du mode fini ? Avoir « soi-même » le sentiment de sa propre valeur n'est pas avoir toujours déjà été autonome : c'est avoir converti une prime hétéronomie favorable en dotation durable. Métabolisme profond : l'extérieur de quelques affections marquantes a été transformé en l'intérieur d'un pli invétéré. Il reste que, venus du dehors, les plis, si profondément sédimentés soient-ils, peuvent toujours être défaits par le dehors – pourvu qu'on y mette les conditions requises, on peut briser n'importe qui. Il n'y a pas d'autonomie radicale.

Épilogue

La liberté, Faulkner, Spinoza

Ou plutôt il n'y en a pas tant qu'on demeure dans le régime des affects passifs – mais ça n'est là finalement qu'une tautologie. Or, « Il est impossible que l'homme ne soit pas une partie de la nature, et puisse ne pâtir d'autres changements que ceux qui peuvent se comprendre par sa seule nature, et dont il est cause adéquate » (*Éth.*, IV, 4). Nous n'en sortirons donc jamais complètement. Ce qui ne signifie pas que nous ne puissions en sortir du tout. Et nous le savons : dans notre vie il y a la possibilité des affects actifs. C'est cela d'ailleurs que Spinoza nomme « liberté ». Non pas l'affranchissement de toute détermination, non pas le miracle de l'inconditionné ou de l'autocréation, mais le fait, quoique toujours sous l'empire de la nécessité, de ne répondre qu'à sa propre nécessité, à la nécessité de son essence singulière. C'est une drôle de chose que cette liberté-là, semblable à aucune des pantomimes répandues par l'individualisme libéral, et pourtant possibilité inscrite dans les puissances du corps-esprit humain, cela Spinoza l'affirme hautement, il en fait même la démonstration dans sa vie, dans sa vie écrite dans l'*Éthique*. Il faut bien l'avouer, on peine beaucoup à se figurer cette liberté au début. Ce que l'entendement conçoit difficilement, il n'est pas sûr que la littérature l'y aide à proprement parler, et pourtant elle ajoutera quelque chose – des liaisons nouvelles, c'est toujours bon à prendre. Dans l'un des récits alternés qui entrelacent *Si je t'oublie, Jérusalem*,

Faulkner nous montre l'errance d'un forçat, en état d'évasion de fait, quoique pas du tout d'intention, dérivant en canot au milieu de la grande inondation du Mississippi de 1927. Et c'est l'idée même de la servitude passionnelle, et puis celle de la condition anarchique, qui surgissent des eaux. Car dans le paysage entièrement recouvert, tout n'est plus que circulations génériques, forces des courants. À ce moment, on se souvient que la formation passionnelle la plus commune est celle que Spinoza nomme *fluctuatio animi* : « Cet état d'esprit qui naît de deux affects contraires s'appelle un flottement de l'âme » (*Éth.*, III, 17, scolie). Et tel est bien, par excellence, le propre de la servitude passionnelle : l'âme y flotte, elle est ballottée, au gré des courants d'affects contraires. Deleuze dit les choses à son inimitable manière : « Alors tantôt je rigole et tantôt je pleurniche, suivant que la vague me fait rire ou m'assomme[1]. » Ce n'est même pas que parler de vague n'est pas un hasard, c'est que l'image en vient avec une si parfaite évidence qu'elle s'impose aussitôt. La vague, l'eau, les courants. De Spinoza à Faulkner. Abandonnée aux forces du monde, notre âme flotte. Sur son canot, le forçat flotte. Il n'a la maîtrise de rien, destitution physiquement manifestée de l'illusion du libre arbitre, il est porté par les courants du dehors, tantôt favorables, tantôt non. Il en expérimente passivement toutes les déterminations, flux terriblement accélérés, lits de rivière mais où l'eau coule en sens inverse de l'habitude, ou alors dans le bon, eaux tourbillonnantes, petits tsunamis du mascaret, énormes masses bondissantes qui manquent de l'écraser, parfois eaux calmes sans qu'on sache pourquoi. Mais il y a plus : il y a le paysage entièrement noyé, pour ainsi dire devenu sans objets. Toutes les saillances, toutes les singularités d'un coin de terre ont été recouvertes, espace uniformément lisse et indifférencié. Si c'est un oxymore

1. Gilles Deleuze, *Spinoza, immortalité et éternité*, CD, Paris, Gallimard, « À voix haute », 2001.

théorique, il dit peut-être quand même quelque chose : livré aux courants, le forçat expérimente des passions sans objet. Disons : il expérimente la force passionnelle, génériquement, ce que c'est que d'être en proie génériquement à l'hétéronomie des passions – le flottement formel.

Il expérimente autre chose du même mouvement, d'ailleurs un corrélat tellement proche du précédent qu'il s'agit peut-être d'une seule et même chose : la condition anarchique. Car dans l'espace isotrope de l'inondation, rien ne saille et rien ne vaut. Tout équivaut. Dans le plan des eaux, rien ne diffère ni ne signifie singulièrement : il n'y a que des intensités de surface, vides de contenus. Des courants, de l'eau, à l'infini, et rien qui sort – qui puisse accrocher. La grande uniformité de l'insignifiance. L'inondation livre la vérité de la situation axiologique fondamentale – l'anarchie. Voilà ce qui reste quand on a ôté tout ce que les hommes ont mis : rien. Car ce sont eux qui ont tout mis – le sens, la valeur, comme sous l'eau les constructions, le paysage façonné.

Et puis il y a Jérusalem. Faulkner s'en explique. C'est le Psaume 137, qui évoque l'exil des Juifs à Babylone. Les oppresseurs ne font pas qu'opprimer, ils demandent aux Juifs des chants et de la joie en plus de l'oppression. Mais c'est impossible : la joie est restée à Jérusalem. Que les Juifs soient frappés d'incapacité, disent les Juifs, s'ils oublient Jérusalem – « Si je t'oublie, Jérusalem, que ma main droite se dessèche, que ma langue s'attache à mon palais, si je ne me souviens de toi, si je ne fais de Jérusalem le principal sujet de ma joie ! ». À l'évidence, ici les personnages de Faulkner ont oublié Jérusalem. Après sa longue errance sur les eaux, le forçat retourne se livrer, comme un cheval retourne tout seul à l'écurie : la liberté, il n'en veut pas. Trop difficile sans doute. Alors il ne passera que du sens figuré au sens propre de la servitude : des courants aux fers, d'où il venait d'ailleurs avant de se livrer aux courants. Y aurait-il un confort de la servitude ? En tout cas, il y a un inconfort du désajustement, qui dissuade l'échappée : « En vérité, ce n'est pas sans raison que j'ai usé de ces mots : *si seulement je pouvais m'engager sérieusement*. En effet, si clairement que mon esprit perçût cela, je ne pouvais cependant me dépouiller totalement de la cupidité, du plaisir et de la gloire. » Voilà ce qu'écrit Spinoza lui-même dans cette entame du *Traité de la réforme de l'entendement* où tout est dit des douleurs de l'arrachement éthique, des formidables résistances qu'il a à vaincre. Préférence pour la servitude. Mais alors, si le forçat, et Charlotte et Harry, y persévèrent, et qu'ils ont oublié Jérusalem, que faut-il entendre par Jérusalem – et sa joie ? Extension spinoziste démesurée de Faulkner (mais précisément le propre d'une grande œuvre n'est-il pas d'être élastique ?) : cette joie, disons que c'est celle qui « repaît l'âme[1] » quand elle est emplie de « l'amour pour une chose éternelle et infinie[2] ». Alors Jérusalem, contraire de la servitude, c'est la béatitude, l'oméga éthique à ne pas oublier – la liberté. Insaisissable liberté, aux mille visages – mais dont un seul n'est pas mensonger. Ou deux : il y avait bien la liberté de Dostoïevski, mais celle-ci n'était que tristesse : le malheur de la condition anarchique regardée bien en face, un enfer de désarroi sans issue. La liberté spinoziste se situe dans un tout autre plan, un plan qui d'abord n'annule pas la nécessité (mais la fait jouer dans un autre régime), et puis surtout qui débarrasse même du problème de la valeur pour ne plus laisser régner que la compréhension des choses, et la joie qui suit de cette compréhension quand elle est suffisamment profonde pour tout rapporter à l'idée de Dieu. Une béatitude. Jérusalem, le nom faulknérien de la liberté de Spinoza.

1. *TRE*, § 9.
2. *Id.*

Bibliographie

Aglietta, Michel, et Orléan, André, *La Violence de la monnaie*, Paris, PUF, 1982.

Artaud, Antonin, *Van Gogh, le suicidé de la société*, Paris, Gallimard, « L'imaginaire », 2001.

Balibar, Étienne, *Des universels. Essais et conférences*, Paris, Galilée, 2016.

Boltanski, Luc, *De la critique. Précis de sociologie de l'émancipation*, Paris, Gallimard, « NRF Essais », 2009.

Boltanski, Luc, et Thévenot, Laurent, *De la justification. Les économies de la grandeur*, Paris, Gallimard, « Essais », 1991.

Bourdieu, Pierre, avec Yvette Delsaut, « Le couturier et sa griffe : contribution à une théorie de la magie », *Actes de la recherche en sciences sociales*, n° 1, 1975.

Bourdieu, Pierre, *Le Sens pratique*, Paris, Minuit, « Le sens commun », 1980.

— , *Leçon sur la leçon*, Paris, Minuit, 1982.

— , *Raisons pratiques*, Paris, Seuil, 1994.

— , *Méditations pascaliennes*, Paris, Seuil, « Liber », 1997.

— , *Esquisse pour une auto-analyse*, Paris, Raisons d'agir, « Cours et travaux », 2004.

— , *Manet, une révolution symbolique*, Cours au Collège de France, Paris, Raisons d'agir, « Cours et travaux », 2013.

Bouteldja, Houria, *Les Blancs, les Juifs et nous. Vers une politique de l'amour révolutionnaire*, Paris, La Fabrique, 2016.

Bove, Laurent, *La Stratégie du conatus. Affirmation et résistance chez Spinoza*, Paris, Vrin, « Histoire de la philosophie », 1996.

— , *De la transfiguration. Pour une expérience vitale de l'immanence*, Paris, Publications de la Sorbonne, 2014.

Camus, Albert, *Caligula*, Paris, Gallimard, « Folio », 1986.

Castoriadis, Cornelius, *L'Institution imaginaire de la société*, Paris, Seuil, « Points Essais », 1999.

Clegg, Bill, *Portrait d'un fumeur de crack en jeune homme*, Paris, Éditions Jacqueline Chambon, 2011.

Deleuze, Gilles, *Spinoza. Philosophie pratique*, Paris, Minuit, 1981.

— , *Spinoza, immortalité et éternité*, CD, Paris, Gallimard, « À voix haute », 2001.

Descombes, Vincent, *Les Institutions du sens*, Paris, Minuit, 1996.

Dorra, Max, *Quelle petite phrase bouleversante au cœur d'un être ?*, Paris, Gallimard, « Connaissance de l'inconscient », 2005.

Dostoïevski, Fédor, *Les Carnets du sous-sol*, trad. par André Markowicz, Arles, Actes Sud, « Babel », 1993.

— , *Les Frères Karamazov*, trad. par André Markowicz, Arles, Actes Sud, « Babel », 2002.

Drieux, Philippe, « Y a-t-il une construction sociale du beau selon Spinoza ? », in Pierre-François Moreau et Lorenzo Vinciguerra (dir.), *Spinoza et les arts*, Paris, L'Harmattan, 2018.

Durkheim, Émile, « Débat sur l'économie politique et les sciences sociales », *Textes*, t. 1, *Éléments d'une théorie sociale*, Paris, Minuit, 2004.

— , *Les Formes élémentaires de la vie religieuse*, Paris, PUF, « Quadrige », 1990.

— , *Sociologie et philosophie*, Paris, PUF, « Quadrige », 1996.

Friot, Bernard, *L'Enjeu du salaire*, Paris, La Dispute, 2012.

— , *Émanciper le travail. Entretiens avec Patrick Zech*, Paris, La Dispute, 2014.

Gleizer, Marcos, *Vérité et certitude chez Spinoza*, Paris, Garnier, « Classiques », 2017.

Harribey, Jean-Marie, « La valeur, ni en surplomb, ni hors-sol. À propos de l'ouvrage d'André Orléan, *L'Empire de la valeur* », *Revue de la régulation*, n° 10, 2011, note 14.

Honneth, Axel, *La Lutte pour la reconnaissance*, Paris, Cerf, 2000.

Houellebecq, Michel, *Soumission*, Paris, Flammarion, 2015.

Hubert, Henri, et Mauss, Marcel, « Introduction à l'analyse de quelques phénomènes religieux », in Marcel Mauss, *Œuvres*, t. 1, *Les Fonctions sociales du sacré*, Paris, Minuit, 1997.

Huysmans, *À rebours*, Paris, Gallimard, « Folio classique », 1977.

Jappe, Anselm, « Fétichisme et dynamique autodestructrice du capitalisme », entretien avec Jean-Marie Harribey, *Les Possibles*, n° 15, 2017.

— , *Les Aventures de la marchandise. Pour une critique de la valeur*, nouvelle édition, Paris, La Découverte, 2017.

La Rochefoucauld, *Réflexions ou sentences et maximes morales*, *Œuvres complètes*, Paris, Gallimard, « Bibliothèque de la Pléiade », 2010.

Lévi-Strauss, Claude, *Anthropologie structurale* (1958), Paris, Pocket, « Agora », 1974.

Lordon, Frédéric, « Le conatus du capital », *Actuel Marx*, « Critique de la propriété », n° 29, 2001.

— , *L'Intérêt souverain. Essai d'anthropologie économique spinoziste*, Paris, La Découverte, 2006.

— , *Capitalisme, désir et servitude. Marx et Spinoza*, Paris, La Fabrique, 2010.

— , *La Société des affects. Pour un structuralisme des passions*, Paris, Seuil, « L'ordre philosophique », 2013.

— , *Imperium. Structures et affects des corps politiques*, Paris, La Fabrique, 2015.

— , *Les Affects de la politique*, Paris, Seuil, 2016.

Lucbert, Sandra, *La Toile*, Paris, Gallimard, « NRF », 2017.

Macherey, Pierre, *Introduction à l'« Éthique » de Spinoza. La troisième partie. La vie affective*, Paris, PUF, « Les grands livres de philosophie », 1997.

Marx, Karl, *Le Capital*, Livre I, chap. I, Moscou, Éditions du Progrès, 1982.

Matheron, Alexandre, *Le Christ et le Salut des ignorants chez Spinoza*, Paris, Aubier, « Philosophie », 1971.

—, *Individu et communauté chez Spinoza*, Paris, Minuit, « Le sens commun », 1988.

—, *Études sur Spinoza et les philosophies de l'âge classique*, Lyon, ENS Éditions, 2011.

Mauss, Marcel, *Sociologie et anthropologie*, Paris, PUF, « Quadrige », 1985.

—, *Œuvres*, t. 1, *Les Fonctions sociales du sacré*, Paris, Minuit, 1997.

Michaux, Henri, *Ecuador*, Paris, Gallimard, « L'imaginaire », 1990.

Milner, Jean-Claude, *Les Noms indistincts* (1983), Lagrasse, Verdier, « Poche », 2007.

Moreau, Pierre-François, et Vinciguerra, Lorenzo (dir.), *Spinoza et les arts*, Paris, L'Harmattan, 2018.

Nadler, Steven, *Spinoza*, Paris, Bayard, « Biographie », 2003.

Orléan, André, « Crise de souveraineté et crise monétaire : l'hyper-inflation allemande des années 1920 », in Bruno Théret (dir.), *La Monnaie dévoilée par ses crises*, vol. II, Paris, Éditions de l'EHESS, 2007.

—, *L'Empire de la valeur. Refonder l'économie*, Paris, Seuil, « La couleur des idées », 2011.

—, « Réponse à Jean-Marie Harribey », *Revue de la régulation*, n° 10, 2011.

—, Entretien avec Rainer Diaz-Bone, *Revue de la régulation*, n° 14, 2013.

Ould-Ahmed, Pepita, « Les "clubs de troc" argentins : un microcosme monétaire Credito dépendant du macrocosme Peso », *Revue de la régulation*, n° 7, 2010.

Pajak, Frédéric, *Manifeste incertain*, t. 5, *Van Gogh, l'étincellement*, Paris, Noir sur Blanc, 2016.

Pascal, Blaise, *Pensées*, édition Lafuma, *Œuvres complètes*, Paris, Seuil, « L'Intégrale », 2002.

— , *Trois discours sur la condition des grands*, *Œuvres complètes*, *op. cit.*

Poe, Edgar Allan, « L'homme des foules », in *Nouvelles histoires extraordinaires*, Paris, Le Livre de Poche, « Les Classiques de Poche », 2016.

Postone, Moishe, *Temps, travail et domination sociale*, Paris, Mille et Une Nuits, « Essais », 2009.

Ramond, Charles, *Dictionnaire Spinoza*, Paris, Ellipses, 2007.

Rancière, Jacques, *La Mésentente. Politique et philosophie*, Paris, Galilée, 1995.

Rousseau, Jean-Jacques, *Discours sur l'origine et les fondements de l'inégalité entre les hommes*, Paris, Gallimard, « Folio », 1985.

Sévérac, Pascal, *Le Devenir actif chez Spinoza*, Paris, Honoré Champion, 2005.

Spinoza, Baruch, *Éthique*, trad. par Bernard Pautrat, Paris, Seuil, 1988.

— , *Traité de la réforme de l'entendement*, trad. par Michelle Beyssade, *Œuvres*, t. I, *Premiers écrits*, Paris, PUF, « Épiméthée », 2009.

— , *Traité politique*, trad. par Charles Ramond, *Œuvres*, t. V, Paris, PUF, « Épiméthée », 2005.

— , *Traité politique. Lettres*, trad. par Charles Appuhn, Paris, Flammarion, « GF », 1966.

— , *Traité théologico-politique*, trad. par Jacqueline Lagrée et Pierre-François Moreau, *Œuvres*, t. III, Paris, PUF, « Épiméthée », 1999.

Théret, Bruno (dir.), *La Monnaie dévoilée par ses crises*, Paris, Éditions de l'EHESS, 2007.

Veyne, Paul, *Les Grecs ont-ils cru à leurs mythes ?* (1983), Paris, Seuil, « Points Essais », 1992.

Table

Introduction
Vivre sans *arkhé*

1
Affects et institutions de la valeur

2
La valeur des « grands »

3
Pas moins creuse que les autres
(La valeur économique)

4
Axiomachies

5
Conjurer l'anarchie
(Le travail de la méconnaissance)

6
Ne plus savoir qu'en penser
(Crises axiologiques – crises de crédit)

DU MÊME AUTEUR

Les Quadratures de la politique économique
Les infortunes de la vertu
Albin Michel, 1997

Fonds de pension, piège à cons ?
Mirage de la démocratie actionnariale
Raisons d'agir, 2000

La Politique du capital
O. Jacob, 2002

Et la vertu sauvera le monde…
Raisons d'agir, 2003

L'Intérêt souverain
Essai d'anthropologie économique spinoziste
La Découverte, 2006

Jusqu'à quand ?
Pour en finir avec les crises financières
Raisons d'agir, 2008

La Crise de trop
Reconstruction d'un monde failli
Fayard, 2009

Capitalisme, désir et servitude
Marx et Spinoza
La Fabrique, 2010

D'un retournement l'autre
Comédie sérieuse sur la crise financière
En quatre actes, et en alexandrins
Seuil, 2011 ; Points, 2013

La Société des affects
Pour un structuralisme des passions
Seuil, 2013 ; Points, 2015

Imperium
Structures et affects des corps politiques
La Fabrique, 2015

Les Affects de la politique
Seuil, 2016 ; Points, 2018

RÉALISATION : NORD COMPO À VILLENEUVE-D'ASCQ
ACHEVÉ D'IMPRIMER SUR ROTO-PAGE PAR L'IMPRIMERIE FLOCH À MAYENNE
DÉPÔT LÉGAL : OCTOBRE 2018. N° 140680 (93145)
IMPRIMÉ EN FRANCE